유니티 3D RPG 게임은
이렇게 만든다

유니티 3D RPG 게임은 이렇게 만든다

RPG 게임 개발의 시작

바헤 카라미언 지음

최동훈 옮김

Packt> i!i 에이콘

| 지은이 소개 |

바헤 카라미언^{Vahé Karamian}

캘리포니아 로스앤젤레스에서 소프트웨어 컨설턴트와 작가로 활동한다. 전 세계 최고 제약, 생명 공학 및 의료 기기 제조 회사의 소프트웨어 개발 업무를 진행해왔다. 최근 이복스 이미징^{Evox Imaging} 사의 기획 부서에서 웹, 모바일, 가상 현실 관련 업무를 진행했다.

2010년 프로젝트 진행을 위해 게임 엔진을 검색하다 우연히 유니티를 접한 후 계속 사용했다. 그라나다 힐스 유니티 유저 그룹^{Granada Hills Unity User Group}의 설립자이며 커뮤니티 일원과 함께 신규 개발자 교육에 힘쓰고 있다.

이전에 배경 지식이 없는 개인을 대상으로 『Introduction to Game Programming: Using C# and Unity 3D』(Noorcon Inc., 2016)을 썼다. 이 책에서는 프로그래밍 개념과 유니티의 필수 요소에 대한 기초 지식을 제공하고자 했다. 자세한 정보는 www.noorcon. com에서 볼 수 있다.

컴퓨터 과학 분야 박사 학위를 소지하고 있으며 현재 컴퓨터 과학 개론, 데이터 구조, 알고리즘, 운영체제, 게임 설계 및 개발 주제에 관한 강의를 맡고 있다.

이 책의 집필과 교정에 도움을 준 스펜서 그레이, 디브야 포자리, 스웨타 바수, 디비지 코티안, 아나쉬리 텐두카에게 감사의 말을 전하고 싶습니다. 이분들의 엄청난 헌신 덕분에 이 책을 만들 수 있었습니다. 집필하는 동안 여러분과 만나 행복했습니다. 여러분의 의견은 이 책에 피가 되고 살이 됐습니다.

끝으로 이 책을 준비하는 기나긴 밤을 함께해준 내 아내 아미나와 우리의 어여쁜 두 자녀 맥시밀리언과 미케일라에게도 한 마디 전합니다.

고맙습니다. 사랑합니다.

| 기술 감수자 소개 |

스펜서 그레이^{Spencer Grey}

수상 경력이 있는 설계자이자 개발자이다. 세서미 스트리트의 인터렉티브 그룹^{Sesame Street's Interative Group} 크리에이티브 디렉터였으며 일렉트릭 펀스터프^{Electric FunStuff}의 공동 창업자였다. 15년 동안 소니, 레고, 스콜라스틱 같은 회사와 함께 크리에이티브 리드 및 테크니컬 리드로 활동했다. 액션 스크립트와 C#으로 제품을 개발했다. 데이비드 브라킨^{David Brackeen}의 저서 『Developing Games in Java』(New Riders, 2003)의 기술 감수자다.

| 옮긴이 소개 |

최동훈(sapsaldog@gmail.com)

유치원에 가기 위해서는 친구들과 소똥을 밟으며 산을 넘어야 했던 옥구의 작은 시골 마을에서 유년기를 보냈다. 나무를 깎아 팽이를 만들어주던 동네 형과 노는 것이 가장 행복했다. 성인이 되어 상경해 15년째 서울에서 살고 있다. 늘 배우는 것을 좋아하며 코드를 만들고, 번역하면서 살고 있다.

http://www.linkedin.com/in/sapsaldog를 방문하면 연락할 수 있다.

| 옮긴이의 말 |

1994년 작은 시골 마을에서 유년시절을 보낸 저의 첫 컴퓨터는 아버지께서 승진 기념으로 사 들고 오신 486 삼보컴퓨터였습니다. 당시 저희 마을에 있던 컴퓨터가 AT와 386, 단 두 대 뿐이었다는 것을 감안하면 이는 엄청난 것이었지요. 저는 그 486 컴퓨터로 제 인생에 첫 게임을 만났습니다. 〈어스토니시아 스토리Astonishia Story〉를 신나게 즐기고 엔딩 화면을 접했을 때 느꼈던 감동이 아직까지도 기억에 남습니다. 제가 게임 제작을 하는 사람이 될 거라고는 상상조차 못했지만 게임을 한다는 것 자체만으로도 시골 마을의 초등학생은 정말 행복했습니다.

〈디아블로 I, II〉와 〈월드 오브 워크래프트WOW, World of Warcraft〉는 저의 중고등학생 시절과 대학 시절을 함께했습니다. 한참 〈WOW〉에 빠져 살던 시절 문득 '나도 이런 게임을 한번 만들어보고 싶다. 과연 만들 수 있을까?'라는 생각이 들었습니다. 게임과 희로애락을 겪어본 독자라면 저와 비슷한 생각을 한 번쯤 해봤을 것입니다.

제가 처음 게임 개발을 할 무렵에는 유니티가 무척 유명하지도, 강력하지도 않았습니다. 또한 당시에는 게임을 개발하기 위해 알아야 할 저수준Low level 지식들이 상당히 많았기 때문에 게임 개발의 장벽도 지금보다는 높은 편이었습니다. 요즘은 유니티 덕분에 예전에 비하면 게임을 만들기가 상당히 수월해졌습니다.

이 책은 유니티로 RPG 장르 게임을 실제로 구현하는 과정을 담았습니다. RPG의 역사와 RPG 장르의 특징에서부터 RPG의 무대 설정, PCPlayer Character 및 NPCNon Player Character 설계, 인벤토리 시스템 설계, 사용자 인터페이스 등 RPG 게임 제작에 필요한 모든 요소가 일목요연하게 담겨 있습니다. 더 나아가 오프라인 싱글 플레이어 RPG 게임뿐만 아니라 온라인 멀티플레이어 RPG의 구현 과정도 수록돼 있습니다.

게임에는 우리 삶의 희로애락이 고스란히 담겨 있기에 RPG게임은 현실과는 또 다른 모습으로 우리를 행복하게 합니다. 그리고 개발자는 바로 이 행복을 설계하는 사람이라고 생각합니다. 행복을 설계하는 데 이 책이 보탬이 됐으면 좋겠습니다. 이 책이 독자 여러분들의 게임 제작에 대한 이해를 돕고, 나아가 여러분이 꿈꾸는 미래의 길잡이가 됐으면 합니다.

번역을 마치기까지 많은 분들의 도움을 받았습니다. 이 책을 번역할 기회를 주신 에이콘출판사 권성준 사장님을 비롯한 모든 에이콘출판사 임직원 여러분께 감사를 드립니다. 항상 저를 응원하는 딸 최새벽과 아내 김혜연에게 사랑과 감사를 전합니다. 그리고 제게 세상의 빛을 볼 기회를 주신 아버지, 어머니 감사합니다. 마지막으로 저를 응원하고 챙겨주시는 제 주변 모든 분들에게 고맙습니다.

| 차례 |

모두가 게임을 만들길 희망한다. 게임 산업의 인기와 게임의 설계 및 개발 도구의 대중화와 맞물리면서 그 어느 때보다도 이것은 꿈이 아니다. 이 책은 몇 가지 목적을 염두하며 집필했다. 유니티는 초기 미비한 시작에서부터 먼 길을 걸어왔다. 이 책을 집필하면서 유니티 버전은 5.4가 됐다(이 책은 Unity 5.x 버전으로 쓰였으나, 유니티 2018.1.2f1 버전에서 코드 테스트를 해본 결과 문제없이 동작함을 확인했다. – 옮긴이). 〈리퍼블리크 리마스터드Republique Remastered〉, 〈더 룸 쓰리The Room Three〉, 〈뫼비우스 파이널 판타지Mevius Final Fantasy〉 등 이외에도 몇 가지 게임들이 유니티로 개발됐다.

유니티를 배우고 RPG를 제작하고자 하는 독자에게 참고 자료가 됐으면 한다.

▋ 이 책의 구성

1장, 시작 롤 플레잉 게임이 무엇인지 배경 지식을 제공한다. 몇 가지 역사적 측면을 다루고 출시된 롤 플레잉 게임들을 살펴본다. 롤 플레잉 게임의 주요 특징을 논의하고 몇 가지 관련 기술과 독자가 1장 이후 준비해야 할 내용을 다룬다.

2장, 분위기 조성 게임 테마를 정하고 분위기를 조성한다. 게임 제작에 필요한 여러 가지 에셋과 리소스를 논의하고 3인칭 캐릭터 컨트롤러를 소개한다. 레벨과 스크립트 초기 버전을 제작한다.

3장, 캐릭터 디자인 캐릭터를 정의하는 법과 캐릭터 데이터를 정의하는 법을 논의한다. 캐릭터 모델을 위한 메카님mecanim, 애니메이터animator, 상태 기계state machine, 블렌드 트리blend tree, 역운동학inverse kinematics, 커스텀 캐릭터 컨트롤러 스크립트에 대해 살펴본다.

4장, 플레이어 캐릭터와 비플레이어 캐릭터 디자인, 캐릭터 모델의 구조에 대해 논의하고 비플레이어 캐릭터를 정의한 후 경로 찾기, 애니메이터 컨트롤러, NPC A.I. 스크립트 초기 버전을 살펴본다.

5장, 게임 마스터와 게임 메카닉 게임 마스터 스크립트를 한층 강화한다. 레벨 컨트롤러 스크립트 및 오디오 컨트롤러 스크립트를 소개한다. 캐릭터 데이터 및 캐릭터 커스터마이징 상태의 저장에 대해 논의한다. 그리고 메인 메뉴 사용자 인터페이스 초기 버전에 대해 이야기한다.

6장, 인벤토리 시스템 일반적인 인벤토리 시스템 제작 방법을 다룬다. 필요한 스크립트와 인벤토리 아이템의 에셋/프리팹을 작성하고 인벤토리 사용자 인터페이스를 설계하고 인벤토리 시스템과 그 시스템의 아이템을 어떻게 나타낼 것인지 설계한다.

7장, 사용자 인터페이스와 시스템 피드백 헤드 업 디스플레이, 플레이어 캐릭터 정보 패널, 활성 인벤토리 아이템 패널, 특수 인벤토리 아이템 패널의 설계와 구현에 대해 논의 후, 실제로 설계하고 구현한다. 비플레이어 캐릭터 생명력 바와 UI 또한 설계, 구현한다.

8장, 멀티플레이어 설정 유니티의 Unet 아키텍처를 활용한 멀티플레이어 프로그래밍에 대해 논의한다. 두 가지 예제 프로젝트를 활용해 멀티플레이어 프로그래밍 개념을 보여준다. 첫 번째 프로젝트는 서버 클라이언트 및 데이터 동기화의 개념을 보여주는 탱크 게임이다. 두 번째 프로젝트는 지금까지 배웠던 내용을 캐릭터 모델과 함께 신 제작에 적용한다.

▌ 준비 사항

소프트웨어 권장 사항: Unity 5.4 혹은 그 이상이 필요하다.[1] 또한 책에서 서술한 C# 코드를 편집할 수 있는 IDE가 필요하다. 텍스트 에디터라면 어떤 것이라도 상관없다. 그러나

---

1 이 책은 Unity 5.x 버전으로 쓰였으나, 유니티 2018.1.2f1 버전에서 코드 테스트를 해본 결과 문제없이 동작함을 확인했다. – 옮긴이

윈도우 플랫폼에서는 비주얼 스튜디오^{Visual Studio}를, 맥 OS X에서는 모노 디벨롭^{Mono Develop}을 추천한다.

권장 OS: 윈도우 10 64-bit 혹은 이상 / 맥 OS X

권장 하드웨어: 유니티를 구동하는 데 필요한 하드웨어를 참조하길 바란다.

▌ 이 책의 대상 독자

RPG 제작에 필요한 유니티 기술을 배우고 적용하고 싶은 독자를 위한 책이다. 프로그래밍에 관해 기본적인 이해와 개념을 알고, 유니티 IDE의 기본에 능숙하다는 전제하에 집필했다. 독자적인 게임 제작을 경험하는 데 적용할 수 있는 핵심 개념과 각 주제는 힘 있고 단단한 토대가 될 것이다.

▌ 편집 규약

이 책은 각기 다른 종류의 정보를 구분하는 문장 표기법으로 구성된다. 여기서는 표기법에 관해 몇 가지 예제를 소개하고 의미하는 바가 무엇인지 설명한다. 본문 내의 코드, 데이터베이스 테이블 이름, 디렉터리 이름, 파일 이름, 파일 확장자, 경로 이름, 임시 URL, 사용자 입력은 다음과 같이 표기한다.

"압축을 푼 폴더로 이동해 TerrainToolkit_1_0_2.unitypackage라는 유니티 패키지를 확인한다."

본문 내의 코드 블록은 다음과 같이 표기한다.

```
public void StartGame ()
{
```

```
    // 주의: 신이 레벨 1임을 나타내는 이름을 넣어야 한다.
    SceneManager.LoadScene ("CH1_Awakening");
}
```

새로운 용어와 중요한 단어는 **굵게** 표시된다. 또한 예제로 나오는 그림 화면에서의 메뉴 혹은 대화 상자는 '프로젝트 경로 및 이름을 설정 후 **Create project** 버튼을 클릭한다'와 같이 표기한다.

 경고 또는 중요한 노트는 이와 같이 나타낸다.

 팁과 요령은 이와 같이 나타낸다.

▌독자 의견

독자 의견은 언제나 환영한다. 좋은 점 또는 고쳐야 할 점을 솔직히 말해주길 바란다. 독자 의견은 우리에게 매우 중요하다. 앞으로 더 좋은 책을 발행하는 데 큰 도움이 되기 때문이다.

일반적인 의견을 보내려면 전달하고자 하는 내용에 책 제목을 달아 feedback@packtpub.com으로 이메일을 보내면 된다.

여러분이 전문 지식을 가진 주제가 있고 책을 내거나 만드는 데 기여하고 싶다면 http://www.packtpub.com/authors에서 저자 가이드를 참조하길 바란다.

▌고객 지원

독자에게 최대의 혜택을 주기 위한 몇 가지 서비스를 제공받을 수 있다.

예제 코드 다운로드

이 책에서 사용된 예제 코드는 http://www.packtpub.com의 계정을 이용해 다운로드할 수 있다. 이 책을 다른 곳에서 구입했다면 http://www.packtpub.com/support를 방문해 등록하면 파일을 이메일로 직접 받을 수 있다.

다음 단계에 따라 코드 파일을 다운로드할 수 있다.

1. 이메일 주소와 암호를 사용해 웹사이트에 로그인하거나 등록한다.
2. 상단의 SUPPORT 탭에 마우스 포인터를 위치한다.
3. Code Downloads & Errata를 클릭한다.
4. 검색란에 도서명을 입력한다.
5. 예제 코드 파일을 다운로드할 책을 선택한다.
6. 이 책을 구입한 드롭다운 메뉴에서 선택한다.
7. 코드 다운로드를 클릭한다.

팩트출판사 웹사이트의 책 웹 페이지에서 코드 파일 버튼을 클릭해 코드 파일을 다운로드할 수도 있다. 해당 페이지는 도서명을 검색해 접근할 수 있다. 단, 팩트출판사 계정으로 반드시 로그인해야만 한다. 파일을 다운로드한 후 다음의 최신 버전의 파일 압축 응용프로그램을 사용해 폴더 또는 파일 압축을 해제한다.

- WinRAR/7-Zip for Windows
- Zipeg/iZip/UnRarX for Mac
- 7-Zip/PeaZip for Linux

이 책의 번들 코드를 GitHub의 https://github.com/PacktPublishing/Building-an-RPG-with-Unity-5x를 통해서도 다운로드할 수 있다. 또한 팩트 출판사에서는 풍부한 카탈로그 및 비디오의 다른 다양한 코드 번들을 https://github.com/PacktPublishing/에서 제공하고 있다.

에이콘출판사 도서정보 페이지 http://www.acornpub.co.kr/book/building-rpg-unity에서도 다운로드할 수 있다.

컬러 이미지 다운로드

이 책에서 사용하는 컬러 이미지를 제공한다. 컬러 이미지는 출력 결과의 변화를 더 잘 이해하는 데 도움이 될 것이다. 원서의 이미지를 확인하고 싶다면 다음의 주소에서 볼 수 있다. https://www.packtpub.com/sites/default/files/downloads/BuildinganRPGwithUnity5x_ColorImages.pdf

에이콘출판사 도서정보 페이지 http://www.acornpub.co.kr/book/building-rpg-unity에서도 다운로드할 수 있다.

오탈자

오타 없이 정확하게 만들기 위한 모든 수단을 동원해서 책을 만들지만 실수가 있을 수 있다. 문장이나 코드에서 문제를 발견했다면 우리에게 알려주기 바란다. 다른 독자들의 혼란을 방지하고 차후 나올 개정판을 개선하는 데 도움이 되기 때문이다. 오류를 발견했다면 http://www.packtpub.com/submit-errata에서 책 제목을 선택하고 Errata Submission Form 링크를 클릭해 자세한 내용을 입력할 수 있다. 보내준 오류 내용이 확인되면 웹사이트에 그 내용이 올라가거나 해당 서적의 정오표 부분에 그 내용이 추가될 것이다.

기존 오류 수정 내용은 https://www.packtpub.com/books/content/support 검색창에 책 제목을 입력해보라. Errata 절 하단에 필요한 정보가 나타날 것이다.

한국어판은 에이콘출판사 도서정보 페이지 http://www.acornpub.co.kr/book/building-rpg-unity에서 찾아볼 수 있다.

저작권 침해

인터넷에서의 저작권 침해는 모든 매체에서 벌어지고 있는 심각한 문제다. 팩트출판사에선 저작권과 라이선스 보호를 매우 심각하게 생각한다. 어떤 형태로든 팩트출판사 서적의 불법 복제물을 인터넷에서 발견했다면 적절한 조치를 취할 수 있도록 해당 주소나 사이트명을 알려주길 바란다.

의심되는 불법 복제물 링크를 copyright@packtpub.com으로 보내주길 바란다. 저자를 보호하고 가치 있는 내용을 계속 만들 수 있도록 도와주는 독자 여러분의 마음에 깊은 감사의 뜻을 전한다.

질문

이 책과 관련해서 어떠한 종류의 질문이라도 있다면 questions@packtpub.com으로 문의하길 바란다. 최선을 다해 질문에 답하겠다. 한국어판에 관한 질문은 이 책의 옮긴이나 에이콘출판사 편집 팀(editor@acornpub.co.kr)으로 문의해주길 바란다.

01

시작

RPG^{Role Playing Game}를 만들고 싶은가? 그렇다면 아마도 시도할 수 있는 가장 도전적인 일을 시작한 것이다.

- 장르의 간략한 역사
- RPG 특성
  - 스토리와 설정
  - 탐험과 퀘스트
  - 인벤토리 시스템
  - 캐릭터 개발
  - 경험치와 레벨링

- 전투 시스템
- 사용자 상호작용과 그래픽
- 기존에 존재했거나 향후의 RPG
- RPG의 패턴

시작하기 전 장르의 간략한 역사를 살펴보고 RPG 디자인 전반에 걸쳐 고려해야 할 핵심 요소를 이해하는 것이 가장 좋다.

▌ 간략한 역사

그렇다면 RPG는 무엇일까? 간단히 말해 플레이어가 가상의 환경에서 캐릭터의 역할을 맡는 게임이다. 게임 디자인은 플레이어 캐릭터가 어떻게 행동하고, 앞으로 나아갈지 등을 결정하게 된다.

RPG에는 세 가지 종류가 있다.

- 테이블탑^{Tabletop}
- 라이브 액션^{Live Action}
- 컴퓨터 RPG(cRPG)

테이블 및 펜과 종이(PnP) RPG는 소규모 사교 모임에서 토론을 통해 진행된다. 일반적으로 게임 세계와 그 주민을 묘사하는 게임 마스터(GM)가 있다. 다른 플레이어는 캐릭터의 의도된 동작을 설명하고 GM은 결과를 설명한다. RPG가 처음으로 대중화된 형식, 즉 D&D^{Dungeons & Dragons}와 같은 형식이다.

라이브 액션 롤 플레잉(LARP)은 즉흥 연극처럼 플레이한다. 참가자는 캐릭터를 묘사하는 대신 행동으로 표현하고 실제 환경은 게임 세계의 가상 환경을 표현하는 데 사용한다. 일부 실전 LARP는 결투에 가위바위보 또는 상징적 속성 비교를 사용하지만, 다른 LARP는 시뮬레이션된 무기로 물리적 전투를 사용한다. 영화는 단순한 LARP로 간주할 수 있다. 차이점은 영화에서는 모든 액션이 스크립트로 작성되고 플레이어가 결정할 필요가 없는 반면 LARP에서는 캐릭터의 결정에 따라 행동의 결과를 바꿀 수 있다.

컴퓨터 RPG(cRPG)는 전자 형식으로 변환된 테이블탑 RPG이다. 초기 cRPG는 롤 플레잉 비디오 게임 장르에 걸친 모든 전자 게임에 영향을 줬다. 간단히 말해서, cRPG는 플레이어가 잘 정의된 세계에 존재하는 주인공의 동작을 제어하는 비디오 게임 장르이다.

이 책은 cRPG의 디자인과 개발에 집중할 것이다.

 TIP 앞으로 RPG는 cRPG를 가리키는 단어이다.

컴퓨터 롤 플레잉 게임은 장르의 테이블탑 버전을 근간으로 한다. 대부분의 동일한 용어, 설정 및 게임 메카닉이 원래의 테이블탑 게임에서 따온 것이다. 이러한 유사점 중 일부는 스토리텔링과 서사 요소를 포함하며 스토리 전체에서 플레이어 캐릭터는 게임의 목표를 달성하기 위한 기술과 능력을 지속적으로 개발한다.

▌ RPG의 특성

롤 플레잉 비디오 게임은 일반적으로 많은 퀘스트 혹은 레벨로 나누어진 고도로 발달된 스토리와 설정에 의존한다. 일반적으로 플레이어는 정의된 능력과 속성에 따라 플레이어 캐릭터가 수행할 명령을 내림으로 하나 이상의 캐릭터를 제어한다. 게임 전반에 걸쳐, 이러한 특성은 증가 또는 감소하며 캐릭터의 개성을 확립한다.

보통 RPG는 플레이어 캐릭터와 플레이어 캐릭터가 내재된 세계 사이에서 개발되고 정의된 복잡하고 역동적인 상호작용 메커니즘을 갖고 있다. 여기에는 세계 환경 및 세계 속에 정의된 다른 비 캐릭터 플레이어와의 상호작용이 포함된다. 대개 이러한 요인 때문에 게임 전반에 걸쳐 이러한 이벤트를 처리하는 인공지능(AI)과 행동을 다루는 코드 기반을 설계하고 개발하는 데 더 많은 시간을 할애한다.

RPG의 핵심 요소는 다음과 같다.

- 스토리 및 설정
- 탐험과 퀘스트
- 아이템과 인벤토리
- 캐릭터 개발
- 경험치와 레벨
- 전투
- 사용자 인터페이스 및 그래픽

스토리 및 설정

대부분의 롤 플레잉 게임의 전제는 플레이어가 세상 또는 위협받는 사회의 어느 레벨을 구하는 일을 수행한다. 먼 친척의 깜짝 방문이나 친구가 된 적 혹은 그 반대인 경우와 같이 이야기가 진행됨에 따라 종종 꼬임과 뒤집기가 발생한다.

게임 세계는 플레이어가 현실 세계에서 할 수 없는 일을 할 수 있게 해주는 역사적, 판타지 또는 공상 과학 세계에 놓여 있는 경향이 있으며 이는 플레이어가 캐릭터의 빠른 성장에 대한 의심을 막는 데 도움이 된다.

앞서 말했듯이 RPG는 스토리텔링에 막대한 투자를 하고 있다. 이것은 장르의 주요 재미 요소 중 하나이다. 이러한 사실 때문에 RPG를 개발할 때 이야기를 개발하는 방법과 스토리 속 인물에 세심한 주의를 기울여야 한다. 이는 게임과 게임 속 캐릭터가 가져야 할 환경의 종류와 설정으로 바뀐다.

전통적으로 RPG는 플레이어 캐릭터가 게임 플레이 중에 만드는 결정을 바탕으로 플롯을 진행한다. 게임 플레이 내에서 게임 메인 스토리라인과 함께 선별해서 통합할 수 있어야 하는 게임 디자이너에게는 상당한 부담이 따른다. 이것은 또한 스토리 내 모든 다른 경로를 고려해 게임을 프로그래밍해야 하는 방법의 문제를 야기한다.

게임을 보다 흥미롭고 매력적으로 만들기 위해 게임 디자이너는 더 재미있고 도전적으로 만드는 스토리 내에서 특수 트리거를 도입할 수 있다. 이는 보통 새로운 캐릭터들을 등장시키거나 현존하는 레벨 내에서 발견 가능한 영역을 소개함으로 이루어진다.

다음은 cRPG를 위해 구축할 스토리라인과 설정에 관한 간략한 설명이다.

cRPG 스토리 맛보기

옛날 옛적 위대한 왕 자자르가 통치하는 위대한 왕국이 있었다. 통치자는 백성에게 관대한 군주였다. 자자르 통치하의 왕국은 평화롭고 번영했지만, 지속되는 친인척 간의 불화와 갈등은 왕국을 온전하게 유지시켜주는 강한 유대감에 균열을 일으켰다.

알 수 없는 사건으로 인해 위대한 왕은 그의 가족을 왕국에서 추방했고, 아들을 신뢰할 수 있는 현명한 장로 가운데 한 명과 함께 남겨 두기로 결정했다. 왕국은 결코 이전과 같을 수가 없었다. 지금까지도!

탐험과 퀘스트

RPG 이면의 전체적인 아이디어는 플레이어가 속한 세계를 탐험하는 자유를 지닌 플레이어의 능력이다. 더 잘 정의된 세계일수록 플레이어의 탐험은 더 재미있을 것이며, 그 결과 게임 플레이 전반에 걸쳐 호기심과 참여를 유지할 것이다.

이것은 RPG를 위해 개발된 이야기의 내러티브에 의해 달성된다. 특별히 플레이어는 자신의 목표를 달성하기 위해 전 세계를 걸으며 주변을 탐험할 수 있는 기회를 제공받게 된다.

오픈 월드 RPG에서 플레이어는 스토리라인에서 설정된 목표를 달성한 후 자유롭게 세계를 돌아다닌다.

이 경우 플레이어는 퀘스트 진행과 관련이 없는 지역을 여전히 탐색할 수 있으며, 시간 할애도 가능하다. 또한 미션을 완료하는 동안 이전에 만난 적이 없는 다른 NPC를 만날지도 모른다. 하지만 일반적으로 이는 플레이어가 결정하지 않는다. 일단 NPC들의 목표가 충족되면 NPC들은 다음 퀘스트로 넘어가기를 희망한다. 여기서 질문이 생긴다. 게임 디자이너와 개발자가 주요 목표가 달성된 지역에 얼마나 많은 시간과 노력을 기울일까? 정답은 '그리 많지 않다'일 것이다.

역사적으로 플레이어는 게임 내에서 자신의 목표와 목표를 실현하기 위해 일련의 퀘스트 순서를 따른다. 게임을 더욱 매력적으로 만들기 위해 개발자는 특정 위치에서 게임의 메인 플롯 내에서 더 많은 스킬과 능력들을 획득하고 탐험할 수 있는 능력을 플레이어에게 주기 위한 미니 퀘스트를 소개할 수 있다.

미니 퀘스트는 메인 스토리라인의 일부는 아니기 때문에, 언제든지 플레이어가 특정 영역에 들어가기만 하면 발동될 수 있다.

예를 들면 플레이어가 레벨의 주요 목표를 완료했으며 다음 목표로 향할 준비가 됐다고 가정한다. 이제 사용자가 언제든지 다시 방문 가능한 오픈 월드 환경을 만들었다고 상상해보자. 플레이어가 방금 완료한 월드의 특정 지역으로 다시 돌아가기로 결정했고, 탐험했는데 이 미니 퀘스트가 시작되는 이벤트가 발동됐다면, 플레이어에게 놀라운 경험이지 않겠는가? 이 미니 퀘스트는 메인 스토리라인에 영향을 미치지 않아야 하지만, 플레이어의 경험을 강화하는 데 사용할 수 있다는 사실을 명심하라. 이런 결정의 종류는 게임을 개발할 때 중요하다. 사용자가 도전하지 않기로 결정했다 하더라도 의도한 경우를 제외하고 사용자에게 불이익을 줘서는 안 된다.

퀘스트는 하나 이상의 적을 물리치고, NPC를 구출하거나, 아이템을 가져오거나, 알 수 없게 잠긴 문과 같은 위치 퍼즐이 될 수 있다.

탐험과 퀘스트 맛보기

우리 게임에는 총 4개의 퀘스트가 존재한다. 각 퀘스트에는 플레이어가 완료해야 하는 고유한 목표가 있다. 각 퀘스트의 디자인과 개발은 책 전반에 걸쳐 논의될 것이다.

다음은 디자인할 레벨의 목록이다.

- 각성Awakening
- 마을The Village
- 부서진 숲—지평선
- 왕국The Kingdom

게임은 우리의 영웅이 임무를 완수하는 데 필요한 기본 교육을 받게 될 환경에 플레이어를 몰입시키면서 시작할 것이다.

인벤토리 시스템

RPG의 주요 기능 중 하나는 인벤토리 시스템이다. 게임 내내 사용자는 여정을 진행하는 데 플레이어를 돕기 위해 게임 내 각기 다른 목적으로 사용될 수 있는 방대한 양의 수집 가능한 아이템들을 접하게 될 것이다. 따라서 RPG는 플레이어가 여정과 관련된 물건들을 저장하고 검색, 정리하는 데 도움을 주는 메커니즘을 제공해야 한다.

플레이어가 RPG 속 여정을 진행하고 있을 때, RPG 여정을 진행하는 동안 플레이어는 RPG 속 세상과 상호작용을 한다. 월드와 상호작용한다. 게임의 스토리라인은 일반적으로 플레이어가 주변 월드와 다른 NPC 캐릭터들과 상호작용하도록 한다. 이러한 상호작용은 대부분 일종의 교환 형태로 이루어진다. 이러한 교환이 내레이션을 통해 플레이어에게 퀘스트에 대한 더 나은 감각을 제공할지, 아니면 실제 아이템의 교환 형태로 할지는 게임 디자이너와 개발자의 몫이다.

게임에는 플레이어 캐릭터와 다른 모든 것 간의 모든 상호작용을 축적하는 방법이 필요하다. 이러한 상호작용을 추적하는 데 사용되는 하나의 시스템이 인벤토리 시스템이다.

게임 플레이 중에 플레이어는 대개 아주 간단한 캐릭터로 시작한다. 게임 플레이의 일부는 세계를 탐험하고 기술과 능력을 향상시키는 데 도움이 되는 아이템을 수집, 캐릭터를 향상시키는 것이다.

플레이어는 아주 기본적인 옷을 입고 여정을 시작할 수 있다. 퀘스트 전반에 걸쳐 더 나은 착장 세트 혹은 무기를 제공할 상인과 같은 NPC와 상호작용할 것이다. 이러한 아이템들은 인벤토리 시스템에 의해 저장되고 관리된다.

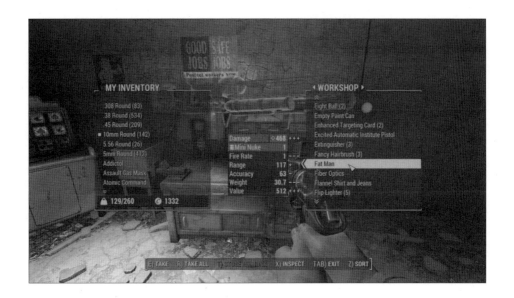

인벤토리 시스템의 단순성이나 복잡성은 게임의 복잡성과 게임 속 캐릭터들의 복잡성으로 정의된다. 게임에서 다양한 유형의 아이템에 적용할 수 있는 일반 인벤토리 시스템을 설계하고 개발할 것이다.

게임에서 보통 수집하는 몇 가지 아이템이다.

- 무기
- 갑옷
- 옷
- 특수 객체

아이템 중 일부는 월드 탐험으로 수집하거나 발견하며, 일부는 게임을 통해 구체적으로 거래된다. 게임에서 거래 시스템을 넣을 경우 거래에 필요한 메커니즘을 제공해야 한다. 거래는 일반적으로 NPC 상인과 상호작용하는 동안 이루어지며 거래를 가능하게 하는 특별 윈도우를 사용한다.

모든 거래는 비용과 직결되기 마련이다. 보통 게임 내에서 플레이어가 수행하는 모든 것은 비용과 관련이 있다. 비용은 대개 플레이어 캐릭터의 능력 혹은 경험치를 증가시키거나 감소시킨다. 깊이 파고들면 꽤 복잡해질 수 있다.

명심해야 할 메인 포인트는 플레이어가 수집 또는 관리해야 할 모든 것이 인벤토리 시스템을 통해 수행된다는 것이다. 따라서 게임 디자이너 및 개발자로서 신경 써야 할 가장 중요한 기능 중 하나이다.

플레이어의 게임 플레이를 향상시키고 퀘스트를 전략적으로 추진하게끔 유도하는 다른 요소는 인벤토리 내 소지 가능 아이템 개수를 제한하는 것이다.

현실에서 전사가 여러 종류의 무기를 들고 다닐 수 있는 능력은 제한적이다. 현실에서 전사가 한 시점에 최대 다섯 가지 종류의 무기를 소지할 수 있다고 가정해보자. 게임 세계에는 20종의 무기가 있다고 치자. 무기들을 발견했을 때 플레이어가 20종의 무기를 전부 갖고 다닐 수 있게 허용할 것인가? 아니면 5종으로 제한할 것인가?

이러한 것들이 적절하게 계획되면 게임 플레이를 더 재미있게 만든다. 인벤토리 시스템에는 더 많은 것들이 있다. 이후 장에서 좀 더 자세히 살펴볼 것이다.

캐릭터 개발

RPG 개발의 다른 부분과 마찬가지로 캐릭터 특성 및 동작은 게임의 스토리라인에 의해 크게 정의된다. 이러한 동작은 플레이어가 캐릭터에게 특정 작업을 수행하도록 명령할 때 게임 내에서 간접적으로 수행된다.

예를 들어 RPG에서는 적어도 두 개의 캐릭터 클래스가 있을 것이다. 다음은 몇 가지 클래스 유형 예시이다.

- 야만인
- 오크
- 마법사
- 좀비
- 인간

각 캐릭터 클래스는 심지어 클래스만의 고유 속성을 가진 서브 클래스를 가질 수도 있다. 다시 말하지만 이것은 RPG의 스토리라인과 밀접하게 연결된다.

플레이어 캐릭터는 기술적으로 스토리와 게임의 주인공이다. 영웅은 일반적으로 특정 캐릭터 클래스이며, 그 영웅이 인간 클래스의 일부라고 가정하자.

인간 클래스 혹은 종족에는 플레이어 캐릭터 또는 동일한 유형 또는 클래스의 NPC가 상속받을 특정 특성이 있다.

 캐릭터 클래스와 종족은 일반적으로 게임 내 캐릭터의 능력을 결정하며, 캐릭터의 행동 유형을 정의한다.

게임 내 캐릭터의 힘은 자신이 속한 캐릭터 클래스와 수행할 수 있는 행동 유형에 의해 정의된다. 캐릭터의 퍼포먼스는 캐릭터의 클래스와 종족 내에 정의된 속성값에 의해 정의된다.

예를 들어 인간과 오크와 두 종류 캐릭터 클래스를 나란히 비교하면 오크는 인간보다 훨씬 뛰어난 힘과 야성을 갖는다. 인간은 제대로만 적용하면 오크의 힘을 과소평가할 수 있는 더 높은 지능과 문제 해결 스킬을 지닌다.

이는 RPG 디자이너가 게임 내 캐릭터 디자인과 개발을 정의하고 지정하는 데 많은 시간을 할애해야 하는 또 다른 주요 영역이다. 캐릭터를 디자인하고 정의할 때 제한 사항은 존재하지 않는다. 하지만 어떠한 RPG를 개발하더라도 고려해야 하는 핵심 속성이 존재한다.

대부분의 RPG는 게임 시작 전에 혹은 심지어 게임 플레이 중에 플레이어가 캐릭터를 수정할 수 있게 한다. 기본적으로 모든 캐릭터 클래스는 기본 속성을 가지며 플레이어는 일부 수정 UI를 통해 속성값을 조정할 수 있다. 수정에서 허용되는 기본 핵심 특징들은 캐릭터의 성별, 클래스 또는 종족이다.

요즘의 캐릭터 커스터마이징은 RPG에서 플레이어들이 원하는 주요 기능 중 하나이다. 어떤 게임에서는 피부색, 눈 색깔, 머리 스타일 등과 같이 플레이어 캐릭터 외모의 모든 면을 수정할 수 있다.

이 모든 것은 게임 제작 과정에서 사용할 수 있는 예산과 리소스에 달려 있다. 일부 게임에서는 캐릭터의 특성에 윤리적 속성을 도입할 수도 있다. 예를 들어 게임 내 규제에 따라 죄 없는 사람들을 죽이거나 강도짓을 하면 NPC는 플레이어를 싫어하게 되고 퀘스트를 완료하는 데 지장을 줄 정도로 불친절하거나 비협조적으로 될 수도 있다. 즉, 플레이어의 행동에 따른 인과응보를 받게 되는 것이다!

마지막 주목해야 할 것으로 캐릭터 클래스는 캐릭터 속성을 정의하므로 캐릭터의 장점과 약점을 정의한다. 이를테면 전투 중 캐릭터의 능력을 결정하는 손재주와 힘과 같이 이러한 물리적 속성을 단순화할 수 있다.

경험치와 레벨링

플레이어를 참여시키고 게임에 몰두시키기 위해 게임 디자이너는 플레이어 캐릭터의 성능을 향상시키는 메커니즘을 사용한다. 이러한 방식을 RPG에서는 레벨링 또는 경험치라고 한다.

레벨링과 경험치는 모든 롤 플레잉 게임의 핵심 요소이다. 모든 RPG는 적합한 레벨링 또는 경험치 트리를 정의한다. 이를 통해 플레이어는 게임 플레이를 통해 자신의 분신을 발전시키고 더 많은 기술, 포인트 및 기타 퀘스트를 완료하는 데 필요한 다른 리소스를 확보함으로 기능적으로 더욱 강력해진다.

새로운 무기, 갑옷 및 월드 안에 정의된 다른 게임 아이템들을 획득하려면 플레이어는 게임 내에서 특정 임계값을 충족시켜야 한다. 이러한 임계값으로는 플레이어가 획득한 경험치 및 금전적인 이익 또는 전투 경험과 같은 것들의 조합이 될 수 있다. 이러한 계층 구조 및 혹은 시스템을 설계할 때 옳고 그름은 없다. 어떤 것이 특정한 요건에 맞는 것인지 그리고 어떻게 가장 적합하게 적용할 것인지 봐야 한다.

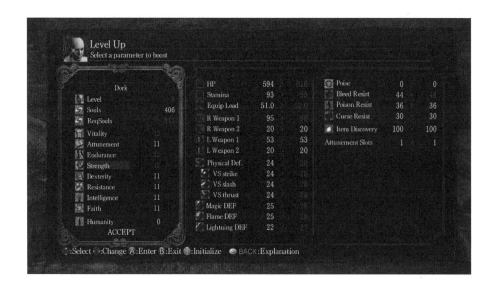

RPG에서 캐릭터 플레이어의 진행은 게임 디자이너가 지정한 정의된 속성을 수치화해 측정한다. 일반적으로 캐릭터의 성장은 플레이어가 경험치를 얻기 위해 특정 임무를 완료하고 게임을 통틀어 임무와 포인트 보상을 천천히 증가시킴으로 정의한다. 플레이어는 경험치를 사용해 게임 내에서 자신의 분신을 강화할 수 있다.

다시 말하지만 이것은 스토리라인, 플레이어가 선택한 캐릭터 클래스 및 종족과 밀접한 관계가 있다. 포인트를 획득하는 일반적인 방법은 적을 죽이거나 중요하지 않은 NPC와 싸우거나 게임 내에서 정의된 퀘스트를 수행하는 것이다.

현실과 마찬가지로, 기술을 더 많이 익히고 적용할수록 더 많은 경험을 하게 된다. 경험을 축적하면 다음 퀘스트를 위한 공격력이나 방어력을 강화하는 더 나은 무기 혹은 갑옷을 얻을 수 있다. 일부 게임에서는 플레이어에게 100포인트 이상을 주고 플레이어가 포인트를 분신의 캐릭터 특성에 분배할 수 있게 한다. 때때로 게임은 모든 경험치를 힘과 같은 특정 영역에 자동으로 적용한다.

게임 플레이 중 경험을 쌓으면 플레이어는 더 많은 기능과 기술을 획득할 수 있다. 이는 게임에서 수익을 창출할 수 있는 좋은 방법이다. 실제로 대부분의 무료 게임은 이러한 방식을 사용한다. 그들은 기본적인 월드와 캐릭터를 무료로 제공하고, 리소스 혹은 캐릭터 성능을 향상시키는 게임 내In-Game 구매를 통해 수익을 창출한다.

어떻게 이것을 구현할까? 인벤토리 시스템과 마찬가지로 플레이어의 스킬 진행을 추적할 방법이 필요하다. 일반적으로 스킬 트리를 사용한다. 트리에서 특정 스킬을 습득하거나 배우면 더 강력한 스킬이 해제되고 플레이어는 게임에서 스킬을 활용할 수 있다.

전투 시스템

전쟁을 치를 시간이다. 모든 플레이어가 여행 중 기대하는 순간이다. 보스, 나쁜 놈, 악의 군주를 죽이자! 모든 RPG에는 게임 플레이에 내장된 전투 구성 요소가 있다. 플레이어가 획득한 모든 기술을 사용하고 어떻게 게임을 보냈는지에 따라 적을 쓰러뜨리거나, 적에게 당하는 순간이다.

전통적으로 RPG 전투 시스템에는 3가지 기본 유형이 있다. 게임에 적용할 전투 시스템 유형은 게임 플레이와 게임 구현에 큰 영향을 미친다.

세 가지 유형은 다음과 같다.

- 전통적 턴 기반 시스템
- 실시간 전투
- 멈출 수 있는 실시간 전투

역사적으로 롤 플레잉 게임은 턴 기반 전투 시스템을 사용했다. 이러한 유형의 전투 시스템은 다음과 같다. 주어진 시간 동안 오직 하나의 캐릭터만이 움직일 수 있다. 이 시간 동안 다른 모든 캐릭터들은 가만히 있어야 한다. 다른 말로 하면, 한 캐릭터를 제외한 나머지는 어떤 행동도 할 수 없다. 이러한 유형의 전투 시스템은 전략 계획 보상에 초점이 맞춰져 있다.

다음 유형은 실시간 일시 중지 가능 전투 시스템이다. 이 유형의 전투 시스템은 엄격하게 턴 기반이지만 다른 점이 존재한다. 플레이어가 일정 시간 이상 움직여 명령을 내리면 게임은 자동으로 다른 플레이어에게 명령을 전달한다. 이것은 차례대로 적과 같은 다른 플레이어가 턴을 잡고 플레이어를 공격하게 한다.

이 책에서는 실시간 전투 시스템을 사용할 것이다. 액션 게임의 특징을 갖는 실시간 전투 시스템은 액션과 RPG 게임의 혼합 장르이다. 액션 RPG 전투 시스템은 롤 플레잉의 RPG 메커니즘과 직접적이고 반사적이며 아케이드 액션 게임의 스타일인 실시간 전투 시스템을 결합한 것이다.

액션 RPG에서 플레이어는 전투 중 캐릭터의 움직임과 행동을 직접 제어할 수 있으며 적을 공격하려면 공격 버튼을 눌러야 한다. 액션 RPG는 대부분 아케이드 스타일의 때리고 부수는hack&slash 전투 시스템을 사용하지만 많은 액션 RPG 또한 싸움, 말다툼 또는 슈팅 메커니즘을 사용한다.

액션 RPG 장르는 1980년대 초 일본 개발자들이 개척했다. 닌텐도Nitendo의 시게루 미야모토Shigeru Miyamoto는 가정용 콘솔용 액션 RPG의 여러 요소를 채택했으며 1986년에는 서양에 1980년대 후반 이후 액션 RPG 장르를 대중화시킨 〈젤다의 전설The Legend of Zelda〉을 만들었다.

 시게루 미야모토는 닌텐도에서 가장 사랑받는 마리오, 돈키 콩, 젤다의 전설 등 많은 캐릭터와 프랜차이즈를 제작한 것으로 유명하다. 또한 닌텐도 터치(Nintendo Touch)의 수석 디자이너였다. 닌텐도 DS, Wii 및 3DS를 포함한 여러 콘솔 시리즈를 제작한 것으로도 이름을 널리 알렸다.

사용자 인터페이스와 그래픽

여기서 문제가 발생한다. 플레이어에게 월드를 어떻게 표현할 수 있을까? 어떤 종류의 사용자 인터페이스를 제공할 것인가? 게임에서 어떤 종류의 뷰^{View}를 허용할 것인가? 하향식 카메라 뷰를 통해 월드를 보이게 설계할 것인가? 이소메틱^{isometic} 시점으로 만들 예정인가? 아니면 1인칭 또는 3인칭 퍼스펙티브^{perspective} 시점으로 만들 것인가?

이 질문에 답하는 것은 중요하다. 게임 에셋^{asset}을 디자인할 때, 게임 월드에서 어떻게 보이는지에 대한 이해가 필요하기 때문이다. 예를 들면 게임 캐릭터나 3D 모델을 디자인할 때 이소메틱 뷰를 사용한다면, 1인칭 시점 혹은 3인칭 시점으로 디자인할 때와 다르게 모델링해야 한다.

여기에서는 월드를 표현하기 위해 3인칭 카메라를 사용할 것이다.

다음 질문은 어떻게 중요한 정보를 플레이어에게 간단하고 의미 있는 방식으로 전달할 것인가이다. RPG 게임에서는 플레이어가 많은 양의 정보를 관리해야만 하며, 빈번히 윈도우 인터페이스를 사용해 플레이어의 데이터를 정리해야 한다. 통상 HUD$^{Heads\ Up\ Display}$를 통해 설계하고 구현한다.

HUD는 주인공의 생명력, 아이템 및 게임 진행 표시 등 여러 가지 정보를 동시에 표시하는 데 자주 사용된다. 게임 플레이 중에 사용자가 접근 및 상호작용해야 하는 모든 정보에 대한 접근점으로 HUD를 간주해도 좋다.

HUD의 디자인은 RPG 게임에서 매우 중요하다. 일반적으로 게임 플레이 내내 플레이어와 지속적으로 소통하고 싶은 몇 가지 핵심 데이터 요소가 있다. 이러한 데이터 요소는 다음과 같다.

- 생명력
- 에너지
- 스테미나
- 활성 무기
- 활성 실드
- 특수 아이템
- 생명의 수
- 메인 메뉴 접근
- 인벤토리 접근
- 스킬 접근

다시 한 번 말하지만, HUD의 디자인은 디자인하는 게임의 유형과 게임 플레이 도중 플레이어가 필요한 정보의 유형에서 파생된다.

대부분의 RPG는 플레이어 캐릭터에 대한 많은 양의 데이터를 수집, 저장하기 때문에 사용하기 쉽고 깔끔한 HUD를 만드는 것은 매우 중요하다.

HUD를 디자인할 때 기억해야 할 중요한 점은 절대 화면을 압도하거나 혼란스럽게 하지 말아야 한다는 점이다. 훌륭한 HUD 디자인을 완성하기 위해서는 시행착오가 필요하다. 초기 아트 콘셉트부터 구현, 테스트까지 디자인과 내부 작업을 마무리하기 전에 게이머로부터 피드백을 받아야 한다.

결국 HUD는 플레이어의 게임 플레이를 단순화하고, 혼란스럽지 않게 만들어야 한다. 오늘날 많은 게임들이 전통 HUD에서 멀어지고 있으며, 게임 플레이 도중 시네마틱 영상과 극도로 단순한 경험에 더 의존하고 있다. 이를 통해 게임 디자이너는 플레이어를 월드에 좀 더 몰두시킬 수 있으며, 정적 HUD로 하여금 플레이어를 혼란시키지 않게 한다.

게임 플레이와 게임 스타일에 적합한 HUD를 만드는 것은 필수다. 기능이 풍부한 HUD가 일부 게임에 적합할 수는 있겠지만 단순한 HUD 역시 그만큼 효과적이거나 그 이상일 수 있다. 이는 전부 개발자가 원하는 플레이어 경험에 달려 있다. 따라서 다음 게임의 HUD를 만들 준비가 되면 플레이어의 경험을 강화하고 플레이어에게 과도한 정보를 제공하지 않는 HUD를 디자인하길 바란다.

▌ 기존 혹은 향후의 RPG 게임들

1장에서는 시장에 이미 출시됐거나 향후 출시될 몇몇 RPG를 살펴볼 것이다. 1장의 주요 목표는 여러 RPG 게임들과 게임 디자인 구현에 참고할 만한 점을 제공하는 것이다. 자신만의 아이디를 얻기 위해 기존 혹은 향후 출시 예정인 RPG 게임을 조사하는 것은 좋은 생각이다.

다크 소울 3 Dark Souls 3

로드릭Lothric 왕국을 배경으로 한다. 재의 귀인Ashen One 으로 알려진 언데드 전사는 불의 수호자로 알려진 신비한 여자에게 빛과 어둠의 충돌이 가져오게 될 다가오는 종말을 피하기 위한 임무를 부여받았다. 그러나 이 종말을 피하는 유일한 방법은 신더Cinder의 군주와 오랜 세월을 거쳐 First Flame을 연결한 이전 영웅들의 파멸뿐이다.

이 게임은 3인칭 시점이다. 플레이어는 적과 맞서 싸우기 위한 활, 폭탄, 대검을 포함한 다양한 무기를 장착하게 된다. 방패는 적의 공격을 빗나가게 하고 플레이어가 피해를 입지 않도록 보호하는 데 사용된다.

게임 내내 플레이어는 각기 다른 종류의 각기 다른 행동을 하는 적과 마주하게 된다. 적의 일부는 전투 중 그들의 전투 스타일을 변경한다. 무기마다 특별한 공격을 가능하게 하는 새로운 무기와 방패 스킬 그리고 초점 포인트의 소모the cost of focus points 특성들을 포함한 새로운 전투 특성들이 게임 내에서 등장한다. 이 게임은 캐릭터 빌더가 확장되고 더 많은 전술적 옵션을 플레이어에게 제공하기 위한 무기들이 개선되는 롤 플레잉에 중점을 둔다.

폴아웃 4Fallout 4

베데스다Bethesda 게임 스튜디오에서 개발하고 베데스다 소프트웍스Bethesda Softworks에서 발매한 액션 롤 플레잉 게임이다. 2015년 11월 10일 마이크로소프트 윈도우, 플레이스테이션 4PlayStation 4 및 엑스박스 원Xbox One용으로 전 세계에 출시됐다.

이 게임의 시대적 배경은 폴아웃 3 사건이 일어난지 10년 이후이자 2077년 핵무기 대량 학살로 막을 내린 천연 자원을 차지하기 위한 자원 전쟁이 끝난지 210년이 지난 2287년 이다. 게임의 설정은 보스턴, 매사추세츠 및 영연방으로 알려진 뉴잉글랜드의 다른 부분을 포함하는 지역을 아우르는 세계 종말적post-apocalyptic 이전 시대의 시각에서 본 미래retro-future이다.

스토리는 2077년 10월 23일, 폭탄이 떨어지면서 시작된다. 플레이어는 이로부터 정확히 210년이 지난 2287년 10월 23일 Vault 111의 피난처로 가게 된다.

이 게임은 1940년대와 1950년대의 미학과 디자인, 그 당시 상상했던 기술 진보 방향으로 바라본 역사의 다른 버전 속에서 진행된다.

그 결과 세상은 복고풍과 미래풍이 혼합된 세상이다. 그곳에서 기술은 레이저 무기를 생산하고 유전자를 조작하며 거의 완벽한 인공지능을 만들어 낼 정도로 진화해왔다. 하지만 모든 것들은 디지털 시대의 집적 회로를 가질 뿐만 아니라 원자력과 진공관의 광범위한 사용과 같이 1950년대의 해결책에 국한돼 있다.

게임의 전반적인 설정은 건축에서부터 광고와 일반적인 생활 스타일 등에 이르기까지 1950년대의 것이다.

▌ 디바이너티: 오리지널 신Divinity: Original Sin

라리안 스튜디오Larian Studios가 개발한 싱글 플레이어 및 협동 멀티 플레이 판타지 롤 플레잉 게임이다. 게임을 만든 에디터와 함께 제공되며, 플레이어는 자신만의 싱글 플레이어 및 멀티 플레이어 모험을 만들 수 있고, 그것들을 온라인에 게시할 수 있다.

사용자 정의가 가능한 이 게임의 주인공들은 한 쌍의 근원이라 부르는 위험한 마법과 마법의 숙달자들인 소스러들Sourcerers을 없애기 위한 조직원인 소스 헌터Source Hunter들이다.

싱글 플레이 모드에서는 플레이어가 주인공 둘을 조작하고, 멀티플레이어 모드인 경우 각각의 플레이어가 하나의 주인공을 조작한다. 게임이 시작되면서 소스 헌터들은 남부 리벨런Revellon의 항구 도시인 싸이실Cysel에 있는 한 마을 의원의 살인자로 의심되는 소스러를 조사하라는 명령을 받는다.

도착하자마자 싸이실이 오크와 언데드에 의해 포위돼 있는 것을 발견하고, 루클라 숲에 기반을 둔 종교 단체 이매큘레이트Immaculates와 연결된 소스러의 음모에 의해 조종되고 있음을 깨닫는다.

▌ RPG의 패턴

다른 기술 프로젝트와 마찬가지로 RPG 역시 윗슨 존 커크 3세Whitson John Kirk III가 그의 저서 『Design Patterns for Successful Role-Playing Games』(Autoedición, 2005)에서 문서화한 비슷한 패턴을 활용할 수 있다.

이 절에서는 이미 식별됐으며 우리의 게임에 활용될 수 있는 디자인 패턴의 일부를 살펴볼 것이다.

새 프로젝트를 시작할 때 프로젝트 유형에 상관없이 이루려고 하는 것이 정확히 무엇인지 명확히 할 필요가 있다. 특히 게임을 디자인할 때 그렇다. 게임을 디자인하는 데 여러 가지 구성 요소가 있으므로, 게임이 무엇인지 파악해야 한다. 이러한 사고 과정을 진행하기 위한 몇 가지 질문들은 다음과 같다.

1. 무엇을 이루려고 하는가?
2. 어떤 분위기를 연상케 하고 싶은가?
3. 캐릭터가 하는 역할은 무엇인가?
4. 플레이어 혹은 멀티플레이어 환경에서의 플레이어들은 무엇을 하는가?
5. 보상하고 싶은 활동들의 종류는 무엇이며, 어떤 종류의 보상을 제공하고 싶은가?
6. 게임 대상 연령은 어떻게 되는가?
7. 게임에 시네마틱 시퀀스가 존재하는가?
8. 추가 에셋으로 게임의 스토리가 확장되는가?

이것들은 모두 게임 디자인에 영향을 미치는 중요한 질문이다. 1장과 이 책을 전반적으로 읽으면서 펜과 종이를 휴대해, 마음속에 떠오르는 아이디어를 모두 메모하기를 추천한다. 이러한 방법으로 모든 생각을 추적할 수 있으며, 나중에 그 생각들을 확장할 수 있다.

전문 용어

모든 학문에는 고유한 용어가 존재한다. 다음은 RPG 게임에서 사용되는 용어 목록이다. 어휘력을 넓히기 위하거나 기억을 가다듬기 위해 시간을 내 공부하기를 권장한다.

- **속성**: 캐릭터 공통의 측정치
- **캐릭터**: 게임 마스터를 포함한 플레이어에 의해 연기되는 게임 내 인물
- **특징**: 캐릭터의 양상. 캐릭터의 이름, 키, 나이, 아름다움 그리고 힘은 특징의 일부이다.
- **공통 특징**: 게임 내에서 주어진 모든 캐릭터의 공통적인 특징. 캐릭터의 이름, 키, 아름다움, 그리고 힘은 보통 자주 사용되는 특징들이다.
- **충돌**: 캐릭터들과 플레이어들 그리고 게임 내 세력 간 투쟁이다. 특히 투쟁은 게임의 플롯을 구성한다. 여기에는 게임 세계에 어떤 것들을 소개해야 하는지에 관한 둘 혹은 그 이상의 플레이어 사이의 갈등을 포함한다.
- **콘테스트**: 기계적 수단의 의해 해결되는 갈등.
- **부가 속성**: 공식에 의해 결정되는 값이 존재하는 특성. 일반적으로 공식은 숫자를 생성하기 위해 다른 속성들을 사용한다.
- **드라마**: 순수 스토리 고려 결과. 드라마의 결과들은 참여자에게 가장 재미를 느낄 만한 것들에 의해 배타적으로 결정된다.
- **결점**: 구체적 측정치가 아닌 선택된 특징. 구조적으로 재능과 매우 유사하지만 일반적으로 장점보다는 단점으로 작용한다.
- **운**: 조금이라도 무작위 요소에 근거한 결괏값. 주사위를 굴리거나, 카드를 섞거나 혹은 다른 무작위 값 생성기 포함이 가능하다.
- **게임 마스터**: 전통적으로는 게임의 흐름을 관리하고 책임감이 할당된 플레이어를 의미한다. 컴퓨터 RPG에서의 게임 마스터(GM)는 모든 것들을 함께 쥐고 있는 접착점이다.

- **측정치**: 일반적으로 이름과 연관된 확정된 값. 공통적으로 확정된 값은 숫자로 표현한다.
- **재능**: 구체적 측정치가 아닌 선택된 특성. 캐릭터는 재능이 있을 수도 없을 수도 있다. 일반적으로 캐릭터에게 장점으로 작용한다.
- **업보**: 비무작위 값 비교에 의거한 결과. 업보 기반 콘테스트는 결과를 도출하기 위해 두 값들을 직접 비교한다.
- **논플레이어 캐릭터(NPC)**: 게임 마스터에 의해, 게임 마스터의 역할 가운데 일부로 연기되는 모든 캐릭터
- **선택적인 특징**: 주어진 모든 캐릭터에 적용되지 않는 특징
- **플레이어**: 롤 플레잉 게임에 참가한 모든 사람
- **플레이어 캐릭터(PC)**: 어떤 플레이어에 의해 연기되는 캐릭터. 반면 게임 마스터가 하는 역할은 제외한다.
- **주요 특성**: 다른 특성들을 바탕으로 공식에 의해 나온 것이 아닌, 플레이어에 의해 직접적으로 설정된 값을 갖는 특성. 일반적으로 부가 속성을 결정하는 공식에 의해 사용된다. 하지만 주요 특성들의 값들은 공식에 의해 결정되지 않는다. 보통 무작위 숫자에 의해 생성되거나 혹은 어떤 리소스들의 소모에 의해 설정된다.
- **랭크**: 측정 스킬 및 약점 혹은 랭크된 특성의 특정값. 또한 이러한 기술 및 특성을 묘사할 때 측정치 대신 형용사가 사용된다.
- **랭크된 특성**: 특성 역시 측정치이다.
- **선택된 특징**: 사전 정의된 선택 목록에서 선택한 특징
- **공유된 측정치**: 많은 캐릭터들에 의해 공유되는 측정치
- **스킬**: 이 또한 측정치이며, 일반적으로 캐릭터에게 장점으로 작용하는 선택된 특징
- **특성**: 사전 정의된 선택 목록에서 가져오지 않고 플레이어가 구성하는 특성

특성과 특징과의 관계에 대한 이해를 돕기 위해 비주얼 다이어그램을 첨부했다.

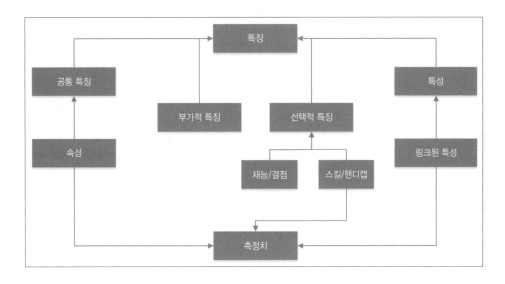

콘테스트 트리

콘테스트 트리의 목적은 게임 내 긴장감을 조성하기 위한 기계적인 수단을 제공하는 것이다. 이를 갈등 고조라고 한다.

콘테스트 트리는 계층적 방식으로 구성된 여러 레벨의 콘테스트로 구성된 높은 수준^{high-level}의 충돌 해결 시스템이다. 콘테스트 트리가 동작하는 방식은 낮은 수준의 콘테스트가 높은 수준의 콘테스트에 공급돼 더 높은 수준의 콘테스트 결과에 영향을 미친다.

즉, 상위 레벨 콘테스트는 최종 보스를 죽이는 것이 될 수 있겠지만, 최종 보스를 만나기 전에 플레이어가 반드시 완료해야만 하는 다른 작은 전투가 있을 수 있다. 그리고 그 작은 전투들의 결과가 큰 전투의 결과로 이끌게 될 것이다. 간단한 예로 주요 보스에 도달하기 전에 일정한 양의 경험치에 도달해야 하는 것이 있다.

상위 수준의 콘테스트들은 하위 수준의 콘테스트들과 관련이 있으므로 플레이어는 더 높은 수준의 콘테스트 결과에 집중하게 되고, 따라서 낮은 수준의 콘테스트의 성공 혹은 실패가 더 높은 수준의 콘테스트의 최종 성공 혹은 실패로 간주되는 긴장감이 고조된다.

게임에서 긴장감을 고조시키는 데 콘테스트 트리를 사용하는 것이 가장 좋다. 이는 플레이어가 레벨을 진행함에 따라 다른 종류의 메카닉들을 적용해 달성한다. RPG에서 레벨과 게임플레이를 디자인하는 데 있어서, 제작자가 많은 통제 권한을 갖게 하기 때문에 긴장감을 만드는 것은 매우 간단하다. 원하는 대로 3D 세계를 창조할 수 있기 때문에, 게임에 긴장감을 쉽게 불어넣을 수 있다.

게임에서 긴장감을 조성하기 위한 몇 가지 핵심 포인트가 있다.

- 영웅과 적을 고르게 매치시켜야 한다.
- 영웅과 적은 서로 가치 있는 적임을 상기시키기 위해 모두 주기적으로 자신들의 시도를 실패해야 한다.
- 영웅과 적의 성공과 실패는 절대로 엄청나게 거대해서는 안 된다. 그렇게 해 모든 상위 수준의 목표 달성, 성공의 희망은 상대에 의해 저지된다.
- 콘테스트 트리를 고려해야 하는 이유 중 하이라이트는 시스템에 의해 기계적 입력을 다뤄 상위 수준의 갈등을 해결하는 유일한 수단이기 때문이다. 즉, 데미지와 남은 타격점은 갈등 해결의 입력으로 사용되는 유일한 측정치이다. 탄력적인 콘테스트 트리를 디자인할 때 입력뿐만 아니라 출력 역시 고려할 필요가 있다.

Last Man Standing

Last Man Standing의 충돌 시스템은 전쟁에서 어느 쪽이 승리할 것인지 결정하는 일반화된 콘테스트 트리를 제공한다.

또한 Last Man Standing은 가장 전통적인 일반화된 콘테스트 트리의 형태이다. 패턴 뒤에 숨겨진 기본 아이디어는 적을 파괴할 수 있는 사람이 누구인지와 같은 간단한 단서를 가지고 승자가 누구인지를 감별하는 것이다. 그 사람이 승자이다. 또한 이는 콘테스트 트리를 구현하는 가장 간단한 방법 중 하나이다.

콘테스트 트리는 전술적 전투를 강하게 강조할 때 사용된다. 특정 패턴이나 다른 패턴을 사용해야 할 의무는 없다는 점을 명심하라. 여러 패턴을 절묘하게 결합하는 것이 가능하다. 그리고 그것을 더 재미있게 만들어야 한다. 예를 들어 게임이 전투에 중점을 두고 있지만, 갈등 해소를 위한 협상을 도입하고 싶은 경우, 그렇게 하는 것이 가능하다. 다시 말하지만 이는 개발자와 게임의 디자인에 달려 있다.

염두에 두어야 할 것이 있다. 고수준 콘테스트를 해결 할 수 있는 유일한 방법이 전투라면, 플레이어는 전투를 이기는 데 최상의 상태가 되도록 본인이 할 수 있는 노력을 다할 것이다. 다른 말로 표현하면 게임이 오직 분쟁을 해결하는 하나의 도구만 제공하는 경우, 플레이어는 그 도구를 사용하는 데 집중하고 숙달될 것이 확실하다.

협상 콘테스트

협상 콘테스트는 기계적 수단을 제공하여 분쟁을 조절한다. 분쟁에는 입력과 가능한 결과 집합이 존재하며 이를 통해 특히 충돌이 일어났을 때, 플레이어와 논플레이어는 협상을 한다.

협상 콘테스트 메커니즘을 설계하고 개발하는 것은 꽤 복잡하다. 패턴이 제대로 동작하려면 협상의 모든 입출력을 고려해야 한다. 이러한 시스템을 개발하는 어려움은 실제 기술 구현이 아니라 플레이어의 선택 옵션과 각 입력의 결과에 따라 작성하고 유지해야 하는 데이터베이스이다.

이 역학의 구현은 몇 가지 옵션과 결과 정도로 간단할 수도 있고, 다양한 옵션과 최종적으로 미치는 여파만큼이나 복잡할 수도 있다. 중요한 점은 충돌이 소개된 이후 어떤 조치가 취해지기 전에 협상 메커니즘을 도입했다는 점이다. 충돌 이전의 협상을 바탕으로 승리와 패배가 관련된 결과임이 분명하다.

 협상 콘테스트 패턴은 충돌이 기계적으로 해결되기 전에 플레이어가 성공과 실패의 영향을 협상할 수 있도록 허용해야 한다.

디자인 목표가 다음 중 하나 이상을 포함할 경우 협상 콘테스트를 사용하라.

1. 콘테스트의 결과가 분리된 작은 행동들을 수행하는 데 플레이어 캐릭터의 성공 여부보다는 플레이어의 명시된 큰 목표를 달성했거나 실패를 의미하는지 애매하지 않게 결정하고자 하는 욕망이 있는 경우
2. 콘테스트의 해상도를 개별 동작의 수준과 다른 수준으로 조정할 필요성이 있는 경우
3. 좋은 결과와 나쁜 결과 모두를 설명함에 있어 플레이어에게 이야기의 자유를 허용하고자 하는 경우

컴퓨터 롤 플레잉 게임의 경우 협상 콘테스트에는 제한 없는 AI 시스템을 만들 수가 없음으로 인한 제한이 있다. 하지만 플레이어에게 게임 플레이의 일부로서의 협상에 대한 선택권을 제공하는 간단한 방법을 고안할 수 있다.

협상은 롤 플레잉 게임에서 NPC와 정보를 교환하기 위한 훌륭한 기계적 수단이 될 수 있다. 협상 패턴은 3가지로 구성할 수 있다.

- 시작Initiation은 캐릭터의 행동이 게임 월드에 소개되는 단계이다.
- 수행Execution은 캐릭터 행동의 성공 또는 실패가 결정되는 단계이다.
- 효과Effect는 캐릭터의 행동의 결과가 결정되는 단계이다.

다음은 협상 시스템을 설계할 때 고려해야 할 몇 가지 질문들이다.

1. 승자는 무엇을 얻는가?
2. 패자는 무엇을 얻는가?
3. 누가 승자이고 누가 패자인지 어떻게 알 수 있는가?
4. 결의^{Resolution}가 시작되기 전에 무엇을 설정해야 하는가?

▌ 요약

1장에서는 롤 플레잉 게임이 무엇인지 자세히 설명했다. 장르의 역사적 측면을 간략히 살펴보고 다양한 종류를 알아봤다. 롤 플레잉 게임을 디자인하기 위한 핵심 요소에 대해 논의하고 시연해야 할 몇 가지 예를 제공했다.

RPG의 특성을 살펴봤으며 게임 내에서의 이야기 및 설정, 탐험과 퀘스트, 다양한 유형의 인벤토리 시스템, 캐릭터 개발, 사용자 상호작용과 일부 전투 시스템 패턴과 같은 게임을 기획하는 방법을 논의했다. 또한 RPG에서 사용되는 몇 가지 기본 용어를 다뤘다.

1장 끝 부분에서 독자는 롤 플레잉 게임을 만들기 위해 준비해야 할 것이 무엇이고, 노력해야 할 부분이 무엇인지 분명한 생각을 갖고 있어야 할 것이다.

2장에서는 자체 RPG 개발을 시작할 것이다.

02

분위기 조성

처음 1장의 목표는 주제에 대한 디딤돌을 제공하고 독자의 상상력을 자극하는 것이었다. 제작할 RPG의 기초 공사를 시작할 것이다. 먼저 게임 스토리를 정한 후 플롯을 만들고 게임 플레이를 가능하게 할 퀘스트를 정의할 것이다. 캐릭터와 환경을 만드는 데 필요한 에셋을 살펴볼 것이다. 그리고 마지막으로 처음 레벨을 디자인할 것이다. 2장에서 다룰 세부 주제는 다음과 같다.

- RPG 제작하기
- 자자르 왕조의 이야기
  - 플롯
  - 탐험과 퀘스트

- 깨어남
- 마을
- 망가진 숲
- 왕국
- 에셋 인벤토리
  - 환경 에셋
  - 캐릭터 에셋
- 레벨 디자인
  - 무대 설정
  - 지형 툴킷 핵심 요약
  - 깨어남
- 레벨 테스트
- 메인 메뉴 제작
- 게임 마스터 제작

잠자는 창의력을 깨우고 거칠게 상상 속으로 들어가보자.

▌RPG 제작하기

롤 플레잉 게임을 제작하는 것은 녹록치 않다. 하지만 일단 길을 따라 내려가기 시작하면 처음에 느낀 만큼 어렵지만은 않음을 깨닫게 될 것이다. 일단 시작하고 독자의 아이디어를 종이에 적은 후 디자인 과정을 시작한다. 점점 더 많은 아이디어가 떠오르게 될 것이다.

이미 배웠듯이 RPG를 제작하는 데 필요한 몇몇 중요 요소들이 존재한다. 그것들을 떠올려보자. 아마 따라가다 보면 더욱 더 선명해질 것이다.

핵심 요소들은 다음과 같다.

- 스토리와 설정
- 탐험과 퀘스트
- 인벤토리 시스템
- 캐릭터 개발
- 경험치와 레벨링
- 전투 시스템
- 사용자 인터페이스와 그래픽

▌ 자자르 왕조의 이야기

대다수 롤 플레잉 게임의 전제는 플레이어가 세상을 구하는 것이다. 후에 친구가 되는 멀어진 친척이나 적의 깜짝 등장과 같이 스토리가 진행됨에 따라 종종 꼬이는 경우도 있다. 여기에서는 이러한 스토리를 기반으로 해 게임을 제작할 것이다.

플롯

옛날 옛적에 자자르 대왕이 통치하는 위대한 왕국이 있었다. 통치자는 백성들에게 자애로운 군주로, 그의 치하의 왕국은 평화로웠고 번영했다. 하지만 오랜 기간 가문 간의 다툼으로 인해 왕국을 지탱하던 강한 유대감은 금이 가기 시작했다.

알 수 없는 사건들로 인해 위대한 왕은 왕의 가족을 왕국에서 멀리 보내기로 결정했고, 신뢰하던 아들 역시 함께 지혜로운 현자들과 함께 떠나보낸다. 왕국은 결코 이전과 같지 않았다. 지금까지도!

탐험과 퀘스트

이제 게임의 플롯을 정했다. 스토리를 좀 더 발전시킬 수 있으며, 이것들을 다른 수준별로 나눌 수 있다. 이를 간단히 하기 위해 기본 퀘스트와 레벨 디자인에 집중할 것이다. 중요한 점은 콘셉트를 이해하고 이를 우리 스토리에 적용하는 것이다.

깨어남

게임은 우리의 주인공이 위대한 왕 자자르가 신뢰하는 현자에 의해 길러지고 훈련받는 환경에 있는 플레이어에 몰입하며 시작된다.

이 레벨의 중요 목표들은 플레이어가 환경과 소통하고 어떻게 주변 환경과 상호작용하는지 배우는 것이다.

목표

- 플레이어에게 사용자 인터페이스를 소개
- 캐릭터를 움직이는 방법
- NPC와 상호작용하는 방법
- 환경과 상호작용하는 법

결과

- 플레이어가 임무 완수 후 포인트를 획득한다.
- 플레이어가 첫 번째 무기를 받는다.
- 플레이어가 월드 주변과 상호작용하는 법을 배운다.

마을

주인공은 자기 성취의 여정을 시작할 것이다. 왕국 외곽을 여행할 것이다. 그리고 불량배들과 악의 통치자 샤킬이 고용한 용병들에 의해 고통 당하고 있는 한 마을에 도착할 것이다.

본인이 누구인지, 왜 이 여정을 시작하는지 알지 못하는 주인공은 그의 아버지가 떠난 이후 엄격한 긴축 재정이 계속됨을 목격하게 될 것이다. 이는 마을 농민들과의 상호작용을 통해 알게 된다.

이 레벨의 주요 목표는 플레이어가 사회적 기술과 마을 주민들과 어울리며 관계 형성을 배우는 것이다.

마을에 스파이가 존재하는 소문이 떠돌아 주민들은 서로를 의심해 한때 강했던 마을의 힘은 서서히 부서지고 있다.

목표

- 사회 기술들을 얻기 위한 마을 농부들과 상호작용
- 주인공과 마을 사람 사이의 신뢰 구축
- 마을 사람 가운데 스파이 찾아내기

결과

- 사회 기술 향상
- 추후 닿을 수 있는 관계 형성
- 기본 전투 기술 학습

망가진 숲─지평선

영웅은 퀘스트를 따라 지평선으로 여행할 것이다. 지평선은 주요 왕국의 국경에 맞닿아 있고, 주요 성과 내부 도시들로 향하는 길목이다.

지평선은 기본적으로 외부의 위협으로부터 왕국의 주요 지역을 보호해주는 방대하고 풍성한 숲이다. 몇 가지 비밀이 존재하며 숲에 익숙하지 않은 통행자들이 놀랄 만한 것들이 존재한다. 숲에는 주변 영역을 파괴하는 야만족이 살고 있다. 야만족과 현재 왕국의 통치자 사이의 관계는 불분명하다.

지금 주인공을 비춰볼 때 주인공은 숲을 안전하게 통과할 필요가 있다.

지평선은 주인공에게 예기치 않은 놀라움을 안겨 줄 것이다. 퀘스트의 결과는 주변 환경과 플레이어 간, 또한 NPC와 플레이어 간의 상호작용 방식에 크게 의존한다.

목표

- 죽지 않고 숲을 통과하는 능력 획득

결과

- 주인공은 야만족에게 잡힐 수 있다.
- 주인공은 삶을 위협하는 시나리오나 NPC와 맞닥뜨릴 수 있다.
- 주인공은 성공적으로 숲을 통과하며 다음 도전을 받아들일 준비가 된다.
- 주인공은 기술과 능력을 향상시키기 위해 새로운 인맥을 형성할 수 있다.

왕국

주인공은 퀘스트를 통해 강해졌다. 이제는 악의 통치자를 쓰러뜨릴 준비가 됐고 다시금 자신이 누구인지 받아들인다. 주인공은 퀘스트들을 통해 방대한 양의 기술과 능력을 획득하고 강해진다. 그리고는 게임 속 가장 어렵고 경이로운 전투들을 받아들일 것이다.

주인공은 악의 군주의 광대한 군대에 놀란다. 그는 적을 물리치기 위해 도시를 통과하고 주요 성으로 향하는 길을 찾아야 할 것이다.

목표

- 악의 군주를 처지하고 왕국을 되찾아라.

결과

- 게임 플레이 중 형성한 인맥들에게 도움 요청
- 더 강력한 적의 허를 찌르는 협상 능력과 지혜를 사용
- 적을 무찌름

통한의 원수를 무찌르고 왕국을 되찾는 순수한 기쁨을 즐기자!

▍에셋 인벤토리

RPG 개발에 필요한 기본 몇몇 에셋들에 대해 토론할 좋은 시기이다. 게임 에셋은 게임을 설명하는 신에 의해 정의된다. RPG를 위해 4가지 고유 신에 대해 설명했다. 필요로 하는 에셋의 타입에 대한 아이디어를 얻기 위해 각각의 신에 자세히 묘사했다.

환경 에셋

게임의 일반 테마는 중세가 될 것이다. 이를 달성하는 방법은 여러 가지가 존재한다. 그 중 첫 번째이자 가장 선호하는 방법은 자신이나 팀원이 직접 환경 모델을 만들거나, 두 번째 방법으로 제삼자가 만든 자유롭게 사용할 수 있는 모델을 찾거나, 세 번째 방법으로 서드 파티에서 만든 3D 모델들을 구입하는 것이다.

3D 모델을 스스로 만들 수 없는 경우 에셋 스토어는 멋진 콘텐츠를 찾을 수 있는 훌륭한 장소가 될 수 있다. 에셋 스토어에서 게임에 사용할 수 있는 중세 테마 환경을 검색할 수 있다.

그중 필자가 가장 좋아하는 것은 중세 환경^{Medieval Environment}이라는 에셋이다. 독자의 선호도와 취향에 따라 더 많은 것들을 검색할 수 있다.

환경 에셋의 부분으로 고려해야 할 것들은 다음과 같다.

- 건물
- 소도구 및 부가 기능
  - 배너
  - 배럴(중배가 불룩한 통)

- ○ 창문
- ○ 상자
- ○ 마차
- 바위/식물/나무
- 파티클 에셋
  - ○ 불
  - ○ 안개
  - ○ 연기
  - ○ 물
- 스카이박스

위의 목록은 단지 몇 가지뿐이지만, 환경 에셋을 구성하는 데 좋은 시작점이다.

캐릭터 에셋

RPG는 캐릭터에 매우 의존적이다. 따라서 다음으로 중요한 게임 에셋은 캐릭터가 될 것이다. 게임을 위해 정의해야 하는 모델은 다시금 스토리라인 및 설정과 밀접한 관련이 있다. 에셋 스토어는 게임에 대한 콘셉트를 보일 수 있으며 다운로드 가능한 풍부한 캐릭터 모델을 제공한다.

여기에서는 다음과 같은 캐릭터가 필요하다. 인간-영웅을 표현할 뿐만 아니라 다른 인간 종족의 NPC를 표현한다. 야만족 클래스가 필요하다. 이들은 게임 플레이 중에 영웅이 맞닥뜨려야 하는 캐릭터 중 일부이다. 자신들만의 권리를 갖는 종족인 오크 캐릭터 클래스가 존재한다.

무료 혹은 유료 모델을 통해 캐릭터를 표현할 수 있다. 이후 장에서 캐릭터 에셋에 대해 더 많은 것을 알게 될 것이다.

▌ 레벨 디자인

이제는 게임 스토리를 종이에 기록하고 원하는 아이디어를 얻었으므로 기술을 적용해 실제로 구현할 차례이다.

 이 책은 유니티의 기본적인 조작에 이미 익숙한 독자들을 대상으로 하므로, 소프트웨어의 기본적인 측면은 다루지 않을 것이다.

시작하기 앞서, Unity를 실행해야 한다. 유니티 5.3.x 프로 64비트 에디션을 사용한다. 프로젝트 완료를 하기 위해 반드시 프로 버전의 유니티가 필요하지는 않다.

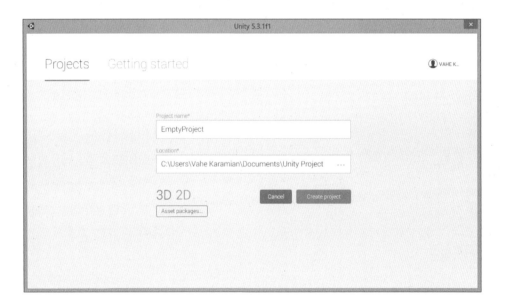

프로젝트의 원하는 위치와 이름을 입력하고 **프로젝트 생성**ceate project 버튼을 클릭한다. 이후 유니티는 빈 프로젝트를 생성하고 Unity IDE를 표시한다. 그러면 다음과 같은 화면이 보일 것이다.

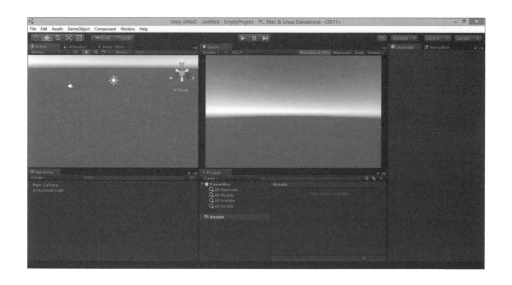

유니티 레이아웃을 어떻게 구성했는지에 따라 화면이 약간 다를 수 있다. 유니티를 처음
사용하는 경우, 이 책에서는 기본적인 내용을 다루지 않을 것이므로, 기본적인 사항에 익
숙해져야 한다.

 이전에 유니티를 사용한 적이 없다면, 책을 넘기기 전에 IDE에 익숙해져야 한다.

무대 설정

우리가 해야 하는 첫 번째 일은 '깨어남'이라고 하는 첫 레벨을 위한 풍경을 제작하는 것
이다.

유니티 자체에는 지형을 만드는 데 유용한 도구가 존재하지만, 이는 게임을 위해 멋지고
아름다운 지형을 제작하는 데 실용적인 도구는 아니다. 이를 위해 Terrain 툴킷이라는 다
른 도구 세트를 사용할 예정이다. 이것은 2009년 the Unity Summer of Code의 일부로
샌더Sander라는 개발자가 개발했다.

툴킷은 구글 코드 저장소에서 얻을 수 있다.

https://code.google.com/archive/p/unityterraintoolkit/downloads

또한 추후 이 링크가 더 이상 유효하지 않을 경우를 대비해 이 책에서 제공하는 다운로드 자료의 일부로 이 라이브러리를 포함시켰다.

Terrain 툴킷이 포함된 ZIP 파일을 구한 다음 컴퓨터의 원하는 위치에 압축을 푼다. 압축을 푼 이후 TerrainToolkit_1_0_2.unitypackage라는 유니티 패키지를 찾아라.

이후 잠깐 동안 유니티로 돌아가 Terrain GameObject를 만들고 지형 수정을 위한 내장 도구를 살펴보자. 지형을 만들려면 메인 메뉴에서 **GameObject ➤ 3D Object ➤ Terrain**을 선택해야 한다. 이후 신의 기본 지형이 다음과 같이 표시될 것이다.

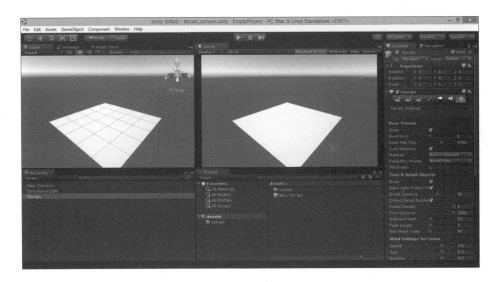

계층구조 창Hierarchy Window에서 Terrain 게임오브젝트를 선택하면 Terrain GameObject에 대한 디자이너를 통해 접근할 수 있는 속성 및 구성 요소를 표시하는 인스펙터 창이 표시된다. 보이는 바와 같이 수정할 수 있는 속성들이 많기 때문에 멋진 지형을 만들 수 있다.

이 지형 도구를 가지고 작업하다 보면 커다란 지형 모델이나 자연적으로 보이는 지형에는 실용적이지 않음을 알게 될 것이다.

지형 생성을 향상시키기 위해 Terrain 툴킷을 사용할 것이다. 처음 해야 할 일은 프로젝트에 유니티 패키지를 가져오는 것이다. 메인 메뉴에서 Assets ➤ Import Package ➤ Custom Package를 선택한다. 파일 탐색기를 열 것이다. 파일 탐색기를 사용해 이전에 ZIP 파일의 압축을 푼 위치로 이동하고, 가져올 유니티 패키지를 선택한다.

모든 것이 제대로 됐다면 가져오기를 시도하는 패키지에 포함된 에셋을 표시하는 아래와 같은 화면이 표시될 것이다. 패키지를 가져오기 전에 패키지의 내용을 살펴볼 수 있다. 이 경우 모든 항목을 가져오기 때문에, 그냥 **가져오기**^{Import} 버튼을 클릭하면 된다.

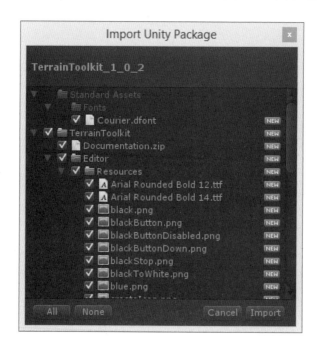

유니티가 Terrain 툴킷을 가져오면 프로젝트 창 아래에 TerrainToolkit이라는 새로운 폴더가 생성됐음을 확인할 수 있다. 어떠한 수정을 하고 싶다면 모든 코드가 폴더 아래에 존재하므로 참고하길 바란다. 또한 시작하는 데 참고할 수 있는 readme 파일도 존재한다.

또한 컴포넌트 메뉴 아래에 Terrain > Terrain Toolkit이라는 새로운 Unity Editor 기능이 추가됐음을 알 수 있다. Terrain 툴킷을 기존 지형에 적용하려면 해당 옵션을 선택하면 Terrain GameObject에 자동으로 구성 요소가 붙는다.

더 자연스럽고 사실적인 지형을 생성하기 위해 Terrain 툴킷을 통해 사용할 수 있는 몇 가지 옵션을 확인할 수 있다. 시간을 들여 각 속성에 익숙해지고 지형 생성 알고리즘에 어떤 영향을 미치는지에 대한 정보를 얻기 위해 값들을 변화시켜가며 조작해봐야 한다.

지형 툴킷 핵심 요약

지형을 생성하기 위해 툴킷에는 미리 정의된 여러 생성기가 존재한다. 이들은 보로노이Voronoi, 프랙탈Fractal, 펄린Perlin이다. 다음은 각각에 대한 간략한 설명이다.

- **보로노이**: 보로노이 다이어그램을 사용해 일련의 산과 같은 봉우리로 구성된 임의의 높이 맵을 생성하고, 이를 지형 객체에 적용한다.
- **프랙탈**: 구름 또는 플라즈마 프랙탈 알고리즘을 사용해 임의의 높이 맵을 생성하고, 이를 지형 객체에 적용한다.
- **펄린**: 펄린 노이즈를 사용해 임의의 높이 맵을 생성하고, 이를 지형 객체에 적용한다.

또한 지형을 생성한 이후 적용할 수 있는 두 가지 필터 유형이 있다. Smooth와 Normalize 필터이다.

- **Smooth**: 여러 반복에 걸쳐 지형 객체를 부드럽게 하는 필터이다.
- **Normalize**: 현재 지형의 높이 맵에서 가장 높은 지점을 최댓값으로, 가장 낮은 지점을 최솟값으로 설정해 지형 객체를 정규화하는 필터이다. 다른 모든 지점은 최댓값과 최솟값 사이로 보간interpolate한다.

다음 단계는 지형에 약간의 침식을 적용하는 것이다. 툴킷에 있는 침식 유형으로 세 가지가 있다. 열 침식, 유압 침식, 조수 침식이다. 이러한 침식 유형은 브러시 또는 실제 침식 필터에 의해 적용할 수 있다.

- **열 침식**: 최소 경사보다 큰 경사면에서 재질material을 제거해 경사를 더 내리고 재질을 쌓는다. 경사를 부드럽고 평평하게 하는 경향이 있다.
- **유압 침식**: 최대 경사보다 작은 경사면에서 재질을 제거해 경사를 더 내리고 재질을 쌓는다. 경사를 가파르게 하고 다른 지역들을 더 부드럽고 평평하게 하는 경향이 있다.

세 가지 다른 유압 침식 유형이 있다.

- **조석 침식**: 경사가 주어진 값을 초과한 지역을 제외하고 선택한 해수면에 평탄화
  를 적용한다. 해안선 주변의 파도의 침식 작용을 시뮬레이션하고 해변을 만든다.

마지막 단계는 텍스처링을 적용하는 것이다. 런타임에 이는 지형에 좀 더 사실적인 룩 앤
필look and feel을 줄 수 있다. 이 툴킷은 사용할 텍스처를 결정하기 위해 지형의 경사 및 고도
속성을 사용해 자동으로 지형 객체에 텍스처를 입히는 절차적 지형 텍스처링을 제공한다.

깨어남

레벨의 분위기 및 설정은 정글 속 외딴 지역이 될 것이다. 이전 절에서 설명한 Terrain 툴
킷을 사용해 지형을 생성할 것이다.

새로운 신을 만들고 이를 깨어남 신이라 부르자. 기본값으로 신은 카메라와 방향성 조명
directional light GameObject를 가지고 있을 것이다.

별 생각 없이 에셋 폴더에 신과 에셋을 저장할 수도 있다. 하지만 에셋 구성을 보다 쉽게
하고 빠르게 찾을 수 있는 파일 구조를 마련하는 것이 좋다.

선호하는 폴더 구조에는 scenes, prefabs, textures, audio, models 디렉터리가 포함돼
있다. 각각의 폴더 내에 구성 목표에 따라 하위 폴더를 만들 수 있다.

이제 신에 지형 GameObject를 추가할 준비가 됐다. GameObject ﹥ 3D Object ﹥ Terrain을
선택하자. 신에 지형 GameObject가 배치되고, 계층구조 창의 지형 GameObject를 더블
클릭하면 지형 GameObject가 신 뷰의 중앙에 위치할 것이다.

기본적으로 지형 객체는 매우 클 것이기 때문에 다른 작업을 수행하기 전에 몇 가지 사항을 조절하자.

지형 크기를 조정하기 위해 위 스크린샷에 표시된 대로 설정 아이콘을 선택한다. 그러면 지형의 기본 속성이 표시된다. 보다시피 원하는 대로 작동하도록 조정할 수 있는 여러 속성에 있다. 주로 지형의 크기와 지형이 올라갈 수 있는 최대 높이에 신경 쓸 것이다. 따라서 해상도resolution 섹션이 나올 때까지 아래로 스크롤한다.

지형의 너비Terrain Width와 지형의 길이Terrain Length를 50으로 변경한다. 지형의 높이Terrain Height를 50으로 변경한다. 그러면 신을 더 쉽게 다룰 수 있게끔 치수가 변경된다. 원래의 지형 크기는 매우 커서 장식할 때 많은 시간이 소요됐을 것이다.

이제 적당한 크기의 지형을 가지고 있다. Terrain 툴킷을 이미 가져왔다고import 가정하고 메인 메뉴에서 Component > Terrain > Terrain Toolkit을 선택한다.

필자는 0.4의 델타Delta와 0.445의 블렌드Blend로 프랙탈 지형 발생기 기능을 사용했다. 이는 적당한 언덕과 계곡의 비율로 보기 좋은 지형을 생성할 것이다. 지형은 무작위로 생성되기 때문에 필자가 생성한 모습과 정확히 일치하지는 않겠지만, 다음 스크린샷과 비슷해야 한다.

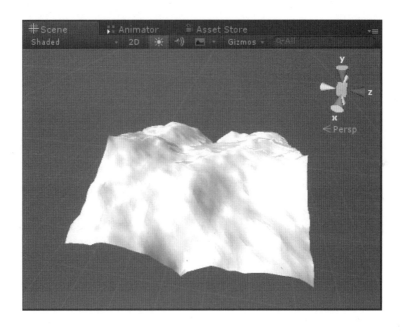

필자는 지형 생성 이후에 보통 Smooth 필터를 적용해 지형을 더 멋지게 만든다. Smooth 필터를 적용 후 필자의 지형은 다음과 같이 보인다.

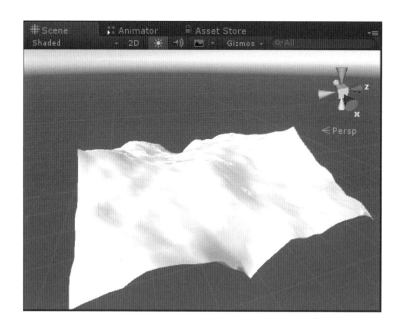

일단 필터가 적용되면 필터의 차이를 볼 수 있다. 이제 더 멋지게 만들기 위해 몇몇의 텍스처들을 적용한다. Terrain 툴킷에서 텍스처Texture 탭을 선택하면 몇 가지 옵션을 사용할 수 있다. 여기에서는 지형에 좀 더 사실적인 느낌을 주기 위해서 최소 두 가지 텍스처를 적용하고 싶다. 최대 4가지 텍스처를 적용할 수 있다.

텍스처 추가 Add Texture 버튼을 두 번 클릭해서 텍스처가 들어갈 자리를 만든다.

 텍스처는 그래픽 작업과 특히 게임에서 매우 중요하다. 더 좋고 해상도가 높은 텍스처를 사용할수록 더 멋진 신을 연출할 수 있다. 하지만 이는 이율배반적 성격을 띤다. 보통 더 높은 해상도 텍스처는 더 많은 리소스를 차지한다. 따라서 게임에 적합한 균형을 찾아야 한다.

텍스처가 들어갈 자리가 만들어지면, 만들어질 자리를 클릭할 수 있다. 클릭하면 팝업창이 나타나고 원하는 텍스처를 선택할 수 있다.

이제 잠시 멈추고 유니티의 주요 장점 중 하나인 에셋 스토어에 대해 토론할 시간이다. 에셋 스토어는 유니티 개발자가 게임에서 사용할 에셋을 구입할 수도 있고 다른 개발자가 사용할 에셋을 판매할 수 있는 훌륭한 온라인 커뮤니티이다. 에셋 스토어에서 무료 에셋을 얻거나 적은 양의 돈을 투자해 더 좋은 품질의 에셋을 얻을 수도 있다.

여기에서는 몇몇 무료 에셋과 유료 에셋을 사용할 것이다. 책에서 사용하는 것과 동일한 에셋을 사용하고 싶다면 해당 에셋을 구매해야 한다.

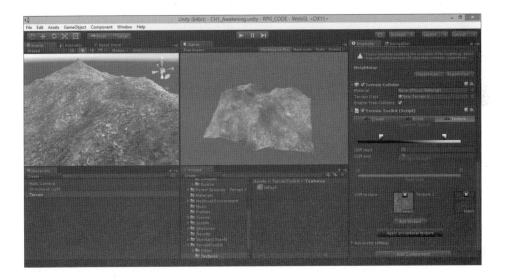

다음으로 해야 할 일은 레벨 플레이에 필요한 신 객체를 제작하는 곳에 사용할 지형의 위치를 찾는 것이다. 이 특정 신에 숲의 오래된 오두막을 나타내는 에셋을 사용하고자 한다. 게임이 시작되면 이곳에서 영웅이 깨어날 것이다.

에셋 스토어에서 게임의 시작점에서 사용하고자 하는 멋진 에셋을 발견했다. 모델 자체에는 내부가 존재하지 않는다. 이는 피난처 안에서 게임 플레이를 계획하지 않았기 때문에 잘 맞는다. 이는 단지 신에서 시선을 강탈하는 객체이며, 참조점일 뿐이다.

통나무집을 배치하기 전에 지형에 대한 조정이 더 필요하다. 눈치챘겠지만 지형에는 통나무집을 제대로 놓을 수 있는 평평한 곳이 없다. 더 많은 변경을 하기 위한 지형 객체의 지형 컴포넌트를 사용해야 한다.

Hierarchy View에서 지형 GameObject를 다시 선택하고 인스펙터 창을 사용해 위 이미지에서 (1)로 표시된 Paint Height 탭을 선택해 해당 기능을 활성화한다.

이는 특정 지점에서 지형 높이를 기준으로 잡고 브러시를 사용해 동일한 높이를 다른 지역에 적용하는 데 좋다. 이렇게 하면 기준으로 잡은 높이와 동일하게 지형의 높이가 조절된다. 이는 아이템이 집이나 피난처와 같이 평평한 곳이 필요한 경우 영역을 조정하고 아이템들을 놓는 아주 멋진 방법이다.

다음 단계는 정글의 룩 앤 필을 만들기 위해 몇몇의 나무Tree 모델을 지형에 배치하는 것이다. 이를 위해 신에서 지형 오브젝트를 선택하고 나무 배치 기능을 선택하기 위해 인스펙터 창을 사용한다. 나무 모델을 추가하려면 **나무 편집**Edit Trees... 버튼을 선택한다.

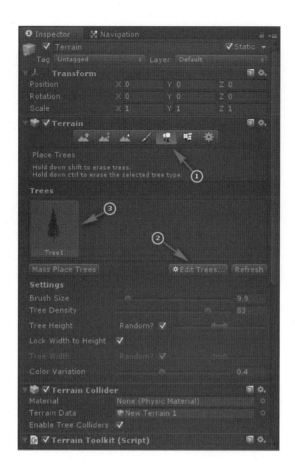

인스펙터 창을 사용해 Tree Placement 탭을 선택하고, Edit Trees... Add Tree 기능을 선택하고, 나무 프리팹을 위치시키면 된다.

설정을 살펴보고 필요에 따라 브러시의 크기를 변경한다. 필자의 경우 9.9로 바꿨다. 나머지 속성들은 기본값으로 했다. 필요에 따라 속성들을 변경할 수 있다.

이제 Scene View에서 마우스를 움직이면 브러시 모양의 강조 표시가 나타난다. 이는 디자인 시간 동안 나무가 놓이는 곳을 나타낸다.

다음 스크린샷은 나무와 건물 배치와 조정 후에 필자의 신이 어떤지 보여준다.

이 과정의 다음 단계는 레벨을 실제와 비슷하게 만드는 바위, 식물 그리고 소품들과 같은 다른 환경 에셋으로 레벨을 채우는 것이다. 여기에서 사용하는 방법은 흥미롭고 동시에 기능적으로 만드는 것이다. 레벨 디자인을 스케치하는 것이 좋다. 스케치를 통해 레벨을 어떻게 개발할 것인지 좋은 아이디어를 얻을 수 있다.

방향을 제시하는 레벨 디자이너와 아티스트 팀원들과의 의사 소통 수단으로도 사용할 수 있다는 사실을 명심하자. 다음 그림은 의도한 레벨 설계의 하향식 뷰이다.

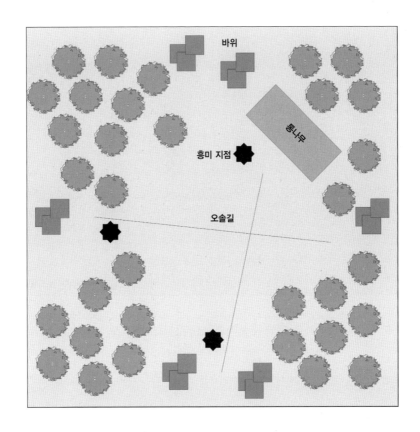

필자가 갖고 있는 레이아웃 기반으로 레벨을 제작할 것이다. 이제 레벨을 설계하기 위한 창의력과 상상력을 발휘할 시간이다. 이 연습의 일부는 자유 형식이고 독자가 설계자이므로 독자가 요구 사항을 충족하는 내에서 레벨을 배치하고 생성하는 방법을 결정해야 할 것이다.

지금부터 이야기할 중요한 점을 명심하길. 플레이어는 의도한 관심 지점에서 환경이나 NPC와 상호작용할 것이다. 따라서 레벨을 디자인할 때 그들이 주어진 작업을 수행할 수 있도록 필요한 영역에 접근하기 쉬운 방법이 있는지 확인해야 한다.

알아둬야 할 점은 여기에서 정의한 지형의 한계이다. 플레이어가 지형의 가장자리로 가면 떨어지게 될 것이다! 이러한 일이 일어나길 원하지 않는다. 따라서 레벨 디자인에 플레이어가 기본적으로 선 밖으로 나가는 것을 방지할 경계선을 포함시켜야 한다.

이 경우 몇 가지 제약 사항과 경계를 간단히 만들 수 있다. 나무 울타리를 사용할 수도 있고, 실제 환경을 사용해 플레이어의 레벨 속 위험한 지역 접근을 제한할 수 있다. 레벨의 크기가 클 경우 이 방법은 시간이 많이 걸린다.

이 문제를 해결하는 또 다른 방법은 지형의 각 면에 사용될 4개의 평면을 만드는 것이다. 이 평면은 특수한 주변 분위기와 닮은 모습의 텍스처가 입혀질 것이다. 하지만 평면에는 콜라이더collider가 존재하기 때문에 플레이어가 평면에 닿을 때 앞으로 나가는 것을 막을 것이다. 이 방법이 더 쉽고, 신에 배치하는 데 더 적은 시간이 소요될 것이다.

Game Object ➤ 3D Object ➤ Plane을 선택해 평면을 만든다. 평면을 신에 배치한 후 평면의 길이가 지형의 길이가 될 수 있도록 정리한다. 필자의 평면은 <20, 20, 25> 좌표에 위치하고, 스케일 값으로 <4, 1, 4>를 갖고 Z축에서 90도 회전했다.

평면 객체에 콜라이더를 붙이는 것 또한 필요하다. 콜라이더 컴포넌트는 평면과 다른 객체들 간의 충돌 즉, 이 경우 플레이어 캐릭터 감지 및 플레이어가 나아가지 못하게 하는데 사용될 것이다.

콜라이더를 붙이려면 평면 객체를 선택하고 인스펙터 창에서 **Add Component** 버튼을 눌러 **Physics ❯ Box Collider**를 선택한다. 이제 이 평면은 엔진에 의해 충돌 감지에 사용될 박스 콜라이더를 갖게 된다.

> 평면 객체는 한쪽 면에만 렌더링이 될 것이다. 따라서 평면에 텍스처 적용 시 보이는 면이 내부를 향하고 있는지 확인해야 한다.

룩앤필Look&Feel이 충분하다고 판단되면 플레이어의 낙사를 방지하기 위한 평면을 복사해 다른 모든 면에 배치해야 한다.

앞쪽의 스크린샷에서 멀리 떨어진 쪽의 두 평면은 보이지 않는다. 이것이 플레이어가 게임 플레이 도중 환경을 보는 방법이다. 플레이어가 충돌해 앞으로 이동할 수는 없지만 스카이라인이 멀리까지 가는 것을 볼 수 있을 것이다.

이제 테스트할 차례이다. 표준 에셋^{Standard Assets}에서 제공하는 3인칭 캐릭터 컨트롤러를 캐릭터에 둔 후 만든 레벨 안을 돌아다니며 레벨의 느낌을 얻을 수 있다.

▌ 레벨 테스트

어느 순간 만든 레벨을 테스트하고 카메라 뷰를 통해 확인하길 원할 것이다. 표준 에셋에 내장된 3인칭 캐릭터 컨트롤러를 사용해 레벨을 빠르게 살펴볼 수 있다.

> 프로젝트를 제작할 때 기본 표준 에셋을 가져오지 않은 경우 Assets을 선택한 후 Import Package 〉 Characters를 선택하자.

프로젝트 창에서 Standard Assets라는 폴더를 볼 수 있으며, Character Controller라는 하위 폴더가 있을 것이다. 3rd Person Controller Prefab을 선택해 현재 신으로 드래그 앤 드롭을 한다. 좋은 위치는 오두막 옆이다. 3인칭 컨트롤러가 지형 위에 존재하는지 확인해 캐릭터가 낙사하지 않도록 해야 한다!

> 👤 ThirdPersonController.js 컴포넌트에서, 유휴(Idle), 걷기(walk), 달리기(run), 점프(jump) 애니메이션을 지정해야 할 수도 있다.

3인칭 컨트롤러 게임오브젝트에 강체^{Rigidbody} 컴포넌트를 연결해야 한다. 이는 충돌 탐지를 위해 내장된 물리 엔진을 플레이어 캐릭터^{PC}가 사용할 수 있어야 하기 때문이다.

계속해서 레벨을 실행하고 신을 돌아다닌다. 환경 에셋들을 탐색할 때 플레이어 캐릭터가 원하는 방식으로 동작하는지 테스트하고 확인한다. 필자가 플레이어 캐릭터를 테스트할 때에는 모든 평면에 박스 콜라이더가 부착되지 않았음을 알았다. 뿐만 아니라 판잣집에도 콜라이더가 존재하지 않음을 알았다. 이러한 오류들의 목록을 작성하고 테스트를 중단 후 필요한 수정을 진행한다.

▌ 메인 메뉴 제작

게임의 시작점을 만들 차례이다. 일단 현재 신을 저장한다. 게임의 시작점으로 사용할 신을 만들 것이다. 신을 만들려면 File ❯ New Scene을 선택한다. 그리고 일단 신을 저장한다. 필자는 신 이름을 Main Menu라고 했다.

이제 메인 메뉴를 만들기 위한 깨끗한 캔버스를 가지고 있다. 계층구조 창에서 마우스 오른쪽 버튼을 클릭하고 UI ❯ Panel을 선택한다. Canvas 게임오브젝트와 EventSystem 게임오브젝트가 만들어지고 계층구조 창에 표시될 것이다. Panel UI 객체가 Canvas의 하위 요소child로 존재함을 알 수 있다. 모든 UI 요소는 Canvas의 하위 요소가 될 것이다.

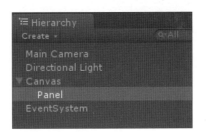

계층 구조는 위의 그림과 비슷해야 한다.

올바르게 설정됐는지 확인해야 하는 몇 가지 주요 측면들이 있다. 이것들은 Canvas 게임 오브젝트에 존재한다. Canvas 게임오브젝트를 선택하고 인스펙터 창을 확인한다.

이 특정 캔버스의 경우 렌더 모드^{Render Mode}가 스크린 공간–오버레이^{Screen Space-Overlay}로 돼 있어야 한다. 확인해야 할 다음 속성은 UI Scale Mode이다. 화면 크기에 맞게 조정하자. 이렇게 함으로 UI가 항상 게임이 실행되는 기기의 화면 크기에 맞게 조정된다.

 최상의 결과를 얻으려면 여러 가지 기기 유형에 따른 여러 가지 메뉴를 제작해야 한다.

이제 깨어남^{Awakening} 레벨을 불러오는 버튼을 만들어보자.

패널^{Panel} 객체에 마우스 오른쪽 버튼 클릭 후 UI ➤ Button을 선택한다. 이렇게 하면 Canvas 에 Panel 객체의 자식으로 버튼이 배치된다. 사용자 인터페이스를 작성할 때 부모 자식 관계를 고려해야 한다. 자식 요소의 일부로 UI 요소를 다른 UI 요소에 배치하면 부모의 배율^{scale}과 위치에 따라 자식 역시 크기가 조정되고 이동된다.

UI 개발에 대한 자세한 내용은 『Introduction to Game Programming』(Lulu.com, 2016) 의 5장, 'C#과 Unity 3D 사용'을 참조하라.

앞으로 메뉴를 미세 조정하는 데 시간을 할당할 것이다. 버튼 이름을 Start Game으로 변경한다. 체계적으로 유지하기 위해 신 객체의 이름을 적절하게 짓는 것이 좋다. 하지만 필자는 butStartGame으로 명명했다. 계층구조 창에서 Button 객체를 선택하고 인스펙터 창에서 이름을 변경하면 된다.

▌ 게임 마스터 제작

1장에서 논의했듯이, 게임을 관리할 방법이 필요하다. 게임 마스터라고 하는 스크립트를 제작할 것이다. 게임 마스터는 모든 것을 연결해 붙이는 게임의 핵심^{core}이 될 것이다. 이 책을 계속 진행하면서 요구 사항을 충족시키기 위해 핵심을 어떻게 수정할지 알게 될 것이다.

지금은 간단한 C# 스크립트를 만들고 GameMaster.cs라고 명명할 것이다. 그 다음 신에서 신으로 이동하는 시점에서 수행할 기본 이벤트 중 일부를 다루는 데 사용할 코드를 작성한다.

프로젝트 창에서 스크립트 폴더 아래를 마우스 우클릭 후 Create ❯ C# Script를 선택한다. 이름을 GameMaster.cs로 한다. 스크립트를 더블 클릭해 코드 편집기를 시작하고 다음 코드를 입력한다.

```csharp
using UnityEngine;
using UnityEngine.SceneManagement;
using System.Collections;

public class GameMaster : MonoBehaviour {

    // 초기화를 위해 사용한다
    void Start () {
    }
    // Update 함수는 한 프레임마다 호출된다
    void Update () {
    }
    public void StartGame()
    {
        // 주의: 레벨 1에 해당하는 신 이름을
        // 넣어야 한다.
        SceneManager.LoadScene("CH1_Awakening");
    }
}
```

계층구조 창에서 Empty GameObject를 만들어야 한다. 이를 수행하는 가장 좋은 방법은 마우스 우클릭 후 Create Empty를 선택하는 것이다. 빈 게임오브젝트가 생성될 것이다. 그것을 선택하고 이름을 _GameMaster로 바꾼다.

신에 _GameMaster라는 게임오브젝트에 스크립트를 붙여야 한다. GameMaster.cs 스크립트를 선택하고 _GameMaster에 드래그 앤 드롭을 한다. 이렇게 하면 _GameMaster 객체에 스크립트가 붙게 되고 신에서 사용할 수 있게 된다.

다음 단계는 버튼으로부터의 이벤트 호출을 작성하는 것이다. 이 작업은 butStartGame 버튼 요소를 선택하고 인스펙터 창에서 OnClick( ) 컴포넌트에 새 이벤트 호출을 추가해 쉽게 수행할 수 있다. (+) 버튼을 클릭해 새 이벤트를 만든다.

GameMaster.cs 스크립트에서 생성한 함수를 호출해야 한다. 그렇게 하기 위해서 어떻게든 스크립트를 참조해야 한다. 정말 쉽게 할 수 있다. 번호 2의 스크린샷에 표시된 대로 _GameMaster 게임오브젝트를 슬롯에 드래그 앤 드롭한다.

_GameMaster 게임오브젝트를 슬롯에 넣으면 3번 스크린샷에 표시된 대로 드롭 다운 메뉴에서 스크립트를 선택한다.

그게 전부이다! 이제 버튼 클릭 이벤트를 첫 번째 레벨을 로드할 책임이 있는 코드에 연결했다.

이제 신을 저장하고 애플리케이션을 테스트한다. 처음으로 애플리케이션을 실행하면 오류가 발생할 것이다. 놀랄 필요 없다. 잘못한 것이 없기 때문이다. 다만 실제 게임을 성공적으로 실행하기 위해서 먼저 진행해야 할 단계가 하나 더 존재한다.

게임에서 신을 불러오려면 빌드 설정^{Build Settings}에 나열돼 있는지 확인해야 한다. File ❯ Build Settings를 선택하고 **Add Open Scenes** 버튼을 클릭해 목록에 현재 신을 추가한다. 필드 설정은 다음과 같아야 한다.

메인 메뉴 신을 한 번 더 불러와 애플리케이션을 실행하자. 예상대로 동작할 것이다. 3장으로 넘어가기 전에 필자가 소개하고 싶은 마지막 항목은 GameMaster.cs 스크립트 코드이다.

```
using UnityEngine;
using UnityEngine.SceneManagement;
using System.Collections;

public class GameMaster : MonoBehaviour {

    // 초기화를 위해 사용한다
    void Start () {
        DontDestroyOnLoad(this);
    }
    // Update 함수는 한 프레임마다 호출된다
    void Update () {
    }

    public void StartGame()
    {
        // 주의: 레벨 1에 해당하는 신 이름을
        // 넣어야 한다.
        SceneManager.LoadScene("CH1_Awakening");
    }
}
```

Start() 함수 속 한 줄의 코드는 한 신에서 다음 신으로 이동할 때 _GameMaster 게임오브젝트가 파괴되지 않도록 한다. 모든 게임 구성과 통계 등을 이 특별한 게임오브젝트에 저장할 것이기 때문에 중요하다. 메인 메뉴 신으로부터 게임을 실행하고, 레벨 1을 불러오면 _GameMaster 게임오브젝트가 메인 메뉴에서 자동으로 따라온다. 멋지지 않은가?

▎요약

2장에서는 RPG를 표현하는 환경(environment)과 분위기(atmosphere)를 배웠다. 레벨을 정의했고, 각 레벨의 설정과 각 레벨의 목표와 결과를 정의했다.

깨어남이라는 첫 번째 레벨을 선택했고 환경 요소들을 제작했다. 신에서 추가될 3D 모델들을 위한 에셋과 에셋 스토어를 사용하는 방법을 살펴봤다. 또한 레벨의 레이아웃을 기획하는 방법을 알아봤으며 레벨이 플레이어의 시점에서 어떻게 보이는지에 대한 시각화와 필요한 미세 조정들을 위해 신에 3인칭 캐릭터 컨트롤러를 추가했다.

2장 끝에서 메인 메뉴 신과 게임의 핵심을 함께 묶어 줄 게임 마스터의 초기 스크립트를 개발했다.

3장에서는 플레이어 캐릭터를 만들고 게임 마스터와 메인 메뉴 시스템을 향상시킬 것이다.

03

캐릭터 디자인

RPG 개발의 흥미로운 지점에 들어섰다. 3장에서는 RPG 캐릭터 디자인에 대해 논의할 것이며 설계하고 구현해야 할 몇 가지 특성과 특징을 살펴볼 것이다.

▌ 캐릭터 정의

의미 있고 흥미 있는 RPG를 만들려면 두 가지 이상의 캐릭터 클래스들이 존재해야 한다. 처음 1장에서 다음과 같은 클래스 유형을 정의했다.

- 야만족
- 오크

- 마법사
- 좀비
- 인간

여기에서는 시간 때문에 모든 캐릭터 종류들을 구현할 수 없다. 하나 혹은 두 캐릭터 유형 개발 데모는 자신만의 캐릭터 클래스를 개발할 근거가 돼야 한다. 결국 이는 이 책의 전반적인 목표이다.

 캐릭터 모델들은 에셋 스토어에서 가져올 것이다. 동일한 캐릭터를 다운로드하거나 직접 디자인할 수 있다. 또한 다른 유형의 캐릭터 모델을 사용할 수도 있다. 중요한 점은 3장에서 정의된 사양을 기반으로 한 캐릭터를 구현한다는 것이다.

플레이어가 일반적으로 갖게 될 속성에 대해 살펴볼 것이다.

▌ 기본 캐릭터 클래스 속성

캐릭터 클래스를 구현하는 데 필요한 기초를 다질 것이다. 다음 목록은 기본 캐릭터 클래스의 일부가 될 속성들이다.

- 캐릭터 클래스 이름
- 캐릭터 클래스 명세
- 속성 목록
  - 힘
  - 민첩도 또는 손재주Dexterity
  - 인내
  - 지능

- 사회적 지위
- 민첩Agility
- 경보 단계Alertness
- 활력
- 의지력

캐릭터에 대해 정의하는 속성들은 캐릭터의 유형에 따라 달라지겠지만, 모든 캐릭터 속성들 간에 약간의 유사성에 존재할 것이다. 이러한 유사점을 모든 캐릭터 클래스와 공유하는 기본 클래스를 구현할 것이다.

 제공된 목록은 예시일 뿐이며 당연히 알맞게 더하거나 뺄 수 있다.

여기에서는 간단히 다섯 가지 주요 통계적 특성들만 사용할 것이다.

- **힘**: 캐릭터의 신체적 강한 척도이다. 캐릭터가 갖고 다닐 수 있는 최대의 무게와 근접 공격 및 데미지 때로는 타격 포인트를 관장한다. 무기와 방어구 또한 필요 힘을 요구할 수 있다.
- **방어도**: 캐릭터 회복력의 척도이다. 비율 혹은 타격당 고정량으로 입을 데미지를 감소시킨다.
- **민첩성**: 캐릭터의 민첩함의 척도이다. 공격 및 이동 속도 그리고 정확도뿐만 아니라 상대방의 공격 회피에도 관여한다.
- **지능**: 캐릭터의 문제 해결 능력의 척도이다. 종종 외국어와 마법 기술 이해를 관장한다. 일부 게임에서는 경험치를 얻는 속도 혹은 레벨업에 필요한 경험치 양을 제어하기도 한다. 때로는 지혜 및 의지력과도 결합이 된다.
- **건강**: 캐릭터가 살아 있는지 혹은 죽었는지 결정한다.

나열된 속성은 모두 캐릭터 클래스에 상속될 것이다. 이제 이것을 코드에 넣자. 새 C# 스크립트를 만들고 BaseCharacter.cs라고 명명한다. 스크립트를 열고 다음 코드를 입력한다.

```
using UnityEngine;
using System.Collections;

public class BaseCharacter
{
    private string name;
    private string description;
    private float strength;
    private float defense;
    private float dexterity;
    private float intelligence;
    private float health;

    public string NAME {
        get { return this.name; }
        set { this.name = value; }
    }

    public string DESCRIPTION {
        get { return this.description; }
        set { this.description = value; }
    }

    public float STRENGTH {
        get { return this.strength; }
        set { this.strength = value; }
    }

    public float DEFENSE {
        get { return this.defense; }
        set { this.defense = value; }
    }

    public float DEXTERITY {
```

```
        get { return this.dexterity; }
        set { this.dexterity = value; }
    }

    public float INTELLIGENCE {
        get { return this.intelligence; }
        set { this.intelligence = value; }
    }

    public float HEALTH {
        get { return this.health; }
        set { this.health = value; }
    }
}
```

▌캐릭터 상태

상태는 캐릭터 디자인의 중요한 부분이다. 각 상태마다 생성해야 할 행동과 움직임을 가져다 줄 것이다. 이를테면 캐릭터는 최소한 다음 상태들을 구현해야 한다.

- 유휴Idle
- 걷기Walking
- 뛰기Running
- 점프Jumping
- 공격Attacking
- 죽음Die

독자가 구현해야 할 캐릭터에는 더 많은 상태 정의가 필요할 수도 있다. 이는 결국 게임 디자이너가 식별하고 구현해야 하는 것이다. 식별한 각 상태는 애니메이션으로 구현해야 한다. 보통 캐릭터 모델링을 하는 사람은 애니메이션도 개발한다.

Unity 5의 최신 버전에는 메카님^{Mecanim} 애니메이션 시스템이 도입됐는데 이는 휴머노이드 캐릭터의 애니메이션 제작 및 워크 플로우 제작, 한 캐릭터에서 다른 캐릭터로의 애니메이션 타깃 변경, 애니메이션 클립 미리보기, 시각적 도구를 활용한 애니메이션 간의 복잡한 상호 관리와 다른 로직을 사용한 다른 신체 부위에 애니메이션을 지원한다.

 메카님 1.1용 RawMocap Data를 에셋 스토어에서 다운로드할 수 있다. 패키지에는 사용 가능한 여러 원시 모션 캡처 데이터 파일이 포함돼 있다. 일부는 수동 조절이 필요할 수도 있다는 점을 주의한다.

캐릭터 모델을 만들 때, 캐릭터에 적합한 뼈^{bone} 구조 설정을 따르는 것이 좋다. 캐릭터의 상태와 애니메이션을 손쉽게 제어하고 여러 캐릭터에서 애니메이션 재사용이 가능하기 때문이다. 에셋 스토어의 캐릭터를 사용하려는 경우에도 마찬가지이다.

▌캐릭터 모델

이제 플레이어 캐릭터가 어떻게 보이는지 고려해야 한다. 몇 가지 접근법이 있다. 쉬운 방법으로는 플레이어가 캐릭터 커스터마이징 관련해 많은 옵션 및 선택을 할 수 없게끔 영웅을 미리 정의하는 것이다. 다른 방법은 플레이어가 자신의 캐릭터를 어느 정도 혹은 완전히 수정할 수 있는 권한을 갖는 것이다. 이는 게임 제작 예산과 관련이 있다.

여기에서는 그 중간쯤으로 하려고 한다.

 자신만의 캐릭터를 제작을 완료할 때까지 에셋 스토어에서 미리 정의된 캐릭터를 다운로드해 대체재로 사용할 수 있다. 에셋 스토어를 통해 자유롭게 사용할 수 있는 캐릭터 중 일부를 사용해 필요에 맞게 수정할 수도 있다.

캐릭터 모델을 결정했다면 다음 단계는 캐릭터 모델을 가지고 게임에 맞게끔 커스터마이징하는 것이다. 몇몇 고유 캐릭터를 표현하기 위해 필자가 갖고 있는 캐릭터 모델을 수정할 수 있다.

캐릭터 모델을 주의 깊게 연구해 필요한 경우 런타임 및 설계 도중에도 수정 가능하도록 제작법에 대한 이해가 필요하다.

예를 들어 필자의 캐릭터 모델의 원형은 다음과 같다.

이 특정 모델은 무기, 의복 등 여러 가지 시각적 요소가 포함돼 있다. 독자의 모델은 아마 다르게 구성돼 있을 수도 있다. 그렇다면 자체 부착점attachment point을 만들고 무기 및 다른 캐릭터 관련 에셋을 인스턴스화instantiate해야 한다.

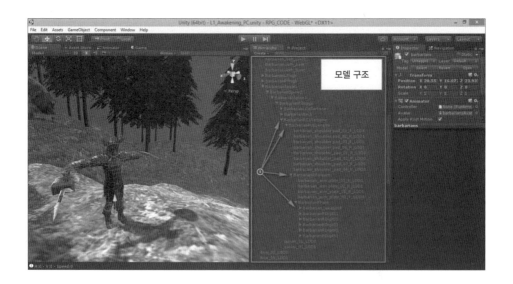

모델을 선택하고 모델 구조를 조사하자. 위 스크린샷에 보이는 바와 같이 모델 계층 구조에 특정 패턴 및 이름 명명 규칙이 있음을 알 수 있다. 일부 모델에는 애니메이션이 포함돼 있을 수도 있다. 이를 확인하기 위해서 프로젝트 창에서 모델을 선택하고, 인스펙터 창에서 애니메이션 탭을 선택해 모델에 포함된 애니메이션 목록을 가져올 수 있다.

인스펙터 창에서 이전 스크린샷에 표시된 애니메이션 탭을 선택하고 다음 스크린샷에 표시된 대로 캐릭터 모델용으로 개발한 모든 애니메이션의 클립 섹션을 확인하자.

애니메이션 클립에는 시작 시간과 종료 시간이 있다. 실제 캐릭터 모델은 인스펙터 창 하단에 표시된다.

모델 준비

게임에 적합하게 모델을 맞추어야 할 때가 있다. 모델 소스를 선택하고 다음 스크린샷과 같이 인스펙터 창에서 Rig 탭을 선택해 이 작업을 수행할 수 있다.

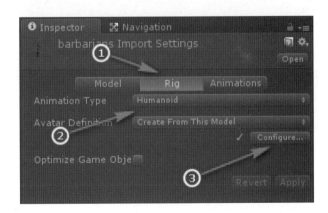

Rig 탭에는 모델에 적용할 수 있는 몇 가지 옵션들이 존재한다. 캐릭터가 휴머노이드 타입인데 휴머노이드Humanoid 애니메이션 타입을 선택해야 한다. 아바타 정의Avatar Definition는 모델에서 생성하거나 독자가 정의한 아바타 모델이 존재한다면 할당한다. 마지막으로 Configure… 버튼을 클릭하면 변형된 모델 구성을 볼 수 있다.

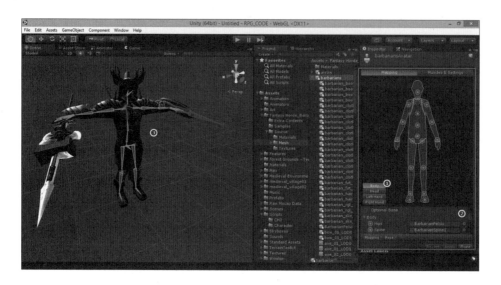

위의 스크린샷을 살펴보면 해당 모델이 스켈레톤 매핑이 적용됐음을 알 수 있다. 모델이 휴머노이드 타입이고 모델 구조의 이름이 올바르게 지어졌다면 시스템이 알아서 올바른 뼈와 관절들을 지정할 것이다. 명명법이 유니티 표준specification이 아닌 경우 모델 구조를 탐색해 몸체, 머리, 왼손 및 오른손의 각 지점을 수동으로 지정할 수 있다.

Muscle & Settings 탭을 사용하면 모델에 대한 관절의 움직임을 정의하고 제한할 수 있다. 이는 캐릭터에게 보다 현실감 있는 움직임을 만드는 데 매우 유용하고 실용적일 수 있다. 이 주제를 깊이 다루려면 한 장 혹은 두 장 전체를 할애해야 하기 때문에 스스로 연구하길 권한다.

캐릭터 모션

전통적으로 캐릭터의 동작과 움직임은 코드를 통해 별도로 수행됐다. 메카님이 도입됨에 따라 루트 모션Root motion을 적용할 수 있다. 루트 모션의 데이터를 기반으로 게임 내 캐릭터의 변형이 수정된다.

캐릭터에 루트 모션을 사용하려고 한다. 루트 모션은 애니메이션 컨트롤러 및 애니메이션 상태 기계로 작동한다. 몸체의 변형 및 방향은 애니메이션 클립에 저장된다. 따라서 애니메이션 컨트롤러를 통해 적절한 애니메이션 클립을 재생하는 상태 시스템을 쉽게 만들 수 있다.

애니메이션 컨트롤러

이 절에서는 새로운 애니메이션 컨트롤러를 사용해 캐릭터의 상태를 만들고 상태 전이 기준을 결정한다. 애니메이션 컨트롤러를 만들려면 프로젝트 창에서 마우스 우클릭을 하고 Create > Animator Controller를 선택한다. 이름을 짓는다. 필자는 CH3_Animator_ Controller라고 지었다. 컨트롤러를 더블 클릭해 애니메이터 창을 연다.

애니메이터 컨트롤러는 매우 복잡한 도구이며 이를 통해 사용 가능한 다양한 측면 및 기능을 연구하는 데 시간이 필요하다. 아래의 도표는 빈 컨트롤러의 스냅샷이다. 애니메이터 창의 주요 영역을 표시했다. 보이는 탭 두 개는 레이어Layer 탭과 파라미터Parameter 탭이다. 레이어 탭에서는 애니메이션 상태와 현 상태에서 다른 상태로의 분명한 전이를 갖는 여러 레이어들을 만들 수 있다. 파라미터 탭에서는 애니메이터 컨트롤러뿐만 아니라 코드를 통해서도 수정하거나 접근할 수 있는 파라미터를 정의할 수 있다.

메카님을 완벽하게 이해하기 위해서는 알아야 주제가 광범위하게 존재한다. 여기선 모든 측면을 다루지는 않겠지만, 게임에 필요한 핵심 측면의 일부분을 간단히 건드려 볼 것이다.

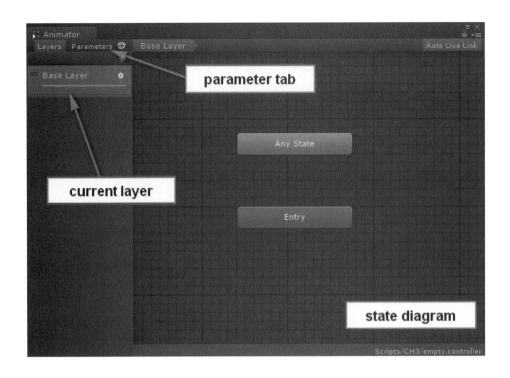

애니메이션 상태

새 상태를 만들기 위해서는 프로젝트 창에서 간단히 애니메이션을 드래그 앤 드롭하면 된다. 이렇게 하면 레이어 안에 해당 애니메이션의 이름으로 상태가 할당된다. 레이어에서 우클릭 후 Create State ➤ Empty를 선택하면 빈 상태를 만들 수 있다. 빈 상태가 만들어지면 상태를 클릭하고 인스펙터 창에서 속성들을 살펴볼 수 있다.

ℹ️ 모델에 애니메이션이 포함돼 있을 수도 있고 포함돼 있지 않을 수도 있다. 메카님 시스템의
전체적 아이디어는 캐릭터 모델러가 자신의 모델에서 작업할 수 있게 하면서 동시에 애니
메이터는 인간형 아바타 골격을 사용해 캐릭터를 움직일 수 있다. 이는 여러 종류의 캐릭터
모델에 애니메이션의 묶음을 적용하는 것을 더 쉽고 편리하게 한다.

상태를 식별하려면 상태 다이어그램에서 쉽게 확인할 수 있는 고유 이름을 부여하는 것이
가장 좋다. 상태에 모션을 할당해야 한다. 모션은 상태가 활성화됐을 때 재생될 애니메이
션 클립이다. 다음 중요한 속성은 전이Transition 속성이다. 전이 속성은 전이 요청이 왔을 때
어떤 상태가 다음 상태로 될 것인지를 결정한다.

예를 들어 캐릭터가 유휴 상태에 있을 때, 어떤 조건이 캐릭터의 상태를 걷기 상태 혹은 뛰
기나 기타 상태로 바꿀지 결정한다.

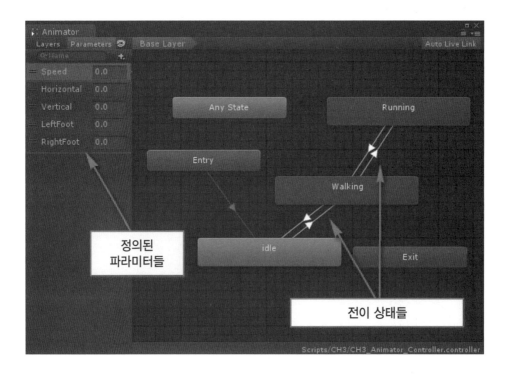

정의된
파라미터들

전이 상태들

Scripts/CH3/CH3_Animator_Controller.controller

위의 스크린샷에서 Idle, Walking, Running의 세 가지 상태가 정의됐음을 알 수 있다. 또한 파라미터 탭에서 일부 파라미터를 정의했다. 이 파라미터는 idle 상태에서 walking 상태 혹은 running 상태 그리고 다시 idle 상태로 돌아올 시기를 결정하는 데 사용된다. 파라미터는 상태 기계state machine를 위한 조건을 만드는 데 도움이 된다.

한 상태에서 다음 상태로 전이를 만들기 위해서는 상태를 우클릭 후 Make Transition을 선택하고 다음 전이될 상태를 선택한다. 그러면 시작 상태에서 끝 상태로 화살표가 생성된다. 전이 화살표를 선택해 속성들을 가져온 후 인스펙터 창에서 조건을 설정한다.

이 인스턴스에서는 Walking 및 Running 상태가 실제로는 블렌드 트리Blend Tree이다. 블렌드 트리는 한 애니메이션에서 다음 애니메이션 상태로 자연스럽게 전환하는 데 사용한다. 혼합된 모션이 자연스럽게 표현되기 위해서는 혼합에 사용될 모션들은 비슷한 특성과 타이밍을 가져야만 한다.

> **ℹ** 블렌드 트리는 모든 부위들을 다양한 각도로 결합해 여러 애니메이션을 부드럽게 섞어 준다. 각각의 모션들이 최종 결과에 기여하는 정도는 블렌딩 파라미터를 사용해 제어한다. 블렌딩 파라미터는 단지 애니메이터 컨트롤러(Animator Controller)와 관련 애니메이션 숫자 파라미터 중 하나이다.

예를 들어 걷기 상태는 다음의 스크린샷과 비슷할 것이다.

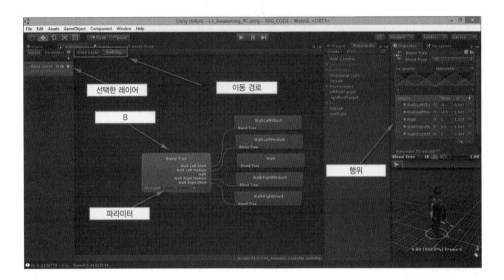

첫 번째 블렌드 트리 노드에는 5가지 출력(WalkLeftMedium, WalkLeftShort, Walk, WalkRight Medium, WalkRightShort)이 있다. 이들은 Horizontal이라는 파라미터의 값을 바탕으로 재생될 애니메이션 클립이다. 행위Behavior 영역에서는 파라미터에 대해 설정된 몇 가지 임계 threshold값을 확인할 수 있다. 이러한 임계값은 재생할 애니메이션이 무엇인지 결정한다. Horizontal 파라미터 값은 입력 매니저Input Manager에 정의한 수평축Horizontal Axis 값을 전달해 C# 코드를 통해 설정한다.

블렌드 트리 노드를 선택하면 인스펙터 창에서 다른 애니메이션 상태들을 추가하거나 제거할 수 있으며 파라미터와 렌더링할 애니메이션을 결정하는 파라미터의 임계값 역시 추가하거나 제거할 수 있다.

 애니메이션에서 부드럽게 돌아가는 블렌딩을 얻으려면 애니메이션 데이터를 살펴봐야 한다.

최종 상태 다이어그램을 살펴보자.

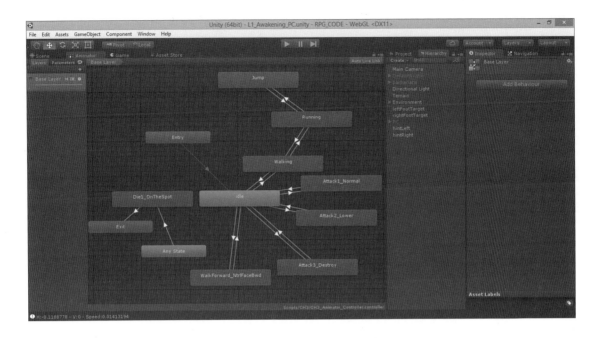

여기에서는 유휴, 걷기, 뛰기, 점프, 공격 그리고 뒤로 걷기에 대한 상태 다이어그램을 구현했다. 또한 캐릭터가 죽었을 때를 위한 상태도 존재한다.

유휴 상태에서 걷기 및 뛰기 상태로의 전이를 정의하는 파라미터는 Speed이다. 속도 값이 0.1보다 크면 유휴에서 걷기로 전이되고, 0.6보다 크면 걷기에서 뛰기로 전이된다. 뛰기에서 걷기로, 걷기에서 뛰기는 서로 반대 관계이다.

그러나 캐릭터는 뛰기 상태일 때만 점프 상태로 들어갈 수 있다. 이 전이를 제어하는 파라미터는 키보드의 스페이스 바 버튼을 눌러 부울^{Boolean} 값으로 설정된 Jump 파라미터이다.

유휴 상태에서 진입 가능한 세 가지 고유 공격 상태가 있다. 그리고 어떤 상태에서든 진입 가능한 죽음 상태가 있다. 어떠한 순간이더라도 주의하지 않으면 캐릭터는 죽을 수 있기 때문이다!

이러한 파라미터를 제어하는 방법에 대해 살펴보자.

캐릭터 컨트롤러

신에서 캐릭터가 돌아다니게 할 차례이다. 이는 일반적으로 캐릭터 컨트롤러가 담당한다. 캐릭터 컨트롤러는 플레이어가 게임에서 캐릭터와의 상호작용을 대부분 처리한다.

새 C# 스크립트를 만들고 CharacterController.cs라고 명명한다. CharacterController 클래스에는 다음과 같은 코드를 입력한다. 현 단계에서 코드는 매우 기본적인 것만 존재한다. 코드를 적용한 이후 코드 뒤쪽에 있는 다른 부분에 대해 이야기하자.

```
using UnityEngine;
using System.Collections;

public class CharacterController : MonoBehaviour
{
    public Animator animator;
    public float directionDampTime;
    public float speed = 6.0f;
    public float h = 0.0f;
    public float v = 0.0f;
    public bool attack1 = false;
    public bool attack2 = false;
    public bool attack3 = false;
    public bool jump = false;
    public bool die = false;
    // 초기화를 위해 사용
    void Start ()
    {
        this.animator = GetComponent<Animator> () as Animator;
    }
    // Update는 매 프레임마다 호출된다.
    private Vector3 moveDirection = Vector3.zero;

    void Update ()
    {
        if (Input.GetKeyDown (KeyCode.C)) {
            this.attack1 = true;
```

```
    this.GetComponent<IKHandle> ().enabled = false;

}
if (Input.GetKeyUp (KeyCode.C)) {
    this.attack1 = false;
    this.GetComponent<IKHandle> ().enabled = true;
}
animator.SetBool ("Attack1", attack1);
if (Input.GetKeyDown (KeyCode.Z)) {
    this.attack2 = true;
    this.GetComponent<IKHandle> ().enabled = false;
}
if (Input.GetKeyUp (KeyCode.Z)) {
    this.attack2 = false;
    this.GetComponent<IKHandle> ().enabled = true;
}
animator.SetBool ("Attack2", attack2);
if (Input.GetKeyDown (KeyCode.X)) {
    this.attack3 = true;
    this.GetComponent<IKHandle> ().enabled = false;
}
if (Input.GetKeyUp (KeyCode.X)) {
    this.attack3 = false;
    this.GetComponent<IKHandle> ().enabled = true;
}
animator.SetBool ("Attack3", attack3);
if (Input.GetKeyDown (KeyCode.Space)) {
    this.jump = true;
    this.GetComponent<IKHandle> ().enabled = false;
}
if (Input.GetKeyUp (KeyCode.Space)) {
    this.jump = false;
    this.GetComponent<IKHandle> ().enabled = true;
}
animator.SetBool ("Jump", jump);
if (Input.GetKeyDown (KeyCode.I)) {
    this.die = true;
```

```
            SendMessage ("Died");

        }
        animator.SetBool ("Die", die);
    }

    void FixedUpdate ()
    {
        // 입력들은 입력 매니저에서 정의한다.
        // 수평축 값을 얻는다.
        h = Input.GetAxis ("Horizontal");
        // 수직축 값을 얻는다.
        v = Input.GetAxis ("Vertical");
        speed = new Vector2 (h, v).sqrMagnitude;
        // 콘솔에 값을 표현하기 위해 사용함
        Debug.Log (string.Format ("H:{0} - V:{1} - Speed:{2}", h, v, speed));
        animator.SetFloat ("Speed", speed);
        animator.SetFloat ("Horizontal", h);
        animator.SetFloat ("Vertical", v);
    }

}
```

Start( ) 함수에서 애니메이터 컨트롤러에 대한 참조를 얻는다. FixedUpdate( ) 함수를 사용해 캐릭터 이동에 대한 갱신을 수행할 것이다.

Update( ) 함수와 FixedUpdate( )의 차이점은 무엇일까? Update( ) 함수는 매 프레임마다 호출되고, 비물리적 오브젝트의 이동과 간단한 타이머 및 입력 처리를 갱신하는 데 주기적으로 사용된다. Update( ) 함수의 갱신 시간 간격은 변한다. FixedUpdate( )는 물리적 단계에서 호출된다. 호출 간격이 일정하고, 강체^{Rigidbody}에서 물리적 특성을 조정하는 데 사용된다.

FixedUpdate( ) 함수에서 수평 및 수직축의 입력을 구하고, 속도를 계산하며 animator. SetFloat( ) 함수를 사용해 애니메이터 컨트롤러에 정의된 파라미터들을 설정한다. 이 파라미터들은 애니메이션 컨트롤러가 캐릭터의 상태를 결정하는 데 사용된다.

예를 들어 유휴 상태에서 걷기 상태로 가려면 속도 파라미터가 0.1보다 커야 하며, 걷기 상태에서 뛰기 상태로 가려면 속도 파라미터가 0.6보다 커야 한다. 반대로 뛰기 상태에서 걷기 상태로 돌아가고, 걷기 상태에서 유휴 상태로 되돌아가려면 파라미터 값이 반대여야 한다. 수평 및 수직 파라미터는 좌회전과 우회전을 위한 움직임을 제어한다. 이 세 가지 파라미터가 모두 결합해 캐릭터가 렌더링할 상태 및 애니메이션을 제어한다.

다음 단계는 점프, 죽음 및 공격 상태들을 활성화하는 것이다. 점프 상태는 캐릭터가 뛰고 있을 때만 진입할 수 있으며, 점프 부울 변수는 참으로 설정된다. 점프 조건은 플레이어가 스페이스 바를 누를 때 Update( ) 함수에서 설정된다. 변수를 참으로 설정하고 애니메이터 컨트롤러에 변수를 건네준다.

동일한 메커니즘이 Attack1_Normal, Attack2_Lower 및 Attack3_Destroy의 세 가지 공격 상태에 사용된다. 이들은 키보드의 키들(C, Z, X)에 매핑된다. 각각 부울 값을 참으로 설정하고 애니메이터 컨트롤러로 전달한다. 하지만 플레이어는 유휴 상태에서만 이 세 가지 상태로 진입이 가능하다. 이 부분은 당분간 그대로 놔 둘 것이다.

마지막으로 죽음 상태를 구현했으며 현재는 테스트를 위해 키보드 입력(I)을 사용한다. 지금까지 죽음 상태와 다른 상태의 주요 차이점은 죽음 상태는 어떠한 상태에서도 진입이 가능하다는 점이다.

 상태를 위한 애니메이션의 종류가 하나인 상태들은 블렌드 트리를 사용하지 않는다. 유휴 상태에서만 상태 전이가 가능함을 눈치챘을 것이다. 이는 처음 애니메이션과 모델이 설정된 방식 때문이다. 독자는 다르게 할 수도 있다.

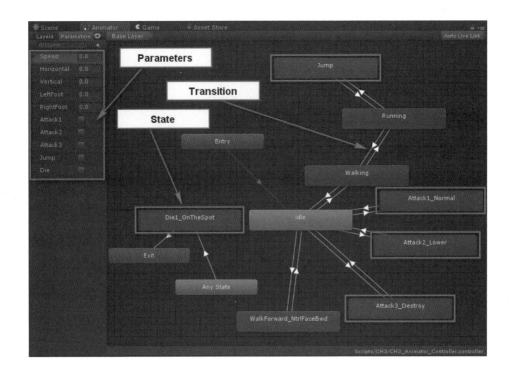

캐릭터는 어떠한 상태에서도 죽음 상태로 갈 수 있다. 즉, 캐릭터 플레이어는 현재 상태가 무엇이든지 상관없이 게임 중 어느 때건 죽을 수 있다. 그러나 공격과 점프 상태의 경우 유휴 상태에 있어야만 적절한 상태로 원활하게 전이가 가능하다. 이러한 전이 및 상태는 애니메이션의 복잡도에 따라 개선 가능하다. 하지만 지금은 이대로 진행하겠다.

이러한 상태들은 애니메이터에 정의된 부울 파라미터들을 통해 제어한다. 이 단계에서 신과 또한 캐릭터 애니메이션 및 상태를 테스트하기 위해 모델을 사용할 수 있어야 한다.

애니메이션 수정

게임 및 상태 기계에서 제대로 동작하도록 기존 수정 사항을 일부 변경하거나 수정해야 하는 경우가 있다.

캐릭터가 특정 상태에 있는 동안 반복되게 조정할 필요가 있는 필자의 캐릭터 모델용 공격 애니메이션들이 준비돼 있다. 예를 들면 기존 애니메이션을 사용해 공격 모드로 캐릭터 상태가 변경되면, 애니메이션은 한 번만 재생된다. 이는 필자의 의도가 아니며 공격 키를 누르고 있는 동안 계속 공격을 수행하기 위해 공격 입력을 작성해야 한다. 애니메이션 반복을 설정하는 것은 쉽다. 프로젝트 창에서 애니메이션을 선택하고 다음 스크린샷과 같이 인스펙터 창에서 Edit... 버튼을 선택한다.

이제 다음 스크린샷에 표시된 대로 애니메이션의 편집 모드로 들어서게 된다. 필자는 애니메이션 탭을 설명하기 위해 인스펙터 창을 나란히 배치했고, 한 번에 하나씩, 수정하려는 각 애니메이션을 선택 후 반복 시간Loop Time 속성을 참(체크 표시)으로 설정했다.

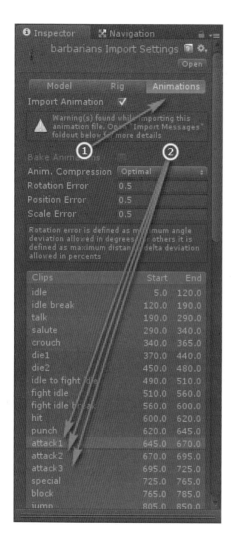
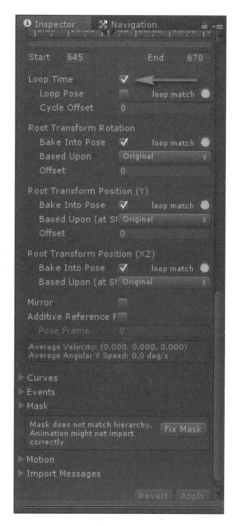

만약 애니메이션이 모델과 함께 있고 애니메이션과 모델이 오래된 경우 높은 확률로 수정해야 한다. 예를 들어 특정 애니메이션 클립의 설정해야 할 주요 속성 중 하나는 앞의 스크린샷과 같은 반복 시간 속성이다. 이렇게 하면 애니메이션 동작 상태에 있는 동안 애니메이션이 반복된다. 반복이 활성화돼 있지 않으면, 애니메이션을 표현하는 상태에 있더라도 애니메이션은 한 번 재생되고 중지될 것이다.

따라서 유휴, 걷기, 뛰기 및 공격 애니메이션에 Loop Time 속성이 설정돼 있는지 확인 해야 한다. 그와 동시에 확인해야 할 점은 모든 애니메이션 클립이 반복될 필요는 없다는 것이다. 예를 들어 점프 및 죽음 애니메이션은 한 번만 재생되면 된다. 따라서 부지런히 모든 속성을 확인해야 한다.

다른 애니메이션은 모델에 변형transform이 포함bake into되도록 수정해야 할 수도 있다. 예를 들어 죽음이나 점프 애니메이션의 경우 다음의 속성들을 확인한다. Root Transform Rotation과 Root Transform Position(Y)의 Bake Into Pose 속성이 선택돼 있는지 확인하라. 캐릭터의 애니메이션과 골격 움직임이 루트 변환 위치에서 조화를 이루게 하기 위해 중요하다.

> 이러한 속성이 제대로 설정되지 않으면 애니메이션이 우습게 보일 수 있다. 따라서 무언가 애니메이션이 이상하게 동작한다면, 이러한 속성을 다시 확인하라.

지금까지 CharacterController.cs를 플레이어 캐릭터에 붙이지 않았다면, 지금 붙이자.

▌ 역운동학

역운동학IK, Inverse Kinematics은 게임 프로그래밍에 있어 중요하다. 이는 일반적으로 캐릭터의 움직임을 월드에서 더욱 현실감 있게 만드는 데 사용된다. IK의 주된 용도 중 하나는 플레이어의 발feet에 대한 계산과 서 있는 지점과의 관계 계산이다.

간단히 말해서 IK는 공간에 주어진 위치를 기반으로 캐릭터 관절의 위치와 회전을 결정하는 데 사용된다. 예를 들면 플레이어의 발이 걷고 있는 지형에 제대로 착륙하고 있는지 확인하는 데 사용한다.

유니티는 이와 관련해 몇 가지 기본 계산을 수행하는 데 사용하는 IK 시스템을 내장하고 있다. 캐릭터를 위해 foot IK를 구현해보자. 휴머노이드 캐릭터에 IK를 사용하려면 몇 가지 설정이 필요하다. 먼저 애니메이터 컨트롤러에서 레이어를 확인한 후 엔진 아이콘을 사용해 설정 창에 들어간다. 다음 스크린샷과 같이 IK Pass가 선택돼 있는지 확인하자. 아직 마스크mask를 부여하지 않았다면 마스크를 제공해야 한다. 마스크는 IK의 영향을 받는 골격 부분들을 지정하는 데 사용된다.

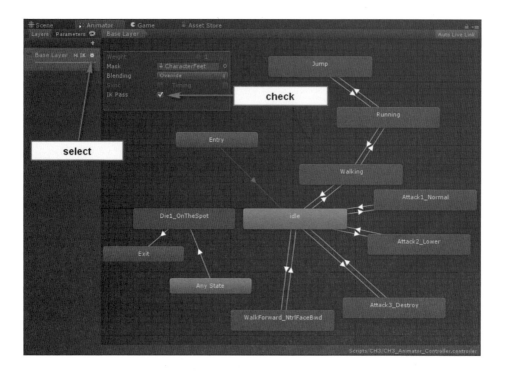

일단 설정이 되면, 재미있는 일들이 시작된다. IK를 처리할 C# 스크립트를 만들어야 한다. 스크립트를 만들고 IKHandle.cs라고 이름 짓자. 스크립트에 다음과 같은 코드를 입력한다.

```csharp
using UnityEngine;
using System.Collections;

public class IKHandle : MonoBehaviour
{
    Animator anim;
    public Transform leftIKTarget;
    public Transform rightIKTarget;
    public Transform hintLeft;
    public Transform hintRight;
    public float ikWeight = 1f;
    // 동적으로 만들기 위한 변수
    Vector3 leftFootPosition;
    Vector3 rightFootPosition;
    Quaternion leftFootRotation;
    Quaternion rightFootRotation;
    float leftFootWeight;
    float rightFootWeight;
    Transform leftFoot;
    Transform rightFoot;
    public float offsetY;
    // 초기화를 위해 사용
    void Start ()
    {
        anim = GetComponent<Animator> ();
        leftFoot = anim.GetBoneTransform (HumanBodyBones.LeftFoot);
        rightFoot = anim.GetBoneTransform (HumanBodyBones.RightFoot);
        leftFootRotation = leftFoot.rotation;
        rightFootRotation = rightFoot.rotation;
    }
    // Update는 매 프레임마다 호출된다.
    void Update ()
    {
        RaycastHit leftHit;
        RaycastHit rightHit;
        Vector3 lpos = leftFoot.TransformPoint (Vector3.zero);
        Vector3 rpos = rightFoot.TransformPoint (Vector3.zero);
```

```csharp
        if (Physics.Raycast (lpos, -Vector3.up, out leftHit, 1)) {
            leftFootPosition = leftHit.point;
            leftFootRotation = Quaternion.FromToRotation (transform.up,
                leftHit.normal) * transform.rotation;
        }
        if (Physics.Raycast (rpos, -Vector3.up, out rightHit, 1)) {
            rightFootPosition = rightHit.point;
            rightFootRotation = Quaternion.FromToRotation (transform.up,
                rightHit.normal) * transform.rotation;
        }
    }

    public bool Die = false;

    public void Died ()
    {
        Debug.Log ("I AM DEAD!");
        this.Die = true;
    }

    void OnAnimatorIK ()
    {
        leftFootWeight = anim.GetFloat ("LeftFoot");
        rightFootWeight = anim.GetFloat ("RightFoot");
        anim.SetIKPositionWeight (AvatarIKGoal.LeftFoot, leftFootWeight);
        anim.SetIKPositionWeight (AvatarIKGoal.RightFoot, rightFootWeight);
        anim.SetIKPosition (AvatarIKGoal.LeftFoot, leftFootPosition +
        new Vector3 (0f, offsetY, 0f));
        anim.SetIKPosition (AvatarIKGoal.RightFoot, rightFootPosition +
        new Vector3 (0f, offsetY, 0f));
        anim.SetIKRotationWeight (AvatarIKGoal.LeftFoot, leftFootWeight);
        anim.SetIKRotationWeight (AvatarIKGoal.RightFoot, rightFootWeight);
        anim.SetIKRotation (AvatarIKGoal.LeftFoot, leftFootRotation);
        anim.SetIKRotation (AvatarIKGoal.RightFoot, rightFootRotation);
    }

}
```

이 스크립트는 약간 복잡하다. IK가 제대로 작동하려면 공간상의 중요한 위치들이 필요하다. 이 위치 중 하나는 발이 움직이고자 하는 공간상의 목표 위치이고 두 번째 공간상 위치는 도움점the hint이다. 이 목표 위치를 위해 성공적으로 IK를 완료하기 위해 공간상의 두 위치는 특정 관절을 위한 골격 이동 및 변환을 제어하는 데 사용된다.

leftFootPosition 및 rightFootPosition 변수는 런타임 중에 왼발 및 오른발의 목표 위치를 나타내는 데 사용한다. leftFootRotation 및 rightFootRotation 변수는 왼발 및 오른발의 회전을 저장하는 데 사용한다.

모델에서 좌우측 다리를 실제로 참조하기 위해서는 두 개의 변수가 필요하다. 이는 leftFoot 및 rightFoot 변수에 의해 수행된다.

이러한 변수 중 일부는 Start( ) 함수에서 초기화된다. 구체적으로 말하면, 휴머노이드용으로 정의된 애니메이터 컨트롤러 골격 구조에서 왼발 및 오른발에 대한 참조를 얻는다.

Update( ) 함수에서 Physics.Raycast( )를 호출해 레이캐스팅을 수행 후 왼발 및 오른발의 위치를 결정한다. 이 데이터는 leftFootRotaion과 rightFootRotation 변수에 해당하는 회전 데이터와 함께 leftFootPosition과 RightFootPosition 변수에서 사용되고 저장된다.

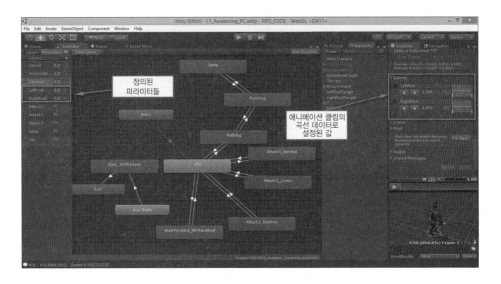

실제 IK 애니메이션은 OnAnimatorIK() 함수에서 적용된다. leftFootWeight와 rightFoot
Weight 변수는 애니메이션 클립 곡선 함수를 통해 애니메이션 컨트롤러의 LeftFoot과
RightFoot에 설정된 파라미터 값을 가져오는 데 사용한다.

 여기에서 핵심은 IK의 가중치를 구하는 데 사용할 애니메이션 클립의 곡선을 올바르게 정
의하는 것이다. 앞의 스크린샷은 유휴 상태의 곡선만 보여준다. 두 발은 모두 땅에 있으므
로 값은 1로 설정됐다. 걷기 및 뛰기 클립의 경우 곡선은 달라질 것이다.

마지막으로, SetIKPositionWeight() 및 SetIKPosition() 함수를 사용해 발의 상대적 위
치와 회전을 적절히 조정하자! 이는 각 발에 대해 개별적으로 수행된다.

IKHandle.cs 스크립트를 캐릭터에 붙이고 테스트한다. 스크립트 부착 전후 차이점을 비
교하고 설치한 바닥 및 지형과 상호작용하는 방식을 확인하자.

▋ 요약

3장에서 많은 주제들을 다뤘다. 게임에 사용할 다른 캐릭터 정의에 대해 논의했고, 모든
캐릭터가 공유할 기본 캐릭터 클래스 속성을 살펴봤으며, 추후 사용할 BaseCharacter 클
래스를 생성하고 게임에서 캐릭터가 가져야 할 주요 상태들과 애니메이션 컨트롤러를 사
용해 그 상태들을 구현하는 방법에 대해 논의했다.

메카님 시스템을 위한 캐릭터 모델을 준비하는 방법과 메카님 시스템을 사용해 게임 플레
이 동안 캐릭터가 어떻게 행동할지 결정하는 애니메이션과 상태 다이어그램을 만드는 방
법을 살펴봤다. 그 다음 캐릭터의 상태를 처리하는 초기 캐릭터 컨트롤러 스크립트를 구
현했다. 이 과정에서 파라미터를 사용한 블렌드 트리 및 한 상태에서 다음 상태로의 전이
에 대해 살펴봤다. 필요한 경우 애니메이션 클립을 수정하는 방법도 관찰했다.

마지막으로 게임 환경에서 보다 실감나게 캐릭터를 움직이는 데 역할을 할 역운동학을 살펴봤다.

3장을 끝으로 독자는 게임 환경 속 캐릭터의 모습과 행동 그리고 움직임을 위해 서로 협력하는 다양한 컴포넌트 모두를 확실히 이해해야 한다.

4장에서는 비캐릭터^{non-character} 행위들을 소개할 것이다.

04

플레이어 캐릭터와
비플레이어 캐릭터 디자인

3장, '캐릭터 디자인'에서 게임을 위한 캐릭터 모델을 준비하기 위해 다양한 주제를 다뤘다. 캐릭터 모델을 가져오는 방법과 설정법을 살펴봤으며 BaseCharacter 클래스 제작하고, 상태 다이어그램을 설정하기 위해 애니메이터 컨트롤러를 사용했다. 캐릭터 모델의 움직임과 행동을 처리하는 캐릭터 컨트롤러 초기 버전을 제작했으며, 마지막으로 양쪽 발을 위한 기본적인 역운동학의 기본을 살펴봤다.

4장에서는 플레이어 캐릭터뿐만 아니라 비플레이어 캐릭터에 대해 자세히 이야기할 것이다.

- 플레이어 캐릭터 커스터마이징
  - 커스터 마이징 가능한 부분(모델)
  - 커스터마이징을 위한 C# 코드

- ◦ 캐릭터 상태 보전하기
  - ◦ 되새김
- 비플레이어 캐릭터(NPC)
  - ◦ 비플레이어 캐릭터 기본
  - ◦ 비플레이어 캐릭터 설정
  - ◦ 네비메쉬 준비
  - ◦ NPC 애니메이터 컨트롤러
  - ◦ NPC 공격
  - ◦ NPC AI
- PC와 NPC의 상호작용

▍플레이어 캐릭터 커스터마이징

RPG의 주요 기능 중 하나는 캐릭터 플레이어를 커스터마이징할 수 있는 것이다. 이 절에서는 이를 달성하기 위한 수단을 제공할 방법을 알아볼 것이다.

> 다시 한 번 강조하면 개념과 접근법은 보편적인 형태로 진행할 것이다. 하지만 실제 구현은 모델 구조에 따라 약간 달라질 수 있다.

새 신을 만들고 CharacterCustomization으로 명명한다. 큐브^{Cube} 프리팹을 만들고 좌표를 원점으로 설정한다. 큐브의 Scale 값을 <5, 0.1. 5>로 변경한다. 또한 게임오브젝트 이름을 Base로 변경한다. 이는 플레이어가 게임 플레이 이전에 캐릭터를 커스터마이징하는 동안 게임 모델이 서 있을 무대가 될 것이다.

캐릭터 모델이 담긴 fbx 파일을 신 뷰로 드래그 앤 드롭을 한다. 다음 몇 가지 단계는 모델 러가 설계한 모델의 계층 구조에 따라 달라진다.

요점을 설명하기 위해 신에 동일 모델을 두 번 배치했다. 다음 스크린샷에서 볼 수 있듯 이 왼쪽 모델은 기본basic만 표시되게 설정된 모델이고, 오른쪽 모델은 초기default 상태의 모델이다.

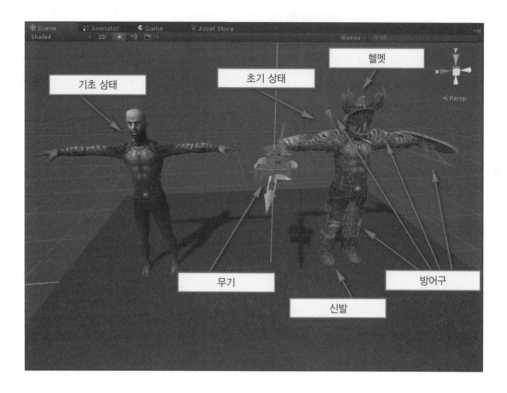

현재 필자가 사용하고 있는 모델은 모든 것이 장착돼 있다. 거기에는 다양한 종류의 무기 와 신발, 헬멧, 방어구가 포함된다. 왼쪽의 인스턴스화된 프리팹은 게임오브젝트의 계층 구조에서 부가적인 요소를 전부 끈 것이다. 계층 구조 뷰에서 계층 구조가 어떻게 보이는 지 확인하자.

이 모델은 매우 광범위한 계층 구조를 가지고 있으며, 위의 스크린샷은 모델 구조를 탐색 후 수동으로 모델의 특정 부분을 표현하는 메시를 식별하고 활성화 혹은 비활성화해야 할 필요성을 보여주기 위한 모델 계층 구조의 일부분에 불과하다.

부분 커스터마이징

필자의 모델을 기반으로 3D 모델에 몇 가지 사항을 커스터마이즈할 수 있다. 어깨 패드와 체형body type, 모델이 가진 무기와 갑옷, 헬멧과 신발을 커스터마이즈할 수 있다. 다른 외향 느낌을 선사하게끔 피부 텍스처를 커스터마이즈할 수 있다.

캐릭터가 갖고 있는 커스터마이징 가능한 아이템 목록을 나열해보자.

- **어깨 보호구**: 4가지 종류가 있다.
- **체형**: 3가지 체형이 존재한다. 마른, 근육질, 통통
- **아머**: 무릎 패드, 다리 보호구leg plate
- **방패**: 2종류의 방패가 있다.
- **부츠**: 2종류의 부츠가 있다.
- **헬멧**: 4종류의 헬멧이 있다.
- **무기**: 13가지 다른 종류의 무기가 있다.
- **피부**: 13가지 다른 종류의 피부가 있다.

사용자 인터페이스

이제 플레이어 캐릭터를 커스터마이징할 옵션이 무엇인지 알게 됐으니 캐릭터 커스터마이징에 사용할 사용자 인터페이스ᵁᴵ에 대해 생각할 차례이다.

UI를 디자인하기 위해, Hierarchy 뷰에서 우클릭 후 Create ➤ UI ➤ Canvas를 선택해 캔버스 게임오브젝트를 만든다. Hierarchy 뷰에 캔버스 게임오브젝트와 이벤트 시스템 EventSystem 게임오브젝트가 보일 것이다.

 유니티에서 UI를 만드는 방법을 이미 알고 있다고 가정하고 진행한다. 그렇지 않은 경우라면 5장의 'C#과 유니티 3D를 통한 게임 프로그래밍 소개' 절을 참고하기 바란다.

커스터마이징 가능한 아이템을 그룹화하기 위해 Panel을 사용할 것이다. 임시 방편으로 아이템을 위해 체크박스를, 무기 및 피부 텍스처를 위해 스크롤 바를 사용할 것이다. 다음 스크린샷은 커스터마이징 UI를 보여준다.

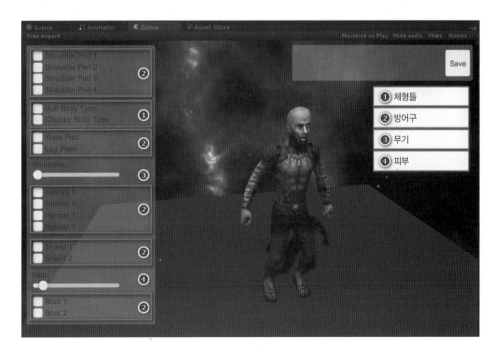

이러한 UI 구성 요소들은 필요한 캐릭터 모델의 특정 부분을 활성화 혹은 비활성화하게 해주는 이벤트 핸들러를 통해 통합될 필요가 있다.

예를 들어 UI를 사용해 어깨 패드 4를 선택하고 망치 무기가 나올 때까지 스크롤 바를 움직인 후 두 번째 헬멧 체크박스를 체크하고 1번 방패와 2번 부츠를 선택했다면 캐릭터는 다음의 스크린샷처럼 보일 것이다.

모델의 커스터마이징 가능한 객체의 메쉬 각각을 참조할 방법이 필요하다. 이는 C# 스크립트를 통해 진행된다. 스크립트는 커스터마이징을 위해 관리해야 할 모든 부분들을 추적해야 한다.

 일부 모델에는 추가 메쉬가 존재하지 않을 수도 있다. 모델의 특정 위치에 빈 게임오브젝트를 항상 만들 수 있다. 그리고 그 위치에 동적으로 커스텀 오브젝트의 프리팹을 인스턴스화할 수 있다. 이를 현재 모델에도 적용할 수 있다. 예를 들면 게임에서 외계인이 떨어뜨린 특수 우주 무기를 주웠을 경우 C# 코드를 통해 모델에 무기를 붙일 수 있다. 중요한 점은 개념을 이해하는 것이다. 나머지는 독자에게 달려 있다.

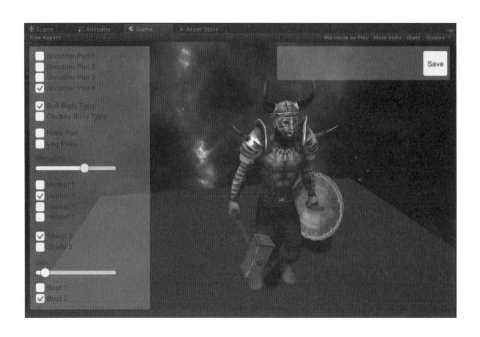

128

캐릭터 커스터마이징을 위한 코드

아무것도 하지 않고 자동으로 되는 일은 없다. 캐릭터 모델의 커스터마이징을 처리할 C# 코드를 만들 것이다. 여기서 만드는 스크립트는 UI 이벤트를 처리하여 모델 메쉬의 다양한 부분들을 활성화하거나 비활성화할 것이다.

새 C# 스크립트를 만들고, CharacterCustomization.cs라고 명명한다. 이 스크립트는 신의 베이스 게임오브젝트에 장착될 것이다. 다음은 스크립트 목록이다.

```csharp
using UnityEngine;
using UnityEngine.UI;
using System.Collections;
using UnityEngine.SceneManagement;

public class CharacterCustomization : MonoBehaviour
{
    public GameObject PLAYER_CHARACTER;
    public Material[] PLAYER_SKIN;
    public GameObject CLOTH_01LOD0;
    public GameObject CLOTH_01LOD0_SKIN;
    public GameObject CLOTH_02LOD0;
    public GameObject CLOTH_02LOD0_SKIN;
    public GameObject CLOTH_03LOD0;
    public GameObject CLOTH_03LOD0_SKIN;
    public GameObject CLOTH_03LOD0_FAT;
    public GameObject BELT_LOD0;
    public GameObject SKN_LOD0;
    public GameObject FAT_LOD0;
    public GameObject RGL_LOD0;
    public GameObject HAIR_LOD0;
    public GameObject BOW_LOD0;
    // 머리 장비
    public GameObject GLADIATOR_01LOD0;
    public GameObject HELMET_01LOD0;
    public GameObject HELMET_02LOD0;
    public GameObject HELMET_03LOD0;
```

```csharp
public GameObject HELMET_04LOD0;
// 어깨 패드 - 오른팔 / 왼팔
public GameObject SHOULDER_PAD_R_01LOD0;
public GameObject SHOULDER_PAD_R_02LOD0;
public GameObject SHOULDER_PAD_R_03LOD0;
public GameObject SHOULDER_PAD_R_04LOD0;
public GameObject SHOULDER_PAD_L_01LOD0;
public GameObject SHOULDER_PAD_L_02LOD0;
public GameObject SHOULDER_PAD_L_03LOD0;
public GameObject SHOULDER_PAD_L_04LOD0;
// 손목 - 오른쪽 / 왼쪽 보호구
public GameObject ARM_PLATE_R_1LOD0;
public GameObject ARM_PLATE_R_2LOD0;
public GameObject ARM_PLATE_L_1LOD0;
public GameObject ARM_PLATE_L_2LOD0;
// 플레이어 캐릭터 무기들
public GameObject AXE_01LOD0;
public GameObject AXE_02LOD0;
public GameObject CLUB_01LOD0;
public GameObject CLUB_02LOD0;
public GameObject FALCHION_LOD0;
public GameObject GLADIUS_LOD0;
public GameObject MACE_LOD0;
public GameObject MAUL_LOD0;
public GameObject SCIMITAR_LOD0;
public GameObject SPEAR_LOD0;
public GameObject SWORD_BASTARD_LOD0;
public GameObject SWORD_BOARD_01LOD0;
public GameObject SWORD_SHORT_LOD0;
// 플레이어 캐릭터 방어구들
public GameObject SHIELD_01LOD0;
public GameObject SHIELD_02LOD0;
public GameObject QUIVER_LOD0;
public GameObject BOW_01_LOD0;
// 플레이어 캐릭터 정강이-오른쪽/왼쪽
public GameObject KNEE_PAD_R_LOD0;
public GameObject LEG_PLATE_R_LOD0;
public GameObject KNEE_PAD_L_LOD0;
```

```
public GameObject LEG_PLATE_L_LOD0;
public GameObject BOOT_01LOD0;
public GameObject BOOT_02LOD0;
// 초기화를 위해 사용함
void Start ()
{
}

public bool ROTATE_MODEL = false;
// 업데이트 함수가 매 프레임마다 호출된다.
void Update ()
{
    if (Input.GetKeyUp (KeyCode.R)) {
        this.ROTATE_MODEL = !this.ROTATE_MODEL;
    }
    if (this.ROTATE_MODEL) {
        this.PLAYER_CHARACTER.transform.Rotate (new Vector3 (0, 1, 0), 33.0f
            * Time.deltaTime);
    }
    if (Input.GetKeyUp (KeyCode.L)) {
        Debug.Log (PlayerPrefs.GetString ("NAME"));
    }
}

public void SetShoulderPad (Toggle id)
{
    switch (id.name) {
    case "SP-01":
        {
            this.SHOULDER_PAD_R_01LOD0.SetActive (id.isOn);
            this.SHOULDER_PAD_R_02LOD0.SetActive (false);
            this.SHOULDER_PAD_R_03LOD0.SetActive (false);
            this.SHOULDER_PAD_R_04LOD0.SetActive (false);
            this.SHOULDER_PAD_L_01LOD0.SetActive (id.isOn);
            this.SHOULDER_PAD_L_02LOD0.SetActive (false);
            this.SHOULDER_PAD_L_03LOD0.SetActive (false);
            this.SHOULDER_PAD_L_04LOD0.SetActive (false);
            PlayerPrefs.SetInt ("SP-01", 1);
```

```
                PlayerPrefs.SetInt ("SP-02", 0);
// 초기화를 위해 사용함
void Start ()
{
}

public bool ROTATE_MODEL = false;
// Update is called once per frame
void Update ()
{
    if (Input.GetKeyUp (KeyCode.R)) {
        this.ROTATE_MODEL = !this.ROTATE_MODEL;
    }
    if (this.ROTATE_MODEL) {
        this.PLAYER_CHARACTER.transform.Rotate (new Vector3 (0, 1, 0), 33.0f
            * Time.deltaTime);
    }
    if (Input.GetKeyUp (KeyCode.L)) {
        Debug.Log (PlayerPrefs.GetString ("NAME"));
    }
}

public void SetShoulderPad (Toggle id)
{
    switch (id.name) {
    case "SP-01":
        {
            this.SHOULDER_PAD_R_01LOD0.SetActive (id.isOn);
            this.SHOULDER_PAD_R_02LOD0.SetActive (false);
            this.SHOULDER_PAD_R_03LOD0.SetActive (false);
            this.SHOULDER_PAD_R_04LOD0.SetActive (false);
            this.SHOULDER_PAD_L_01LOD0.SetActive (id.isOn);
            this.SHOULDER_PAD_L_02LOD0.SetActive (false);
            this.SHOULDER_PAD_L_03LOD0.SetActive (false);
            this.SHOULDER_PAD_L_04LOD0.SetActive (false);
            PlayerPrefs.SetInt ("SP-01", 1);
            PlayerPrefs.SetInt ("SP-02", 0);
            PlayerPrefs.SetInt ("SP-03", 0);
```

```
                    PlayerPrefs.SetInt ("SP-04", 0);
                    break;
                }
            case "SP-02":
                {
                    this.SHOULDER_PAD_R_01LOD0.SetActive (false);
                    this.SHOULDER_PAD_R_02LOD0.SetActive (id.isOn);
                    this.SHOULDER_PAD_R_03LOD0.SetActive (false);
                    this.SHOULDER_PAD_R_04LOD0.SetActive (false);
                    this.SHOULDER_PAD_L_01LOD0.SetActive (false);
                    this.SHOULDER_PAD_L_02LOD0.SetActive (id.isOn);
                    this.SHOULDER_PAD_L_03LOD0.SetActive (false);
                    this.SHOULDER_PAD_L_04LOD0.SetActive (false);
                    PlayerPrefs.SetInt ("SP-01", 0);
                    PlayerPrefs.SetInt ("SP-02", 1);
                    PlayerPrefs.SetInt ("SP-03", 0);
                    PlayerPrefs.SetInt ("SP-04", 0);
                    break;
                }
            case "SP-03":
                {
                    this.SHOULDER_PAD_R_01LOD0.SetActive (false);
                    this.SHOULDER_PAD_R_02LOD0.SetActive (false);
                    this.SHOULDER_PAD_R_03LOD0.SetActive (id.isOn);
                    this.SHOULDER_PAD_R_04LOD0.SetActive (false);
                    this.SHOULDER_PAD_L_01LOD0.SetActive (false);
                    this.SHOULDER_PAD_L_02LOD0.SetActive (false);
                    this.SHOULDER_PAD_L_03LOD0.SetActive (id.isOn);
                    this.SHOULDER_PAD_L_04LOD0.SetActive (false);
                    PlayerPrefs.SetInt ("SP-01", 0);
                    PlayerPrefs.SetInt ("SP-02", 0);
                    PlayerPrefs.SetInt ("SP-03", 1);
                    PlayerPrefs.SetInt ("SP-04", 0);
                    break;
                }
            case "SP-04":
                {
                    this.SHOULDER_PAD_R_01LOD0.SetActive (false);
```

```
                this.SHOULDER_PAD_R_02LOD0.SetActive (false);
                this.SHOULDER_PAD_R_03LOD0.SetActive (false);
                this.SHOULDER_PAD_R_04LOD0.SetActive (id.isOn);
                this.SHOULDER_PAD_L_01LOD0.SetActive (false);
                this.SHOULDER_PAD_L_02LOD0.SetActive (false);
                this.SHOULDER_PAD_L_03LOD0.SetActive (false);
                this.SHOULDER_PAD_L_04LOD0.SetActive (id.isOn);
                PlayerPrefs.SetInt ("SP-01", 0);
                PlayerPrefs.SetInt ("SP-02", 0);
                PlayerPrefs.SetInt ("SP-03", 0);
                PlayerPrefs.SetInt ("SP-04", 1);
                break;
            }
        }
    }

    public void SetBodyType (Toggle id)
    {
        switch (id.name) {
        case "BT-01":
            {
                this.RGL_LOD0.SetActive (id.isOn);
                this.FAT_LOD0.SetActive (false);
                break;
            }
        case "BT-02":
            {
                this.RGL_LOD0.SetActive (false);
                this.FAT_LOD0.SetActive (id.isOn);
                break;
            }
        }
    }

    public void SetKneePad (Toggle id)
    {
        this.KNEE_PAD_R_LOD0.SetActive (id.isOn);
        this.KNEE_PAD_L_LOD0.SetActive (id.isOn);
```

```
}

public void SetLegPlate (Toggle id)
{
    this.LEG_PLATE_R_LOD0.SetActive (id.isOn);
    this.LEG_PLATE_L_LOD0.SetActive (id.isOn);
}

public void SetWeaponType (Slider id)
{
    switch (System.Convert.ToInt32 (id.value)) {
    case 0:
        {
            this.AXE_01LOD0.SetActive (false);
            this.AXE_02LOD0.SetActive (false);
            this.CLUB_01LOD0.SetActive (false);
            this.CLUB_02LOD0.SetActive (false);
            this.FALCHION_LOD0.SetActive (false);
            this.GLADIUS_LOD0.SetActive (false);
            this.MACE_LOD0.SetActive (false);
            this.MAUL_LOD0.SetActive (false);
            this.SCIMITAR_LOD0.SetActive (false);
            this.SPEAR_LOD0.SetActive (false);
            this.SWORD_BASTARD_LOD0.SetActive (false);
            this.SWORD_BOARD_01LOD0.SetActive (false);
            this.SWORD_SHORT_LOD0.SetActive (false);
            break;
        }
    case 1:
        {
            this.AXE_01LOD0.SetActive (true);
            this.AXE_02LOD0.SetActive (false);
            this.CLUB_01LOD0.SetActive (false);
            this.CLUB_02LOD0.SetActive (false);
            this.FALCHION_LOD0.SetActive (false);
            this.GLADIUS_LOD0.SetActive (false);
            this.MACE_LOD0.SetActive (false);
            this.MAUL_LOD0.SetActive (false);
```

```
                this.SCIMITAR_LOD0.SetActive (false);
                this.SPEAR_LOD0.SetActive (false);
                this.SWORD_BASTARD_LOD0.SetActive (false);
                this.SWORD_BOARD_01LOD0.SetActive (false);
                this.SWORD_SHORT_LOD0.SetActive (false);
                break;
        }
    case 2:
        {

                this.AXE_01LOD0.SetActive (false);
                this.AXE_02LOD0.SetActive (true);
                this.CLUB_01LOD0.SetActive (false);
                this.CLUB_02LOD0.SetActive (false);
                this.FALCHION_LOD0.SetActive (false);
                this.GLADIUS_LOD0.SetActive (false);
                this.MACE_LOD0.SetActive (false);
                this.MAUL_LOD0.SetActive (false);
                this.SCIMITAR_LOD0.SetActive (false);
                this.SPEAR_LOD0.SetActive (false);
                this.SWORD_BASTARD_LOD0.SetActive (false);
                this.SWORD_BOARD_01LOD0.SetActive (false);
                this.SWORD_SHORT_LOD0.SetActive (false);
                break;
        }
    case 3:
        {

                this.AXE_01LOD0.SetActive (false);
                this.AXE_02LOD0.SetActive (false);
                this.CLUB_01LOD0.SetActive (true);
                this.CLUB_02LOD0.SetActive (false);
                this.FALCHION_LOD0.SetActive (false);
                this.GLADIUS_LOD0.SetActive (false);
                this.MACE_LOD0.SetActive (false);
                this.MAUL_LOD0.SetActive (false);
                this.SCIMITAR_LOD0.SetActive (false);
                this.SPEAR_LOD0.SetActive (false);
                this.SWORD_BASTARD_LOD0.SetActive (false);
                this.SWORD_BOARD_01LOD0.SetActive (false);
```

```
                this.SWORD_SHORT_LOD0.SetActive (false);
                break;
        }
    case 4:
        {
                this.AXE_01LOD0.SetActive (false);
                this.AXE_02LOD0.SetActive (false);
                this.CLUB_01LOD0.SetActive (false);
                this.CLUB_02LOD0.SetActive (true);
                this.FALCHION_LOD0.SetActive (false);
                this.GLADIUS_LOD0.SetActive (false);
                this.MACE_LOD0.SetActive (false);
                this.MAUL_LOD0.SetActive (false);
                this.SCIMITAR_LOD0.SetActive (false);
                this.SPEAR_LOD0.SetActive (false);
                this.SWORD_BASTARD_LOD0.SetActive (false);
                this.SWORD_BOARD_01LOD0.SetActive (false);
                this.SWORD_SHORT_LOD0.SetActive (false);
                break;
        }
    case 5:
        {
                this.AXE_01LOD0.SetActive (false);
                this.AXE_02LOD0.SetActive (false);
                this.CLUB_01LOD0.SetActive (false);
                this.CLUB_02LOD0.SetActive (false);
                this.FALCHION_LOD0.SetActive (true);
                this.GLADIUS_LOD0.SetActive (false);
                this.MACE_LOD0.SetActive (false);
                this.MAUL_LOD0.SetActive (false);
                this.SCIMITAR_LOD0.SetActive (false);
                this.SPEAR_LOD0.SetActive (false);
                this.SWORD_BASTARD_LOD0.SetActive (false);
                this.SWORD_BOARD_01LOD0.SetActive (false);
                this.SWORD_SHORT_LOD0.SetActive (false);
                break;
        }
    case 6:
```

```
        {
            this.AXE_01LOD0.SetActive (false);
            this.AXE_02LOD0.SetActive (false);
            this.CLUB_01LOD0.SetActive (false);
            this.CLUB_02LOD0.SetActive (false);
            this.FALCHION_LOD0.SetActive (false);
            this.GLADIUS_LOD0.SetActive (true);
            this.MACE_LOD0.SetActive (false);
            this.MAUL_LOD0.SetActive (false);
            this.SCIMITAR_LOD0.SetActive (false);
            this.SPEAR_LOD0.SetActive (false);
            this.SWORD_BASTARD_LOD0.SetActive (false);
            this.SWORD_BOARD_01LOD0.SetActive (false);
            this.SWORD_SHORT_LOD0.SetActive (false);
            break;
        }
    case 7:
        {
            this.AXE_01LOD0.SetActive (false);
            this.AXE_02LOD0.SetActive (false);
            this.CLUB_01LOD0.SetActive (false);
            this.CLUB_02LOD0.SetActive (false);
            this.FALCHION_LOD0.SetActive (false);
            this.GLADIUS_LOD0.SetActive (false);
            this.MACE_LOD0.SetActive (true);
            this.MAUL_LOD0.SetActive (false);
            this.SCIMITAR_LOD0.SetActive (false);
            this.SPEAR_LOD0.SetActive (false);
            this.SWORD_BASTARD_LOD0.SetActive (false);
            this.SWORD_BOARD_01LOD0.SetActive (false);
            this.SWORD_SHORT_LOD0.SetActive (false);
            break;
        }
    case 8:
        {
            this.AXE_01LOD0.SetActive (false);
            this.AXE_02LOD0.SetActive (false);
            this.CLUB_01LOD0.SetActive (false);
```

```
            this.CLUB_02LOD0.SetActive (false);
            this.FALCHION_LOD0.SetActive (false);
            this.GLADIUS_LOD0.SetActive (false);
            this.MACE_LOD0.SetActive (false);
            this.MAUL_LOD0.SetActive (true);
            this.SCIMITAR_LOD0.SetActive (false);
            this.SPEAR_LOD0.SetActive (false);
            this.SWORD_BASTARD_LOD0.SetActive (false);
            this.SWORD_BOARD_01LOD0.SetActive (false);
            this.SWORD_SHORT_LOD0.SetActive (false);
            break;
    }
case 9:
    {
            this.AXE_01LOD0.SetActive (false);
            this.AXE_02LOD0.SetActive (false);
            this.CLUB_01LOD0.SetActive (false);
            this.CLUB_02LOD0.SetActive (false);
            this.FALCHION_LOD0.SetActive (false);
            this.GLADIUS_LOD0.SetActive (false);
            this.MACE_LOD0.SetActive (false);
            this.MAUL_LOD0.SetActive (false);
            this.SCIMITAR_LOD0.SetActive (true);
            this.SPEAR_LOD0.SetActive (false);
            this.SWORD_BASTARD_LOD0.SetActive (false);
            this.SWORD_BOARD_01LOD0.SetActive (false);
            this.SWORD_SHORT_LOD0.SetActive (false);
            break;
    }
case 10:
    {
            this.AXE_01LOD0.SetActive (false);
            this.AXE_02LOD0.SetActive (false);
            this.CLUB_01LOD0.SetActive (false);
            this.CLUB_02LOD0.SetActive (false);
            this.FALCHION_LOD0.SetActive (false);
            this.GLADIUS_LOD0.SetActive (false);
            this.MACE_LOD0.SetActive (false);
```

```
                this.MAUL_LOD0.SetActive (false);
                this.SCIMITAR_LOD0.SetActive (false);
                this.SPEAR_LOD0.SetActive (true);
                this.SWORD_BASTARD_LOD0.SetActive (false);
                this.SWORD_BOARD_01LOD0.SetActive (false);
                this.SWORD_SHORT_LOD0.SetActive (false);
                break;
            }
        case 11:
            {
                this.AXE_01LOD0.SetActive (false);
                this.AXE_02LOD0.SetActive (false);
                this.CLUB_01LOD0.SetActive (false);
                this.CLUB_02LOD0.SetActive (false);
                this.FALCHION_LOD0.SetActive (false);
                this.GLADIUS_LOD0.SetActive (false);
                this.MACE_LOD0.SetActive (false);
                this.MAUL_LOD0.SetActive (false);
                this.SCIMITAR_LOD0.SetActive (false);
                this.SPEAR_LOD0.SetActive (false);
                this.SWORD_BASTARD_LOD0.SetActive (true);
                this.SWORD_BOARD_01LOD0.SetActive (false);
                this.SWORD_SHORT_LOD0.SetActive (false);
                break;
            }
        case 12:
            {
                this.AXE_01LOD0.SetActive (false);
                this.AXE_02LOD0.SetActive (false);
                this.CLUB_01LOD0.SetActive (false);
                this.CLUB_02LOD0.SetActive (false);
                this.FALCHION_LOD0.SetActive (false);
                this.GLADIUS_LOD0.SetActive (false);
                this.MACE_LOD0.SetActive (false);
                this.MAUL_LOD0.SetActive (false);
                this.SCIMITAR_LOD0.SetActive (false);
                this.SPEAR_LOD0.SetActive (false);
                this.SWORD_BASTARD_LOD0.SetActive (false);
```

```
                this.SWORD_BOARD_01LOD0.SetActive (true);
                this.SWORD_SHORT_LOD0.SetActive (false);
                break;
            }
        case 13:
            {
                this.AXE_01LOD0.SetActive (false);
                this.AXE_02LOD0.SetActive (false);
                this.CLUB_01LOD0.SetActive (false);
                this.CLUB_02LOD0.SetActive (false);
                this.FALCHION_LOD0.SetActive (false);
                this.GLADIUS_LOD0.SetActive (false);
                this.MACE_LOD0.SetActive (false);
                this.MAUL_LOD0.SetActive (false);
                this.SCIMITAR_LOD0.SetActive (false);
                this.SPEAR_LOD0.SetActive (false);
                this.SWORD_BASTARD_LOD0.SetActive (false);
                this.SWORD_BOARD_01LOD0.SetActive (false);
                this.SWORD_SHORT_LOD0.SetActive (true);
                break;
            }
        }
    }
}

public void SetHelmetType (Toggle id)
{
    switch (id.name) {
    case "HL-01":
        {
            this.HELMET_01LOD0.SetActive (id.isOn);
            this.HELMET_02LOD0.SetActive (false);
            this.HELMET_03LOD0.SetActive (false);
            this.HELMET_04LOD0.SetActive (false);
            break;
        }
    case "HL-02":
        {
            this.HELMET_01LOD0.SetActive (false);
```

```csharp
                    this.HELMET_02LOD0.SetActive (id.isOn);
                    this.HELMET_03LOD0.SetActive (false);
                    this.HELMET_04LOD0.SetActive (false);
                    break;
                }
            case "HL-03":
                {
                    this.HELMET_01LOD0.SetActive (false);
                    this.HELMET_02LOD0.SetActive (false);
                    this.HELMET_03LOD0.SetActive (id.isOn);
                    this.HELMET_04LOD0.SetActive (false);
                    break;
                }
            case "HL-04":
                {
                    this.HELMET_01LOD0.SetActive (false);
                    this.HELMET_02LOD0.SetActive (false);
                    this.HELMET_03LOD0.SetActive (false);
                    this.HELMET_04LOD0.SetActive (id.isOn);
                    break;
                }
        }
    }

    public void SetShieldType (Toggle id)
    {
        switch (id.name) {
        case "SL-01":
            {
                this.SHIELD_01LOD0.SetActive (id.isOn);
                this.SHIELD_02LOD0.SetActive (false);
                break;
            }
        case "SL-02":
            {
                this.SHIELD_01LOD0.SetActive (false);
                this.SHIELD_02LOD0.SetActive (id.isOn);
                break;
```

```
            }
        }
    }

    public void SetSkinType (Slider id)
    {
        this.SKN_LOD0.GetComponent<Renderer> ().material =
            this.PLAYER_SKIN [System.Convert.ToInt32 (id.value)];
        this.FAT_LOD0.GetComponent<Renderer> ().material =
            this.PLAYER_SKIN [System.Convert.ToInt32 (id.value)];
        this.RGL_LOD0.GetComponent<Renderer> ().material =
            this.PLAYER_SKIN [System.Convert.ToInt32 (id.value)];
    }

    public void SetBootType (Toggle id)
    {
        switch (id.name) {
        case "BT-01":
            {
                this.BOOT_01LOD0.SetActive (id.isOn);
                this.BOOT_02LOD0.SetActive (false);
                break;
            }
        case "BT-02":
            {
                this.BOOT_01LOD0.SetActive (false);
                this.BOOT_02LOD0.SetActive (id.isOn);
                break;
            }
        }
    }

}
```

긴 스크립트지만 직관적이다. 스크립트 맨 위에 각기 캐릭터 모델의 각기 다른 메쉬를 참
조할 모든 변수들을 정의했다. 머티리얼 배열 타입의 **PLAYER_SKIN** 변수를 제외한 모든 변

수들의 타입은 게임오브젝트^{GameObject}이다. 배열은 캐릭터 모델용으로 생성된 각기 다른 종류의 텍스처를 저장하는 데 사용한다.

UI 이벤트 핸들러가 호출하게 될 몇 가지 함수가 존재한다. 이러한 함수들은 다음과 같다.

```
SetShoulderPad(Toggle id);
SetBodyType(Toggle id);
SetKneePad(Toggle id);
SetLegPlate(Toggle id);
SetWeaponType(Slider id);
SetHelmetType(Toggle id);
SetShieldType(Toggle id);
SetSkinType(Slider id);
```

모든 함수들은 어떤 객체가 활성화되거나 비활성화될지 결정하는 파라미터를 갖는다.

반드시 여기를 주목하길 바란다!

방금 만든 시스템을 비캐릭터 플레이어 모델의 각기 다른 변형들을 만들고 그것들을 프리팹으로 저장하기 위해서도 사용할 수 있다. 놀랍지 않은가? 이로써 각기 다른 여러 야만족 캐릭터들을 제작하는 데 많은 시간과 노력을 절약하게 될 것이다.

캐릭터 상태 저장

지금까지 캐릭터를 커스터마이즈하는 데 시간을 보냈으므로, 게임에서 캐릭터를 저장하고 이를 사용해야 한다. 유니티에는 DontDestroyOnLoad( )라는 함수가 있다. 이럴 때 활용할 수 있는 엄청난 함수이다. 이 함수는 무슨 역할을 할까? 한 신에서 다음 신으로 넘어가더라도 이 함수에서 오브젝트를 지정하면 메모리에서 제거되지 않도록 만들 수 있다. 지금은 이러한 메커니즘을 사용할 수 있지만, 결국에는 사용자 데이터를 저장^{save}하고 불러오기^{load}가 가능한 시스템을 만들어야 할 것이다.

새로운 C# 스크립트를 만들고 DoNotDestory.cs라고 명명한다. 이 스크립트는 매우 간단하다. 다음은 내용이다.

```csharp
using UnityEngine;
using System.Collections;

public class DoNotDestroy : MonoBehaviour
{
    // 초기화를 위해 사용됨
    void Start ()
    {
        DontDestroyOnLoad (this);
    }
     // 업데이트 함수는 매 프레임마다 한 번 호출된다.
    void Update ()
    {
    }

}
```

스크립트를 만든 후 신 안의 캐릭터 모델 프리팹에 장착한다. 나쁘지 않았다. 지금까지 한 작업을 간단히 되새겨보자.

되새김

지금까지 세 가지 기능적 신들이 있어야 한다. 신들은 메인 메뉴 신, 초기 레벨 신 그리고 방금 만든 캐릭터 커스터마이징에 사용될 신이다. 지금까지 게임의 흐름은 다음과 같다.

게임을 시작한 이후 메인 메뉴를 보고 캐릭터 커스터마이징 신에 들어가기 위해 게임 시작 버튼을 누른 후 커스터마이징을 진행한다. 그리고 저장 버튼을 누르면 레벨 1을 불러온다.

이를 위해 아래와 같은 C# 스크립트를 이미 제작했다.

- GameMaster.cs: 게임 상태를 추적하기 위한 메인 스크립트로 사용한다.
- CharacterCustomization.cs: 캐릭터 커스터마이징 전용으로 사용한다.
- DoNotDestroy.cs: 주어진 객체 상태를 저장하기 위해 사용한다.
- CharacterController.cs: 캐릭터의 움직임을 제어하기 위해 사용한다.
- IKHandle.cs: 양 발을 위한 역운동학 구현을 위해 사용한다.

이 모든 것들이 결합될 때 비로소 앞으로 나아감에 따른 확장 및 향상 가능한 좋은 프레임 워크와 흐름을 갖게 되는 것이다.

▌ 비플레이어 캐릭터

지금까지 플레이어 캐릭터에 집중해왔다. 이 절에서는 비플레이어 캐릭터에 대해 생각할 것이다. 야만족부터 시작하자. 바바리안의 고유성을 표현하는 몇몇 프리팹을 빠르게 제작하기 위해 캐릭터 커스터마이징 신을 사용할 수 있다.

방금 개발한 툴을 사용해 몇 가지 사항을 조정할 수 있다. 그리고 조정한 모델이 마음에 들었다면 프리팹 폴더로 플레이어 캐릭터를 나타내는 게임오브젝트를 드래그 앤 드롭한다. 이는 게임오브젝트 인스턴스의 복사본을 만들고 프리팹에 저장할 것이다. 다음 스크린샷은 필자가 만들고 프리팹으로 저장한 두 캐릭터를 보여준다.

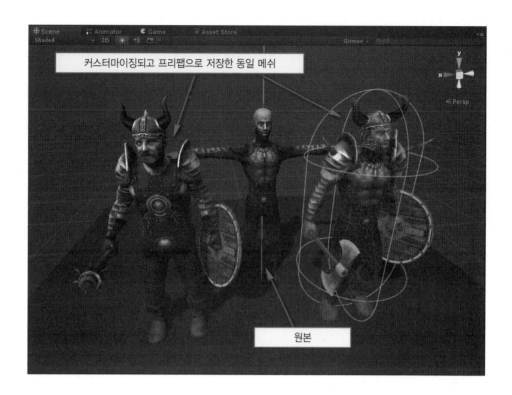

커스터마이징되고 프리팹으로 저장한 동일 메쉬

원본

지금까지 제대로 작업했다면 손수 모델 구조체를 뒤져 가며 개별적으로 메쉬를 활성화하거나 비활성화하는 지루한 작업 시간을 절약할 수 있다. 즉, 게임 속 플레이어 캐릭터를 커스터마이징을 가능하게 하는 신을 제작했을 뿐만 아니라, 게임에 쓸 캐릭터 모델의 빠른 커스터마이징 도구도 제작한 것이다.

여기서 강조하는 다른 포인트는 프리팹의 강력함이다. 프리팹을 특정 게임오브젝트의 상태를 저장하고 게임 환경 내에서 반복적으로 재사용하는 데 이용하는 저장 객체로 생각하자.

프리팹을 업데이트하게 되면 프리팹의 모든 인스턴스는 자동으로 업데이트된다!

훌륭한 기능이다. 더불어 같은 이유로 망가뜨리지 않도록 조심해야 한다. 프리팹에 부착한 스크립트의 코드 로직을 업데이트할 때 모든 프리팹의 인스턴스는 업데이트된 스크립트를 사용할 것이다. 따라서 조금의 시간을 투자해 계획하면 많은 시간을 절약하고 골칫거리를 줄일 수 있다.

비플레이어 캐릭터 기본

비플레이어 캐릭터를 구현하기 위해 새로 제작한 프리팹을 사용할 것이다. 캐릭터 모델에는 몇 가지 유사점이 있기 때문에 지금까지 제작한 에셋의 일부를 재사용할 수 있다.

예를 들어 모든 캐릭터는 3장, '캐릭터 디자인'에서 정의한 BaseCharacter 클래스를 상속받을 것이다. 모든 캐릭터는 플레이어 캐릭터를 위해 이미 제작한 동일 상태들을 포함하며 탐색 및 검색과 같이 NPC 전용 몇 가지 상태들을 추가할 것이다.

캐릭터 커스터마이징 툴을 사용해 비플레이어 캐릭터를 생성하고 저장했기 때문에, 모델링 부분은 완료했다. 집중해야 할 것은 비플레이어 캐릭터들의 움직임이다. NPC의 상태를 처리할 새로운 애니메이터 컨트롤러를 만들어야 한다.

비플레이어 캐릭터 설정

NPC를 구현하는 주요 어려움 중 하나는 NPC에게 현실감 있는 지능을 부여하는 것이다. 이는 NPC의 여러 핵심 영역을 식별하고 구현해 쉽게 달성할 수 있다.

NPC에게 부착할 몇몇 새로운 컴포넌트들이 있다. 저장했던 프리팹을 사용해 다음의 컴포넌트를 추가할 것이다.

- 새로운 스피어 콜라이더Sphere Collider, NPC의 시야 범위를 구현하는 데 사용한다.
- 애니메이터 컴포넌트가 이미 부착돼 있지만, NPC의 새로운 상태를 잡아내기 위해 새로운 애니메이터 컨트롤러를 만들어야 한다.
- Nav Mesh Agent 컴포넌트를 추가해야 한다. NPC를 위해 내장built-in 내비게이션 및 길 찾기 시스템을 사용할 것이다.

스피어 콜라이더를 추가하려면, NPC로 정의한 프리팹을 선택하고, 인스펙터 창에서 **Add Component › Physics › Sphere Collider**를 선택한다. 스피어 콜라이더가 프리팹에 장착될 것이다.

다음은 Nav Mesh Agent를 추가할 것이다. 다시 인스펙터 창에서 **Add Component › Navigation › Nav Mesh Agent**를 선택한다. NPC가 사용하게 될 주요 내장 컴포넌트 설정을 완료했다.

현재 프리팹은 플레이어 캐릭터의 인스턴스이기 때문에 같이 따라온 일부 스크립트 컴포넌트를 제거해야 한다. NPC 프리팹에 부착된 스크립트가 존재한다면, 지금 제거한다.

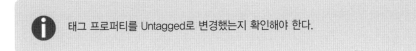 태그 프로퍼티를 Untagged로 변경했는지 확인해야 한다.

다음 스크린샷은 지금까지 NPC에 부착한 컴포넌트들을 보여준다.

플레이어 캐릭터에서 가져온 스크립트와 NPC가 사용할 새롭게 추가한 컴포넌트 둘 모두를 포함한다.

다음 단계는 Navmesh를 설정하는 것이다. Navmesh를 만들려면 내비게이션 창으로 들어간 후 Window ➤ Navigation을 선택한다.

navmesh가 제대로 작동하려면 신의 모든 게임오브젝트들을 내비게이션 스태틱Navigation Static으로 표시해야 한다. 신의 정적 오브젝트, 즉 신이 존재하는 동안 움직이지 않을 게임오브젝트들을 기반으로 한 navmesh를 생성할 것이다.

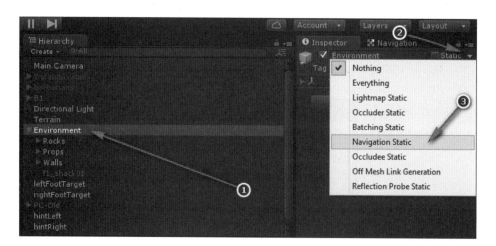

활성화된 신에서, 앞의 스크린샷 (1)에 보이는 내비게이션 스태틱으로 설정할 게임오브젝트들을 선택한다. (2)에서 보이는 것과 같이 스태틱 드롭 다운 메뉴를 하고, (3)과 같이 내비게이션 스태틱 옵션을 선택한다. 게임오브젝트가 자식이 있는 부모 게임오브젝트인 경우, 유니티는 모든 자식에게 속성 변경을 적용할지 물어볼 것이다.

 Environment라고 하는 게임오브젝트 아래에 환경 관련 게임오브젝트를 배치했다. 많은 정적 오브젝트가 존재하는 경우, 이 방법으로 부모에게 프로퍼티 변경을 적용하면 자동으로 변경 사항이 자식에게 상속된다. 하지만 그룹 안에 모든 것들이 정적 오브젝트여야 함에 주의해야 한다.

이 작업이 완료되면 내비게이션 창으로 돌아가 몇 가지를 조정해야 한다. 내비게이션 탭에서 지형Terrains을 선택하고 지형이 내비게이션 스태틱으로 설정돼 있는지 확인한다. 그리고 내비게이션 영역Navigation Area이 Walkable로 설정돼 있는지 확인한다.

Bake 탭에서 Agent Radius를 0.3으로 변경하고 Agent Height를 1로 변경한다. 이렇게 함으로 NPC는 좁은 귀퉁이를 더 잘 통과할 수 있게 된다.

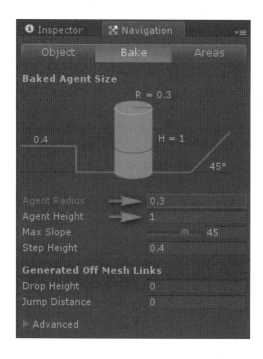

준비가 되면, 내비게이션 창 아래의 Bake 버튼을 선택할 수 있다. 해당 신 전용 Navmesh 를 생성하는 데 약간 시간이 걸릴 것이다. 시간은 레벨의 복잡도에 따라 달라진다. 모든 것을 제대로 했다면 Navmesh를 보여주는 다음 스크린샷과 유사한 화면이 보일 것이다.

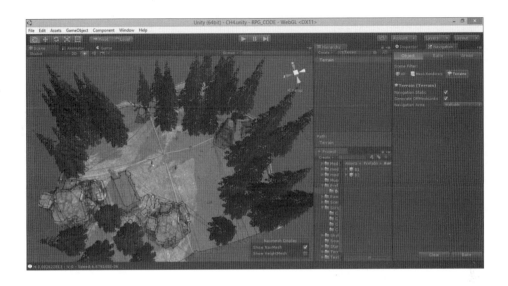

파란색 영역은 NPC가 실제로 탐색할 수 있는 영역이다.

NPC 애니메이터 컨트롤러

이제 NPC를 위한 애니메이터 컨트롤러AC를 제작해야 한다. NPC의 상태를 제어하고 변경하기 위해 애니메이터 컨트롤러는 MeshAgent로부터 오는 입력을 사용할 것이다. NPC AC를 위한 다음과 같이 몇 가지 파라미터를 정의할 것이다.

- AngularSpeed각속도: 방향성 움직임을 위해 사용
- Speed속도: NPC의 움직임이 얼마나 빠른지 결정하기 위해 사용
- Attack공격: 공격 여부를 결정하기 위해 사용
- AttackWeight공격 세기: 공격 데미지를 결정하기 위해 사용
- PlayerInSight시야 속 플레이어: PC가 시야에 들어왔는지 결정하기 위해 사용

프로젝트에 새로운 애니메이터 컨트롤러를 만들고 NPC_Animator_Controller라 명명한다. 새 애니메이터 창에서 마우스 우클릭 후 **Create State ➤ From New Blend Tree**를 선택해 블렌드 트리를 만든다. 블렌드 트리 이름을 NPC_Locomotion으로 변경한다. 블렌드 트리를 편집할 수 있도록 더블 클릭한다. 노드 이름을 NPC_Locomotion으로 변경한다. 인스펙터 창에서 Blend Type을 2D Freeform Cartesian으로 변경한다.

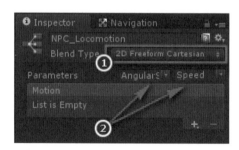

x축은 AngularSpeed로 표시되고, y축은 Speed 파라미터로 표시된다.

블렌드 트리는 모든 이동 애니메이션 상태를 가지고 있다. 이들은 유휴, 걷기 그리고 달리기 상태가 될 것이다. 11가지 NPC의 운동 애니메이션 상태를 설정했다. 다음 스크린샷은 블렌드 트리의 개요를 보여준다.

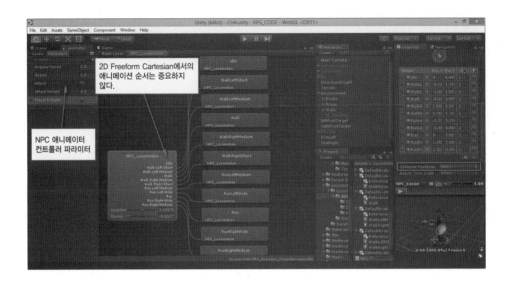

블렌드 트리에서 모든 애니메이션 상태를 포함시키고 나면 애니메이션의 위치를 계산해야 한다.

이 작업을 수행하는 쉬운 방법은 Compute Position 드롭 다운 메뉴를 선택 후 Angular Speed와 Speed를 선택하는 것이다. 그러면 다음 스크린샷과 같이 루트 모션 기반 애니메이션 위치를 잡아 줄 것이다.

마우스를 사용해 다이어그램의 빨간 점을 드래그하면 애니메이션 상태를 미리 볼 수 있다.

NPC 공격

공격 모드를 구현하기 위해 애니메이션 컨트롤러에 새로운 레이어를 만들어야 한다. 새로운 레이어를 만들고 NPC_Attack이라 부르자. 이 레이어는 공격 모드로 전환할 때 캐릭터를 움직이는 역할을 담당한다.

레이어의 새 마스크Mask를 만들어야 한다. 이 마스크는 휴머노이드 몸체의 어느 부분이 레이어 애니메이션에 의해 영향을 받을지 결정하는 데 사용될 것이다. 마스크를 만들려면 프로젝트 창에서 우클릭 후 Create ➤ Avatar ➤ Mask를 선택한다. 새로운 마스크의 이름을 NPC_Attack으로 짓자. 레이어 애니메이션에 의해 영향을 받으면 안 되는 몸체 부분을 비활성화하기 위해 인스펙터 창을 사용한다. 다음 스크린샷을 참조하라.

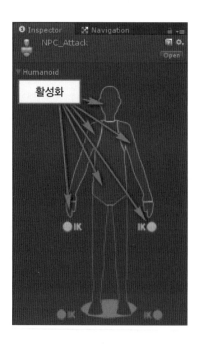

레이어의 설정은 다음 스크린샷과 유사해야 한다.

Weight의 속성을 1로 변경했는지 확인하고, Mask 속성이 우리가 만든 아바타 마스크로 할당됐는지 확인 후, 또한 IK 속성이 체크돼 있는지 확인하라. 이제 공격 상태 기계를 만들 준비가 됐다.

애니메이터 창에서 마우스 우클릭 후 **Create State ❯ Empty**를 선택한다. 공격 애니메이션을 드래그 앤 드롭한다. 빈 상태는 메인 레이어와 뒤쪽 레이어 사이의 멋진 전이 효과를 위해 사용된다.

애니메이터로 공격 애니메이션을 드롭한 이후, 전이 조건transition condition을 사용해 그것들을 연결해야 한다.

파라미터 리스트에 Attack1, Attack2, Attack3라는 세 가지 파라미터를 더 추가했다. 공격 파라미터와 연결된 이러한 파라미터들은 NPC가 어떤 공격 상태로 전이할지 결정한다.

다음 스크린샷은 지금까지 구성한 NPC_Attack 레이어를 보여준다.

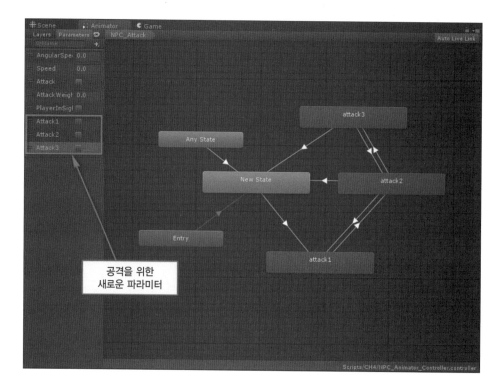

마지막으로 새로운 NPC_Animator_Controller를 NPC 프리팹에 할당한다.

NPC AI

이제 NPC들에게 지능을 선사할 시간이다. 만들어야 할 스크립트 중 하나는 NPC에게 플레이어를 감지하는 능력을 선사한다. 이 스크립트를 NPC_Sight.cs라 할 것이다. 이 스크립트는 감지하고 NPC의 시야를 계산하며 플레이어 캐릭터와 NPC 사이의 경로를 계산하는 데 사용한다.

다음은 소스 코드를 나열한 것이다.

```
using UnityEngine;
using System.Collections;
public class NPC_Movement : MonoBehaviour
{
    // 에니메이터 참조
    public Animator animator;
    // 이 변수들은 NPC의 수평 및 수직 움직임
    // 속도를 위해 사용한다.
    public float speed = 0.0f;
    public float h = 0.0f;
    public float v = 0.0f;
    public bool attack1 = false;
    // 공격 모드 1에 사용함
    public bool attack2 = false;
    // 공격 모드 2에 사용함
    public bool attack3 = false;
    // 공격 모드 3에 사용함
    public bool jump = false;
    // 점프에 사용함
    public bool die = false;
    // 지금 살아 있나?
    // 디버깅에 사용
    public bool DEBUG = false;
    public bool DEBUG_DRAW = false;
    // NavMeshAgent 컴포넌트 참조
    private NavMeshAgent nav;
    // 스피어 콜라이더 트리거 컴포넌트 참조
    private SphereCollider col;
    // NPC기준 플레이어 위치 벡터
    public Vector3 direction;
    // NPC로부터 플레이어 캐릭터가 얼마나 멀리 있는가?
    public float distance = 0.0f;
    // PC와 NPC 사이 각도
    public float angle = 0.0f;
    // 플레이어 캐릭터 참조
```

```csharp
public GameObject player;
// PC가 시야 내에 존재하는가?
public bool playerInSight;
// NPC의 시야각
// 현재는 110도로 설정됨
public float fieldOfViewAngle = 110.0f;
// PC와 NPC 사이 각도 계산
public float calculatedAngle;

void Awake ()
{
    // 애니메이터 컴포넌트 참조를 얻는다.

    this.animator = GetComponent<Animator> () as Animator;
    // NavMeshAgent의 참조를 얻는다.
    this.nav = GetComponent<NavMeshAgent> () as NavMeshAgent;
    // 스피어 콜라이더의 참조를 얻는다.
    this.col = GetComponent<SphereCollider> () as SphereCollider;
    // 플레이어의 참조를 얻는다.
    player = GameObject.FindGameObjectWithTag ("Player") as GameObject;
    // 초깃값으로 플레어를 볼 수 없다 가정한다.
    this.playerInSight = false;
}
// 초기화를 위해 사용
void Start ()
{
}

void Update ()
{
    // 플레이어가 시야에 들어오면 플레이어쪽으로 Lerp 하자.
    if (playerInSight) {
        this.transform.rotation =
            Quaternion.Slerp (this.transform.rotation,
            Quaternion.LookRotation (direction), 0.1f);
    }
}
```

```csharp
// FixedUpdate를 활용해 신을 업데이트 하자.
void FixedUpdate ()
{
    h = angle;              // 수평축 할당
    v = distance;           // 수직축 할당
    // 거리와 델타 타임(delta time) 기반 속력 계산
    speed = distance / Time.deltaTime;
    if (DEBUG)
        Debug.Log (string.Format ("H:{0} - V:{1} - Speed:{2}", h, v,
            speed));
    // 애니메이터 컨트롤러에 정의된 파라미터 설정
    animator.SetFloat ("Speed", speed);
    animator.SetFloat ("AngularSpeed", v);
    animator.SetBool ("Attack", attack1);
    animator.SetBool ("Attack1", attack1);
}
// PC가 콜라이더 속에 존재하면, 플레이어의 위치를 살펴본다.
// NPC의 위치와 플레이어의 위치를 통해 방향을 계산한다.
// 두 벡터 사이의 각도를 구하기 위해 벡터 내적을 사용한다.
// NPC의 순방향(forword) 벡터와 PC 사이의 각도를 계산한다.
// 만약 그것이 시야각 내에 있다면, 플레이어는 시야 내에 존재한다.
// 만약 플레이어가 시야 내에 존재한다면, 플레이어를 NavMeshAgent의 목적지(destination)로
설정한다.
// 만약 PC로부터의 거리가 특정 범위 내에 들어서면, NPC는 공격 모드로 진입하게 된다.

void OnTriggerStay (Collider other)
{
    if (other.transform.tag.Equals ("Player")) {
        // Create a vector from the enemy to the player and store the angle
between it and forward.
        // 적과 플레이어 사이에 벡터를 만든다. 그리고 PNC의 순방향 벡터와 PC 사이의 각도를 저
장한다.
        direction = other.transform.position - transform.position;
        distance = Vector3.Distance (other.transform.position, transform.
position) - 1.0f;
        float DotResult = Vector3.Dot (transform.forward, player.transform.
position);
```

```
            angle = DotResult;
            if (DEBUG_DRAW) {
                Debug.DrawLine (transform.position + Vector3.up, direction * 50,
Color.gray);
                Debug.DrawLine (other.transform.position, transform.position,
Color.cyan);
            }
            this.playerInSight = false;
            this.calculatedAngle = Vector3.Angle (direction,
                transform.forward);
            if (calculatedAngle < fieldOfViewAngle * 0.5f) {
                RaycastHit hit;

                if (DEBUG_DRAW)
                    Debug.DrawRay (transform.position + transform.up, direction.
normalized, Color.magenta);
                // ...플레이어를 향한 레이캐스트가 무언가와 부딪혔다면(hit)...
                if (Physics.Raycast (transform.position + transform.up,
                        direction.normalized, out hit, col.radius)) {
                    // ...그리고 그 레이캐스트가 플레이어와 부딪혔다면...
                    if (hit.collider.gameObject == player) {
                // ...플레이어는 시야에 존재하는 것이다.
                this.playerInSight = true;
                    }
                }
            }

            //
            if (DEBUG)
                Debug.Log ("PlayerInSight: " + playerInSight);
            if (this.playerInSight) {
                this.nav.SetDestination (other.transform.position);
                this.CalculatePathLength (other.transform.position);
                if (distance < 1.1f) {
                    this.attack1 = true;
                } else {
                    this.attack1 = false;
                }
```

```
            }
        }
    }

    void OnTriggerExit (Collider other)
    {
        if (other.transform.tag.Equals ("Player")) {
            distance = 0.0f;
            angle = 0.0f;
            this.attack1 = false;
            this.playerInSight = false;
        }
    }
    // 이 지점은 헬퍼(helper) 함수임
    // 추후에 코너 사이 거리를 계산하기 위해 사용할 것이다.
    // 현재 에디터 안의 NavMeshAgent의 경로를 그리는 데에도 사용된다.

    float CalculatePathLength (Vector3 targetPosition)
    {
        // 경로를 만들고 목표 위치를 바탕으로 경로를 설정한다.
        NavMeshPath path = new NavMeshPath ();
        if (nav.enabled)
            nav.CalculatePath (targetPosition, path);
        // Create an array of points which is the length of the number of corners
in the path + 2.
        // 크기가 경로 안에 있는 코너의 개수 +2인 위치 배열을 만든다.
        Vector3[] allWayPoints = new Vector3[path.corners.Length + 2];
        // 처음 위치는 적의 위치를 나타낸다.
        allWayPoints [0] = transform.position;
        // 마지막 위치는 대상의 위치를 나타낸다.
        allWayPoints [allWayPoints.Length - 1] = targetPosition;
        // 그 사이에 있는 위치는 경로의 코너를 나타낸다.
        for (int i = 0; i < path.corners.Length; i++) {
            allWayPoints [i + 1] = path.corners [i];
        }

        // 기본값이 0인 경로의 길이를 저장하는 float 변수를 만든다.
        float pathLength = 0;
```

```
        // 각각 웨이포인트 사이의 거리 크기만큼 경로의 길이를 증가시킨다.
        for (int i = 0; i < allWayPoints.Length - 1; i++) {
            pathLength += Vector3.Distance (allWayPoints [i], allWayPoints [i +
1]);
            if (DEBUG_DRAW)
                Debug.DrawLine (allWayPoints [i], allWayPoints [i + 1], Color.
red);
        }

        return pathLength;
    }

}
```

실제로 살펴본 후 이 코드가 무엇을 하려는지 알아보자. Awake( ) 함수에서 스크립트에 사용될 변수들을 초기화했다. NPC에 부착된 NavMeshAgent, 스피어 콜라이더와 애니메이터 컴포넌트 참조를 갖는다. 이들은 nav, col 그리고 anim 변수에 각각 저장된다.

또한 플레이어 및 플레이어의 애니메이터 컴포넌트의 참조를 얻어야 한다. 이는 플레이어 변수를 통해 구한다. 또한 playerInSight 변수의 초깃값인 false로 설정한다.

Update( ) 함수는 이 시점에서는 중요한 어떠한 것도 수행하지 않는다.

단지 플레이어 캐릭터가 시야에 있는지 확인한다. 만약 플레이어 캐릭터가 시야 안에 존재하면, Update( ) 함수는 NPC가 플레이어를 향하고 있는지 확인한다.

코드 알맹이의 대부분은 OnTriggerStay( ) 함수에 존재한다. 해야 할 가장 첫 번째 일은 콜라이더로 들어온 객체가 플레이어 객체인지 확인하는 것이다. 이는 다른 콜라이더의 태그 속성 확인을 통해 이루어진다.

플레이어가 콜라이더 안에 들어오면, 바로 NPC로부터 상대적인 플레이어의 방향, 거리 및 각도를 계산한다. 이것은 다음 라인에 의해 수행된다.

```
direction = other.transform.position - transform.position;

distance = Vector3.Distance(other.transform.position, transform.position) - 1.0f;

float DotResult = Vector3.Dot(transform.forward,player.transform.position);

angle = DotResult;
```

그 다음 fieldOfViewAngle 변수보다 각도가 작다면 레이캐스팅을 사용해 플레이어와 레이가 부딪힐 수 있는지 확인하기 위해 레이캐스팅을 사용할 수 있다. 이 경우 플레이어는 NPC의 시야 안에 존재하는 것이다.

NPC가 해야 할 중요한 계산이 한 가지 더 있다. 그것은 범위 내의 플레이어에게 도달하는 방법이다. 플레이어가 범위 내에 존재하고 플레이어를 향하고 있음을 확인했다면 NPC가 플레이어에게 도달하는 방법을 찾아야 한다. 이는 NavMesh와 NavMeshAgent가 동작하는 데 있다.

CalculatePathLength( ) 함수는 플레이어의 위치를 가져오고 메쉬 데이터를 사용해, NPC의 위치에서부터 플레이어의 위치까지 최적 탐색 경로를 계산한다.

그러나 수행해야 할 추가적인 계산이 한 가지 더 존재한다. 그것은 바로 두 점 사이 경로의 길이를 계산하는 것이다. 이 길이 계산은 다음과 같은 작업을 수행하기 위해 추후에 사용될 것이다.

만약 경로의 길이가 설정한 임계치보다 더 크다면 NPC 공격을 진행하지 않고, 그렇지 않다면 전투에 참가하기 위해 NPC를 플레이어를 향해 움직이게 할 수 있다.

마지막 OnTriggerExit( ) 함수에서는 playerInSight 변수를 false로 설정했다. 이것은 NPC가 플레이어 추격을 그만두게 한다.

NPC부터
플레이어까지의
NavMesh 경로

위의 실시간 계산 기반 NPC와 플레이어 사이의 경로를 보여준다.

스크립트를 NPC 프리팹에 부착한다. 그리고 테스트하기 위해 애플리케이션을 실행한다. 모든 것이 제대로 동작하면, 플레이어 캐릭터는 레벨 안에서 움직일 수 있을 것이다. 그리고 플레이어 캐릭터가 NPC의 시야각에 들어가면, NPC는 플레이어 쪽으로 움직이기 시작할 것이다. 그리고 충분히 가까워지면 공격할 것이다.

이 시점에서 NPC의 프리팹에는 아래의 컴포넌트가 부착돼 있어야 한다.

- 애니메이터
- 강체^{Rigidbody}
- 캡슐 콜라이더 및 스피어 콜라이더
- Nav Mesh Agent
- NPC_Movement 스크립트

지금껏 많은 정보를 다뤘다. 다음으로 넘어가기 전에 지금까지 다룬 것들을 한 번 더 읽고 개념을 이해할 시간을 갖기를 권한다.

█ PC와 NPC의 상호작용

지금까지 PC와 NPC의 기본 움직임을 만들었다. 완료하고 싶은 다음 아이템은 PC와 NPC 캐릭터의 공격 메커니즘이다. NPC의 때리기^{hit}를 구현하며 시작하자.

NPC는 이전 절에서 만든 코드를 통해 플레이어 캐릭터를 감지한다. 플레이어 캐릭터가 시야 안에 존재하면, NPC는 플레이어까지의 최단 경로를 찾을 것이다. 그리고 주어진 위치에서 플레이어 캐릭터를 공격할 것이다. 그렇기 때문에 움직임과 애니메이션 메커니즘을 마무리해야 한다. 다음 목표는 NPC가 공격할 때 공격 시점^{hit point}을 추적하는 것이다.

NPC_Animator_Controller에 몇 가지 조정이 필요하다. 애니메이터 창을 열고 NPC_Attack 레이어를 선택한다.

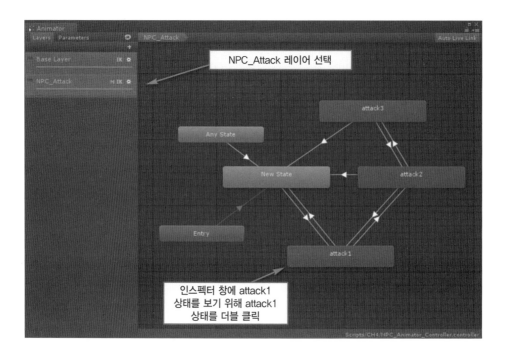

attack1 혹은 상태 기계에서 독자가 정의한 상태를 더블 클릭한다. 인스펙터 창에 관련된 애니메이션이 열릴 것이다.

인스펙터 창에서 아래의 Curves 영역으로 스크롤한다. Curves 영역 아래의 (+) 기호를 선택해 새로운 곡선을 만들 것이다. 또한 곡선 값을 나타내기 위해 Attack1C라는 새로운 파라미터를 만들 것이다. 이 파라미터는 float 타입이어야 한다.

앞의 스크린샷에 표시된 곡선은 애니메이션에 따른 형태를 띨 것이다.

위의 스크린샷에서, 애니메이션 커브 설정 작업에 필요한 인터페이스의 중요한 부분을 표시했다. 첫 번째 단계는 실제 애니메이션을 미리 보고, 느끼는 것이다. 그 필자의 애니메이션 시퀀스를 위한 다음 단계는 언제 모델의 오른팔이 따라 움직이기 시작해야 하는지 결정하는 것이었다. 그리고 필자는 커브에 표시자^{marker}를 설정했다. 오른팔이 오른편에서 왼편으로 잘 넘어간 애니메이션에 다른 표시자 몇 개를 더 만들었다. 이 마커들은 NPC가 공격 모드에 있을 때의 애니메이션 중 공격 시점을 나타낸다.

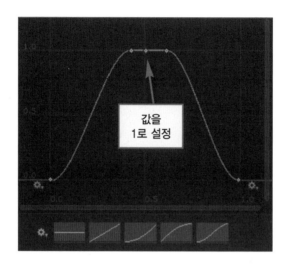

값을
1로 설정

왜 이렇게 했을지 생각하자. 간단하다. 이는 애니메이션 곡선 기반 공격을 만드는 데 도움 될 것이다. 이러한 방식으로 플레이어와 NPC의 무기가 떨어져 있는 동안에는 플레이어를 때렸다고 판단하지 않고 플레이어의 생명력을 감소시키지 않는다.

 업데이트된 부분만 나열했다.

다음은 업데이트된 코드를 나열한 것이다.

```
using UnityEngine;
using System.Collections;

public class NPC_Movement : MonoBehaviour
{
    ...
    void Update ()
    {
        // 플레이어가 시야에 있으면 플레이어를 향해 slerp한다.
        if (playerInSight) {
```

```csharp
        this.transform.rotation =
            Quaternion.Slerp (this.transform.rotation, Quaternion.
LookRotation (direction), 0.1f);

        if (this.player.transform.GetComponent<CharacterController> ().die) {
            animator.SetBool ("Attack", false);
            animator.SetFloat ("Speed", 0.0f);
            animator.SetFloat ("AngularSpeed", 0.0f);
        }
    }
}


// fixed update를 사용해 신을 업데이트한다.
void FixedUpdate ()
{
    h = angle;          // 수평축을 할당
    v = distance;       // 수직축을 할당
    // 델타 타임(delta time)과 거리를 통해 속력을 계산한다.
    speed = distance / Time.deltaTime;
    if (DEBUG)
        Debug.Log (string.Format ("H:{0} - V:{1} - Speed:{2}", h, v,
            speed));
    // 애니메이션 컨트롤러에 정의된 파라미터를 설정한다.
    animator.SetFloat ("Speed", speed);
    animator.SetFloat ("AngularSpeed", v);
    animator.SetBool ("Attack", attack1);
    animator.SetBool ("Attack1", attack1);
    if (playerInSight) {
        if (animator.GetFloat ("Attack1C") == 1.0f) {
            this.player.GetComponent<PlayerAgent> ().playerCharacterData.
HEALTH -= 1.0f;
        }
    }
}
...
}
```

새로 추가된 코드는 플레이어가 시야 안에 있는지 확인하고 시야 내에 있는 경우, 공격할 수 있는 범위 내에 있는지 확인한다. 공격 범위 내에 있으면 공격 모드에 진입한다. 공격 모드에 있으면 공격 애니메이션을 재생한다. 코드에서 Attack1C라는 새롭게 생성된 파라미터 값을 확인한다. 값이 1.0f가 되면 플레이어 캐릭터의 생명력을 감소시킨다.

NPC가 공격하는 도중 플레이어가 죽으면 NPC는 공격을 멈추고 유휴 상태로 돌아간다.

플레이어 캐릭터의 정보를 얻는 방법이 궁금할 것이다. 왜냐하면 추가적인 C# 스크립트가 필요하기 때문이다. 지금 작성해보자. 아래의 C# 스크립트를 만든다.

- PC.cs, 이전에 정의한 BaseCharacter를 상속받는 플레이어 캐릭터 클래스가 될 것이다.
- PlayerAgent.cs, MonoBehaviour를 상속받았으며 PC 데이터를 저장하는 데 사용한다.
- NPC.cs, 이전에 정의한 BaseCharacter를 상속받는 비플레이어 캐릭터 클래스가 될 것이다.
- NPC_Agent.cs, MonoBehaviour를 상속받았으며 저장하는 데 사용한다.

에디터를 위한 접근을 좀 더 쉽게 하기 위해 BaseCharacter.cs 스크립트를 조금 수정했다. 다음과 같다.

```
using UnityEngine;
using System;
using System.Collections;

[Serializable]
public class BaseCharacter
{
    [SerializeField]
    private string name;
    [SerializeField]
```

```csharp
private string description;
[SerializeField]
private float strength;
[SerializeField]
private float defense;
[SerializeField]
private float dexterity;
[SerializeField]
private float intelligence;
[SerializeField]
private float health;

public string NAME {
    get { return this.name; }
    set { this.name = value; }
}

public string DESCRIPTION {
    get { return this.description; }
    set { this.description = value; }
}

public float STRENGTH {
    get { return this.strength; }
    set { this.strength = value; }
}

public float DEFENSE {
    get { return this.defense; }
    set { this.defense = value; }
}

public float DEXTERITY {
    get { return this.dexterity; }
    set { this.dexterity = value; }
}

public float INTELLIGENCE {
```

```
        get { return this.intelligence; }
        set { this.intelligence = value; }
    }

    public float HEALTH {
        get { return this.health; }
        set { this.health = value; }
    }
}
```

필자는 먼저 클래스와 필드를 직렬화했다.

PC.cs를 살펴보자.
```
using UnityEngine;
using System;
using System.Collections;

[Serializable]
public class PC : BaseCharacter
{
}
```

이 시점에는 코드가 많지 않다. 이제 PlayerAgent.cs를 살펴보자.

```
using UnityEngine;
using System;
using System.Collections;

[Serializable]
public class PlayerAgent : MonoBehaviour
{
    //[SerializeField]
    public PC playerCharacterData;

    void Awake ()
    {
```

```
        PC tmp = new PC ();
        tmp.NAME = "Maximilian";
        tmp.HEALTH = 100.0f;
        tmp.DEFENSE = 50.0f;
        tmp.DESCRIPTION = "Our Hero";
        tmp.DEXTERITY = 33.0f;
        tmp.INTELLIGENCE = 80.0f;
        tmp.STRENGTH = 60.0f;
        this.playerCharacterData = tmp;
    }
    // 초기화를 위해 사용
    void Start ()
    {
    }
    // Update 함수는 매 프레임마다 한 번씩 호출된다.
    void Update ()
    {
        if (this.playerCharacterData.HEALTH < 0.0f) {
            this.playerCharacterData.HEALTH = 0.0f;
            this.transform.GetComponent<CharacterController> ().die = true;
        }
    }

}
```

플레이어 에이전트 코드의 **Awake()** 함수에서 PC 데이터를 몇 가지 초깃값으로 초기화했다. 클래스가 직렬화됐기 때문에 디버깅 목적으로 런타임에 데이터를 실제로 볼 수 있다.

Update() 함수에서 PC의 생명력이 0인지 확인한다. 0인 경우 플레이어가 죽었음을 의미한다. 그러면 die 프로퍼티를 true로 설정하기 위해 이미 만든 캐릭터 컨트롤러 컴포넌트를 사용한다. 캐릭터 컨트롤러는 설정한 값을 사용한다. 그리고 죽음 상태로 진입하기 위해 플레이어 컨트롤러의 애니메이터 컨트롤러와 통신한다.

NPC_Movement.cs 스크립트는 스크립트 속 참조를 통해 정확히 같은 PC 데이터로 접근하고 있음에 주목할 것.

신의 플레이어 캐릭터에 PlayerAgent.cs 스크립트를 붙여야 한다.

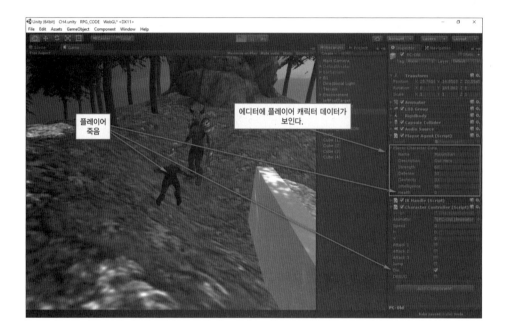

앞의 스크린샷에서 스크립트에 작업한 것들과 실시간에 그것들이 어떻게 보이는지 확인할 수 있다.

추후 장에서 NPC.cs 및 NPC_Agent.cs에 목록화할 것들을 추가할 것이다. 현 시점에서는 필요가 없다.

▌ 요약

4장은 매우 복잡했다. 우리는 게임에서 사용되고 게임을 강화하는 몇 가지 매우 중요한 주제와 개념을 다뤘다. 플레이어 캐릭터를 커스터마이징하는 방법에 대해 깊게 들여다보며 4장을 시작했다. 해당 절에서 배운 개념들은 다양한 시나리오에도 적용할 수 있다.

캐릭터 모델 구조 이해법을 살펴봤다. 따라서 커스터마이징 방법을 잘 결정할 수 있었다. 여러 유형의 무기, 의복, 갑옷, 방패 등이 존재한다.

그 다음 게임 플레이 도중 플레이어의 커스터마징을 위한 사용자 인터페이스 제작법을 살펴봤다. 우리가 개발한 도구를 각기 다른 (커스터마이징된) 캐릭터 모델을 빠르게 제작하는 데 사용할 수 있음을 배웠다. 그리고 추후 사용을 위해 그 모델들을 프리팹으로 저장했다. 엄청나게 시간을 절약했다. 또한 게임 플레이를 위해 커스터마이징 후에 플레이어 캐릭터 상태를 어떻게 보존하는지 배웠다.

다음으로 비플레이어 캐릭터를 살펴봤다. 필요한 다른 컴포넌트와 함께 NPC 설정의 기본에 대해 살펴봤다. 그 다음 Navmesh를 만드는 방법과 Navmesh를 활용한 Navmesh Agent 및 길 찾기에 대해 살펴봤다.

NPC의 새로운 애니메이터 컨트롤러를 만들었다. NPC의 애니메이션에 사용하는 2D Freeform Cartesian 블렌드 트리를 만들었다. 애니메이션 컨트롤러에 여러 레이어들을 어떻게 만드는지 보았다. 그리고 휴머노이드 뼈대의 각기 다른 영역에 대해 IK를 활성화하는 방법을 보았다. 플레이어가 충분히 가까운지 감지하고 NPC가 움직이거나 공격할지를 결정하기 위한 초기 NPC AI 스크립트를 제작했다. 마지막으로 NPC와 플레이어 사이의 상호작용을 가능케 하는 새 스크립트를 만들었다.

4장 끝부분에서 독자는 모든 것들이 서로 어떻게 연관돼 있는지 이해하고 프로젝트에 어떻게 다가갈지 아이디어를 가지고 있어야 한다.

5장에서 게임 상태를 관리하는 더 좋은 방법을 제시할 것이다.

05

게임 마스터와
게임 메카닉

1장에서 4장까지 RPG의 디자인과 구현에 필요한 컴포넌트 일부를 어떻게 만드는지 배웠다. 이제 플레이어 캐릭터와 비플레이어 캐릭터의 에셋과 컴포넌트를 어떻게 구성하고 정리하는지 어느 정도 이해하고 있을 것이다.

5장을 간략히 요약하면 다음과 같다.

- 게임 마스터
  - 게임 설정 및 오디오 관리
  - 신 관리
- 게임 마스터 개선
  - 레벨 컨트롤러
  - 오디오 컨트롤러

- 플레이어 데이터 관리
  - PC 클래스 강화
  - 캐릭터 커스터마이징 클래스 업데이트
- UI 컨트롤러 변경
- 테스트

5장에서는 지금까지 해왔던 모든 내용을 좀 더 다듬고 업데이트할 것이다.

▌ 게임 마스터

GameMaster.cs 스크립트를 만들었지만, 게임 관리에는 활용하지는 않았다. 게임 에셋의 일부와 조각들을 만들었다. 게임 에셋의 일부를 만들어 빠른 테스트를 수행하는 데 사용했었다. 5장에서는 RPG를 위한 더 나은 게임 관리자를 만드는 방법을 살펴볼 것이다.

GameMaster.cs에서 수행해야 할 몇 가지 사항이 있다.

- 각각 특정 신의 UI 컨트롤러 참조 소유
- 신의 플레이어 캐릭터 참조 소유
- 신의 비플레이어 캐릭터 참조 소유
- 제어를 위한 오디오 소스에 대한 참조 소유
- 항상 존재하는 하나의 사용 가능한 게임 마스터 클래스의 인스턴스

GameMaster 제작과 동시에 위 요소들의 일부를 적절하게 더하거나 뺄 것이다. 사용자 인터페이스와 GameMaster 통합을 시작하자. 메인 메뉴 신을 연다. 다음과 같은 그림이 나올 것이다.

위 그림에서와 같이 몇 가지 UI 요소들을 추가했다. (*)로 표시된 게임 설정으로 사용할 버튼이 있다.

버튼을 누르면 게임의 마스터 볼륨을 조절하는 패널이 표시될 것이다.

다음은 메인 메뉴 신의 계층구조 창 스크린샷이다.

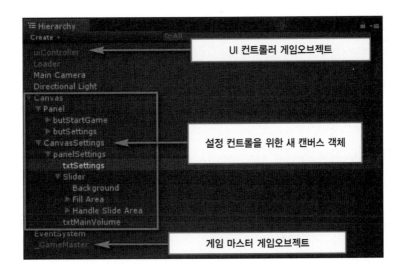

게임 설정 및 오디오 관리

빈 게임오브젝트를 만들고 uiController로 명명한다. 사용자 상호작용을 처리할 UI 컨트롤러 스크립트를 만들어야 한다. 새 C# 스크립트를 만들고 UIController.cs로 명명한다.

 5장의 스크립트는 진행하면서 업데이트되고 수정될 것이다.

다음은 UI 컨트롤러 내용이다.

```
using UnityEngine;
using UnityEngine.UI;
using System.Collections;

public class UIController : MonoBehaviour
{
    public Canvas SettingsCanvas;
    public Slider ControlMainVolume;
    public void Update()
    {
    }
    public void DisplaySettings()
    {
        GameMaster.instance.DISPLAY_SETTINGS =
            !GameMaster.instance.DISPLAY_SETTINGS;
        this.SettingsCanvas.gameObject.SetActive(GameMaster.instance.DISPLAY_
SETTIN
            GS);
    }
    public void MainVolume()
    {
        GameMaster.instance.MasterVolume(ControlMainVolume.value);
    }
}
```

현재는 단지 DisplaySettings( )와 MainVolume( )과 같이 몇 가지 함수들만 정의했다.

저 함수들은 정말 단순하다. 설정 패널을 표시하고 또한 볼륨 컨트롤 슬라이더의 값을 가져오는 데 필요한 UI 컴포넌트를 참조하고 있다. 관련 정보는 이후의 처리를 위해 GameMaster.cs 스크립트로 전달된다.

GameMaster.cs 스크립트에 여러 가지 변화를 줄 것이다. 코드는 다음과 같다.

```csharp
using UnityEngine;
using UnityEngine.UI;
using UnityEngine.SceneManagement;

using System.Collections;

public class GameMaster : MonoBehaviour
{
    public static GameMaster instance;

    // 플레이어 캐릭터 참조를 갖는다.
    // 그리고 플레이어 캐릭터의 시작 위치 참조를 갖는다.
    public GameObject PC;
    public GameObject START_POSITION;
    public GameObject CHARACTER_CUSTOMIZATION;

    // 현재 신/레벨의 참조를 갖는다.
    public Scene CURRENT_SCENE;

    // UI 요소들을 참조
    public bool DISPLAY_SETTINGS = false;
    public UIController UI;
    public int LEVEL = 0;

    // 배경음의 초기 오디오 레벨과
    // FX 사운드(효과음)의 초기 오디오 레벨
    public float AUDIO_LEVEL = 0.33f;
    public float FX_LEVEL = 0.33f;
```

```csharp
    void Awake ()
    {
        // 단순한 싱글턴
        if (instance == null) {
            instance = this;
        } else if (instance != this) {
            Destroy (this);
        }
        // 한 신에서 다른 신으로 넘어갈 때
        // 게임오브젝트가 유지되도록 한다.
        DontDestroyOnLoad (this);
    }
    // 초기화를 위해 사용한다.
    void Start ()
    {

        // 불러온 신의 UI 컨트롤러 참조를 찾는다.
        if (GameObject.FindGameObjectWithTag ("UI") != null) {
            GameMaster.instance.UI =
                GameObject.FindGameObjectWithTag ("UI").
GetComponent<UIController> ();
        }
        GameMaster.instance.UI.SettingsCanvas.gameObject.SetActive (GameMaster.
instance.DISPLAY_SETTINGS);
    }
    // 업데이트 함수는 매 프레임마다 호출된다.
    void Update ()
    {
    }

    public void MasterVolume (float volume)
    {
        GameMaster.instance.AUDIO_LEVEL = volume;
        GameMaster.instance.GetComponent<AudioSource> ().volume =
            GameMaster.instance.AUDIO_LEVEL;
    }

    public void StartGame ()
```

```
    {
        // NOTE: 게임을 시작하는 함수. 플레이어가 캐릭터를 커스터마이징하는
        // 신을 로드한다.
        SceneManager.LoadScene (SceneName.CharacterCustomization);
    }
}
```

이 코드는 약간 설명이 필요하다. 알아야 할 가장 중요한 개념은 싱글턴^{Singleton}이다. 싱글
턴은 처음 정의한 정적 변수를 통해 구현한다. 이 정적 변수는 GameMaster instance를
할당하는 데 사용한다.

```
public static GameMaster instance;
// 그리고 Awake( ) 함수에서 아래의 코드가 필요하다.

void Awake ( )
{
    // 단순한 싱글턴
    if (instance == null) {
        instance = this;
    } else if (instance != this) {
        Destroy (this);
    }
    // 한 신에서 다른 신으로 넘어갈 때
    // 게임오브젝트가 유지되도록 한다.
    DontDestroyOnLoad (this);
}
```

Awake( ) 함수에서는 인스턴스 변수가 초기화됐는지 확인하고 있다. 인스턴스 변수를 한
번만 설정한다. 다음 확인은 항상 하나의 인스턴스를 갖게끔 보장한다. 다른 말로 하면 실
수로 두 번째 게임 마스터 객체가 인스턴스화됐다면, 그 인스턴스를 없앤다. 코드 마지막
줄의 DontDestroyOnLoad( ) 함수는 한 신이 다른 신으로 바뀔 때 게임오브젝트가 파괴되
지 않을 것을 보장할 것이다.

Start( ) 함수에서 현재 uiController 존재 여부를 확인한다. 존재하면, 그것의 참조를 얻는다. 한번 uiController의 참조를 갖게 되면, 설정 패널^{Settings Panel}의 초깃값이 비활성화 상태^{disabled}로 숨겨져 있는지 확인한다.

MasterVolume( ) 함수는 UIController.cs 스크립트로부터 호출된다. 그리고 배경음의 볼륨을 조절하기 위해 슬라이더에 정의된 실제값을 전달한다.

신 관리

다음 항목은 게임 마스터가 다른 신을 불러올 수 있게끔 제어하게 만드는 것이다.

새로 추가된 신 관리 기능이 GameMaster.cs에 어떻게 적용됐는지 살펴보자.

```
using UnityEngine;
using UnityEngine.UI;
using UnityEngine.SceneManagement;
using System.Collections;

/// <summary>
/// 이 클래스는 코드에서 참조를 편하게 해준다.
/// </summary>
public static class SceneName
{
    public const string MainMenu = "MainMenu";
    public const string CharacterCustomization = "CH4_CC";
    public const string Level_1 = "CH5";
}

public class GameMaster : MonoBehaviour
{
    public static GameMaster instance;
    // 플레이어 캐릭터와 플레이어 캐릭터의 시작 위치의
    // 참조를 갖는다.
    public GameObject PC;
```

```csharp
public GameObject START_POSITION;
public GameObject CHARACTER_CUSTOMIZATION;
// 현재 신/레벨에 대한 참조를 갖는다.
public Scene CURRENT_SCENE;
// UI 요소들에 대한 참조
public bool DISPLAY_SETTINGS = false;
public UIController UI;
public int LEVEL = 0;
// 배경음과 효과음의
// 음량(audio level) 초기화
public float AUDIO_LEVEL = 0.33f;
public float FX_LEVEL = 0.33f;

void Awake ()
{
    // 간단한 싱글턴
    if (instance == null) {
        instance = this;
    } else if (instance != this) {
        Destroy (this);
    }
    // 한 신에서 다른 신으로 넘어갈 때
    // 게임오브젝트가 유지되도록 한다.
    DontDestroyOnLoad (this);
}


// 로드된 각 레벨/신을 위한
// 준비 작업
void OnLevelWasLoaded ()
{
    GameMaster.instance.CURRENT_SCENE = SceneManager.GetActiveScene ();
    if (GameMaster.instance.CURRENT_SCENE.name.Equals (SceneName.
CharacterCustomization)) {
        if (GameObject.FindGameObjectWithTag ("BASE") != null) {
            GameMaster.instance.CHARACTER_CUSTOMIZATION =
                GameObject.FindGameObjectWithTag ("BASE") as GameObject;
        }
```

```
        }
        // 캐릭터 커스터마이징 신일 경우를 제외하고
        // 플레이어와 플레이어의 시작 위치의 참조를 얻는다.
        if (!this.CURRENT_SCENE.name.Equals (SceneName.CharacterCustomization)) {
            // 플레이어 캐릭터의 참조 획득
            if (GameMaster.instance.PC == null) {
                if (GameObject.FindGameObjectWithTag ("Player") != null) {
                    GameMaster.instance.PC =
                        GameObject.FindGameObjectWithTag ("Player") as
GameObject;
                }
            }
            if (GameObject.FindGameObjectWithTag ("START_POSITION") != null) {
                GameMaster.instance.START_POSITION =
                    GameObject.FindGameObjectWithTag ("START_POSITION") as
GameObject;
            }
            if (GameMaster.instance.START_POSITION != null &&
                GameMaster.instance.PC != null) {
                GameMaster.instance.PC.transform.position =
                    GameMaster.instance.START_POSITION.transform.position;
                GameMaster.instance.PC.transform.rotation =
                    GameMaster.instance.START_POSITION.transform.rotation;
            }
        }
        DetermineLevel ();
    }

    private void DetermineLevel ()
    {
        switch (GameMaster.instance.CURRENT_SCENE.name) {
        case SceneName.MainMenu:
        case SceneName.CharacterCustomization:
            {
                GameMaster.instance.LEVEL = 0;
                break;
            }
```

```csharp
        case SceneName.Level_1:
            {
                GameMaster.instance.LEVEL = 1;
                GameMaster.instance.PC.GetComponent<IKHandle> ().enabled = true;
                break;
            }
        default:
            {
                GameMaster.instance.LEVEL = 0;
                break;
            }
        }
    }

    // 초기화를 위해 사용
    void Start ()
    {
        // 로드된 신의 UI 컨트롤러 참조 탐색
        if (GameObject.FindGameObjectWithTag ("UI") != null) {
            GameMaster.instance.UI =
                GameObject.FindGameObjectWithTag ("UI").
GetComponent<UIController> ();
        }
        GameMaster.instance.UI.SettingsCanvas.gameObject.SetActive (GameMaster.
instance.DISPLAY_SETTINGS);
    }

    // Update 함수는 매 프레임마다 호출된다.
    void Update ()
    {
    }

    public void MasterVolume (float volume)
    {
        GameMaster.instance.AUDIO_LEVEL = volume;
        GameMaster.instance.GetComponent<AudioSource> ().volume =
            GameMaster.instance.AUDIO_LEVEL;
```

```
    }

    public void StartGame ()
    {
        // 주의 : 게임을 시작한다. 즉 플레이어가
        // 캐릭터를 커스터마이징할 수 있는 신을 로드한다.
        SceneManager.LoadScene (SceneName.CharacterCustomization);
    }

    public void LoadLevel ()
    {

        switch (GameMaster.instance.LEVEL) {
        // 레벨 1을 로드한다.
        case 1:
            {
                GameMaster.instance.PC =
                    GameObject.FindGameObjectWithTag ("Player") as GameObject;
                SceneManager.LoadScene (SceneName.Level_1);
                break;
            }
        }
    }
}
```

Awake( ) 함수가 무엇을 하는지는 이미 앞서 이야기했었다. 다음 중요한 함수인 OnLevelWasLoaded( ) 함수를 살펴보자.

OnLevelWasLoaded( ) 함수는 유니티에 의해 신이 로드된 이후 호출된다. 게임 마스터 스크립트에서 몇 가지 작업을 수행하기 위해 이 함수를 사용한다. 첫 번째 해야 할 일은 현재 속해 있는 신을 얻는 것이다. 이 정보는 나중에 게임 마스터가 앞으로 무엇을 할지 결정하기 위해 사용될 것이다.

캐릭터 커스터마이징 신에 있는지 확인한다. 이 신에서 게임 플레이를 시작하기 전에 플레이어가 PC를 커스터마이징할 수 있다. 만약 커스터마이징 신일 경우, 신의 기본 GameObject의 참조를 가져와야 할 것이다. 상기해보면, 기본 게임오브젝트에는 캐릭터 커스터마이징에 사용하는 CharacterCustomization.cs 스크립트가 부착돼 있다.

만약 현재 다른 신에 있다면, 플레이어 캐릭터의 참조를 얻고 싶을 것이다. 그리고 존재한다면 신의 시작 시점에 플레이어 캐릭터의 시작 위치의 참조 또한 얻고 싶을 것이다.

그리고 몇 가지 설정을 더하고 현재 위치하고 있는 레벨을 결정하기 위해 Determine Level( ) 함수를 사용한다.

게임을 시작하고 레벨을 불러오기 위해 현재 구현한 두 함수는 StartGame( ) 함수와 LoadLevel( ) 함수에 의해 처리된다.

```
/// <summary>
/// 이 클래스는 코드에서 참조를 편하게 해준다.
/// </summary>
public static class SceneName
{
    public const string MainMenu = "MainMenu";
    public const string CharacterCustomization = "CH4_CC";
    public const string Level_1 = "CH5";
}
```

SceneName 클래스는 C# 코드에서 신 이름들을 참조하기 쉽게 만들기 위해 설계됐다. 이 클래스는 프로젝트 내부의 실제 신 이름을 쉽게 해줄 뿐만 아니라 코드에 이름의 일관성도 갖게 해준다.

지금까지 모든 것이 좋았다. 하지만 더 좋게 만들려는 시도를 할 수도 있다.

▌ 게임 마스터 개선

지금까지 작업한 코드는 잘 동작하지만 아주 깨끗한 것은 아니다. 코드의 구조를 더 좋게 변경해보자. LevelController.cs라는 새로운 스크립트를 만들자. 이 새로운 스크립트는 레벨 관리 로직을 관장할 것이다.

레벨 컨트롤러

다음은 LevelController.cs를 나열한 것이다.

```
using UnityEngine;
using UnityEngine.SceneManagement;
using System.Collections;

/// <summary>
/// This class is used to make referencing easier in the code
/// 이 클래스는 코드에서 참조를 쉽게 하기 위해 사용한다.
/// </summary>
public static class SceneName
{
    public const string MainMenu = "MainMenu";
    public const string CharacterCustomization = "CH4_CC";
    public const string Level_1 = "CH5";
}

public class LevelController
{
    // 현재 신/레벨 참조를 구한다.
    public Scene CURRENT_SCENE {
        get { return SceneManager.GetActiveScene (); }
    }
    // 레벨의 숫자값을 지닌다.
    public int LEVEL = 0;
```

```csharp
public void OnLevelWasLoaded ()
{
    // 현재의 신이 캐릭터 커스터마이징 신인 경우
    // 추후 사용을 위해 기본 게임오브젝트 참조를 구한다.
    if (this.CURRENT_SCENE.Equals (SceneName.CharacterCustomization)) {
        if (GameObject.FindGameObjectWithTag ("BASE") != null) {
            GameMaster.instance.CHARACTER_CUSTOMIZATION =
                GameObject.FindGameObjectWithTag ("BASE") as GameObject;
        }
    }
    // 캐릭터 커스터마이징 신일 경우를 제외하고
    // 플레이어와 플레이어의 시작 위치의 참조를 얻는다.
    if (this.CURRENT_SCENE.name.Equals (SceneName.CharacterCustomization)) {
        // 플레이어 캐릭터의 참조 획득
        if (GameMaster.instance.PC == null) {
            if (GameObject.FindGameObjectWithTag ("Player") != null) {
                GameMaster.instance.PC =
                    GameObject.FindGameObjectWithTag ("Player") as
GameObject;
            }
        }
        if (GameObject.FindGameObjectWithTag ("START_POSITION") != null) {
            GameMaster.instance.START_POSITION =
                GameObject.FindGameObjectWithTag ("START_POSITION") as
GameObject;
        }
        if (GameMaster.instance.START_POSITION != null &&
            GameMaster.instance.PC != null) {
            GameMaster.instance.PC.transform.position =
                GameMaster.instance.START_POSITION.transform.position;
            GameMaster.instance.PC.transform.rotation =
                GameMaster.instance.START_POSITION.transform.rotation;
        }
    }
    // 현재 레벨이 무엇인지 결정한다.
    this.DetermineLevel ();
}
```

```csharp
// this function will set a numerical value for our levels
private void DetermineLevel ()

{
    switch (this.CURRENT_SCENE.name) {
    case SceneName.MainMenu:
    case SceneName.CharacterCustomization:
        {
            this.LEVEL = 0;
            break;
        }
    case SceneName.Level_1:
        {
            this.LEVEL = 1;
            GameMaster.instance.PC.GetComponent<IKHandle> ().enabled = true;
            break;
        }
    default:
        {
            this.LEVEL = 0;
            break;
        }
    }
}
// 이 함수는 신을 로드하는 데 사용될 것이다.
public void LoadLevel ()
{
    switch (GameMaster.instance.LEVEL_CONTROLLER.LEVEL) {
    case 0:
        {
            SceneManager.LoadScene (SceneName.CharacterCustomization);
            break;
        }
    // 레벨 1을 로드한다.
    case 1:
        {
            GameMaster.instance.PC =
                GameObject.FindGameObjectWithTag ("Player") as GameObject;
```

```
                SceneManager.LoadScene (SceneName.Level_1);
                break;
        }
    }
}
}
```

자, 지금까지 한 것은 기본적으로 레벨 관리를 다루는 코드의 모든 것을 LevelController. cs로 옮겼다. 게임 마스터가 `LevelController` 클래스를 구동한다. 조금 뒤에 이를 볼 것이다.

오디오 컨트롤러

다음 할 코드 청소는 오디오쪽이다. AudioController.cs라는 새로운 스크립트를 만들자. 다음은 새 스크립트의 코드이다.

```
using UnityEngine;
using System.Collections;

public class AudioController
{
    // 배경음과 효과음의
    // 음량(audio level) 초기화
    public float AUDIO_LEVEL = 0.33f;
    public float FX_LEVEL = 0.33f;
    public AudioSource AUDIO_SOURCE;

    public void SetDefaultVolume ()
    {
        this.AUDIO_SOURCE.volume = AUDIO_LEVEL;
    }

    public void MasterVolume (float volume)
```

```
    {
        this.AUDIO_LEVEL = volume;
        this.AUDIO_SOURCE.volume = AUDIO_LEVEL;
    }
}
```

이 코드는 꽤나 직관적이다. 이제 GameMaster.cs가 어떻게 변했는지 살펴보자.

```
using UnityEngine;
using UnityEngine.UI;
using UnityEngine.SceneManagement;
using System.Collections;

public class GameMaster : MonoBehaviour
{
    public static GameMaster instance;
    // 플레이어 캐릭터와 플레이어 캐릭터의 시작 위치의
    // 참조를 갖는다.
    public GameObject PC;
    public GameObject START_POSITION;
    public GameObject CHARACTER_CUSTOMIZATION;
    public LevelController LEVEL_CONTROLLER;
    public AudioController AUDIO_CONTROLLER;
    // UI 요소들에 대한 참조
    public bool DISPLAY_SETTINGS = false;
    public UIController UI;

    void Awake ()
    {
        // 간단한 싱글턴
        if (instance == null) {
            instance = this;
            // 레벨 컨트롤러 초기화
            instance.LEVEL_CONTROLLER = new LevelController ();
            // 오디오 컨트롤러 초기화
            instance.AUDIO_CONTROLLER = new AudioController ();
```

```
            instance.AUDIO_CONTROLLER.AUDIO_SOURCE =
                    GameMaster.instance.GetComponent<AudioSource> ();
            instance.AUDIO_CONTROLLER.SetDefaultVolume ();
        } else if (instance != this) {
            Destroy (this);
        }
        // 한 신에서 다른 신으로 넘어갈 때
        // 게임오브젝트가 유지되도록 한다.
        DontDestroyOnLoad (this);
    }


    // 로드된 각 레벨/신을 위한
    // 준비 작업
    void OnLevelWasLoaded ()
    {
        GameMaster.instance.LEVEL_CONTROLLER.OnLevelWasLoaded ();
    }


    // 초기화를 위해 사용


    void Start ()
    {
        // 로드된 신의 UI 컨트롤러 참조 탐색
        if (GameObject.FindGameObjectWithTag ("UI") != null) {
            GameMaster.instance.UI =
                    GameObject.FindGameObjectWithTag ("UI").
GetComponent<UIController> ();
        }
        GameMaster.instance.UI.SettingsCanvas.gameObject.SetActive (GameMaster.
instance.DISPLAY_SETTINGS);
    }


    // Update 함수는 매 프레임마다 호출된다.
    void Update ()
    {
    }


    public void MasterVolume (float volume)
```

```
    {
        GameMaster.instance.AUDIO_CONTROLLER.MasterVolume (volume);
    }

    public void StartGame ()
    {
        GameMaster.instance.LoadLevel ();
    }

    public void LoadLevel ()
    {
        GameMaster.instance.LEVEL_CONTROLLER.LoadLevel ();
    }
}
```

보는 바와 같이 코드는 더 읽기 쉬워졌고 또한 더 구조적으로 됐다. 게임 마스터는 각 특정 작업을 수행하기 위해 컨트롤러를 사용하고 있다. 이 역시 게임 내 다른 작업에 대한 코드의 유지 보수를 더 쉽게 한다. 예를 들면 오디오 관련 모든 코드는 오디오 컨트롤러 내에 구현할 수 있다. 다른 것들도 마찬가지이다.

▌ 플레이어 데이터 관리

지금까지는 플레이어 커스터마이징 관련 실제 데이터를 저장하지 않았다. 다음 단계에서는 PC.cs와 CharacterCustomization.cs 스크립트를 보강하여 PC 오브젝트 데이터 중 일부를 실제로 저장할 것이다.

PC 클래스 강화

PC 클래스를 강화하기 위해서 PC.cs 코드를 수정해야 한다. 다음은 새로운 코드를 나열한 것이다.

```csharp
using System;
[Serializable]
public class PC : BaseCharacter
{
    public enum SHOULDER_PAD
    {
        none = 0,
        SP01 = 1,
        SP02 = 2,
        SP03 = 3,
        SP04 = 4
    };

    public enum BODY_TYPE { normal = 1, BT01 = 2, BT02 = 3 };

    // 어깨 패드
    public SHOULDER_PAD selectedShoulderPad = SHOULDER_PAD.none;
    public BODY_TYPE selectedBodyType = BODY_TYPE.normal;

    public bool kneePad = false;
    public bool legPlate = false;

    public enum WEAPON_TYPE
    {
        none = 0,
        axe1 = 1,
        axe2 = 2,
        club1 = 3,
        club2 = 4,
        falchion = 5,
        gladius = 6,
        mace = 7,
        maul = 8,
        scimitar = 9,
        spear = 10,
        sword1 = 11,
        sword2 = 12,
```

```
        sword3 = 13
    };

    public WEAPON_TYPE selectedWeapon = WEAPON_TYPE.none;

    public enum HELMET_TYPE { none = 0, HL01 = 1, HL02 = 2, HL03 = 3, HL04 = 4 };

    public HELMET_TYPE selectedHelmet = HELMET_TYPE.none;

    public enum SHIELD_TYPE { none = 0, SL01 = 1, SL02 = 2 };

    public SHIELD_TYPE selectedShield = SHIELD_TYPE.none;

    public int SKIN_ID = 1;

    public enum BOOT_TYPE { none = 0, BT01 = 1, BT02 = 2 };
    public BOOT_TYPE selectedBoot = BOOT_TYPE.none;
}
```

여러 플레이어 캐릭터 커스터마이징의 각기 다른 부분을 나타내는 열거형enumeration type을 정의했다. 코드에 열거형을 사용함으로 얻는 여러 가지 장점이 있다. 열거형 중 일부는 상수처럼 사용했고, 이름은 그것이 무엇을 의미하는지 말해주고 있다. 그리고 코드의 수백 가지 다른 위치를 확인할 필요 없이 더 쉽게 열거형의 값을 변경할 수 있다.

4장에서 언급했듯이 캐릭터 커스터마이징 코드는 캐릭터 모델 및 게임 속에 사용할 캐릭터 모델을 어떻게 조작했는지와 밀접한 관련이 있다.

 새로운 코드에 맞춰 UI 요소들의 이름을 수정해야 할 것이다.

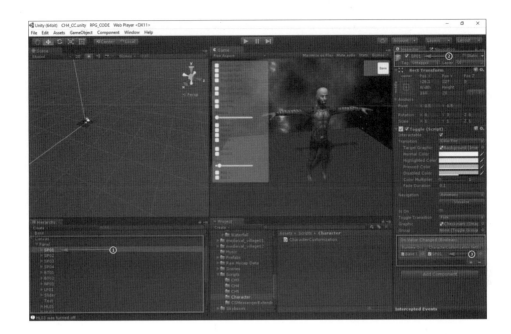

코드가 제대로 동작하게 하기 위해 몇 가지를 조정해야 한다. 먼저 UI 요소들의 이름을 열
거형에 맞게끔 적절히 변경해야 할 것이다. 위 그림은 UI 요소들 중 어깨 패드를 나타내
는 한 예를 보여준다.

캐릭터 커스터마이징 클래스 업데이트

캐릭터 커스터마이징을 관장하는 이벤트는 Base 프리팹에 부착돼 있다. Base 프리팹
은 컴포넌트로서의 CharacterCustomization.cs 스크립트를 가지고 있다. Character
Customization.cs 스크립트는 다음과 같다.

```
using UnityEngine;
using UnityEngine.UI;
using System.Collections;
using UnityEngine.SceneManagement;
using System;
```

```csharp
public class CharacterCustomization : MonoBehaviour
{
    // PC 게임오브젝트의 참조
    public GameObject PLAYER_CHARACTER;

    // PC 커스터마이징을 유지하는 데 사용하는 변수
    public PC PC_CC;
    public Material[] PLAYER_SKIN;
    public GameObject CLOTH_01LOD0;
    public GameObject CLOTH_01LOD0_SKIN;
    public GameObject CLOTH_02LOD0;
    public GameObject CLOTH_02LOD0_SKIN;
    public GameObject CLOTH_03LOD0;
    public GameObject CLOTH_03LOD0_SKIN;
    public GameObject CLOTH_03LOD0_FAT;
    public GameObject BELT_LOD0;
    public GameObject SKN_LOD0;
    public GameObject FAT_LOD0;
    public GameObject RGL_LOD0;
    public GameObject HAIR_LOD0;
    public GameObject BOW_LOD0;

    // 머리 장비
    public GameObject GLADIATOR_01LOD0;
    public GameObject HELMET_01LOD0;
    public GameObject HELMET_02LOD0;
    public GameObject HELMET_03LOD0;
    public GameObject HELMET_04LOD0;

    // 어깨 패드-오른팔/왼팔
    public GameObject SHOULDER_PAD_R_01LOD0;
    public GameObject SHOULDER_PAD_R_02LOD0;
    public GameObject SHOULDER_PAD_R_03LOD0;
    public GameObject SHOULDER_PAD_R_04LOD0;

    public GameObject SHOULDER_PAD_L_01LOD0;
    public GameObject SHOULDER_PAD_L_02LOD0;
    public GameObject SHOULDER_PAD_L_03LOD0;
```

```csharp
    public GameObject SHOULDER_PAD_L_04LOD0;

    // 앞 팔-오른쪽/왼쪽 플레이트
    public GameObject ARM_PLATE_R_1LOD0;
    public GameObject ARM_PLATE_R_2LOD0;
    public GameObject ARM_PLATE_L_1LOD0;
    public GameObject ARM_PLATE_L_2LOD0;

    // 플레이어 캐릭터 무기들
    public GameObject AXE_01LOD0;
    public GameObject AXE_02LOD0;
    public GameObject CLUB_01LOD0;
    public GameObject CLUB_02LOD0;
    public GameObject FALCHION_LOD0;
    public GameObject GLADIUS_LOD0;
    public GameObject MACE_LOD0;
    public GameObject MAUL_LOD0;
    public GameObject SCIMITAR_LOD0;
    public GameObject SPEAR_LOD0;
    public GameObject SWORD_BASTARD_LOD0;
    public GameObject SWORD_BOARD_01LOD0;
    public GameObject SWORD_SHORT_LOD0;

    // 플레이어 캐릭터 방어구
    public GameObject SHIELD_01LOD0;
    public GameObject SHIELD_02LOD0;
    public GameObject QUIVER_LOD0;
    public GameObject BOW_01_LOD0;

    // 플레이어 캐릭터 장딴지-오른쪽/왼쪽
    public GameObject KNEE_PAD_R_LOD0;
    public GameObject LEG_PLATE_R_LOD0;
    public GameObject KNEE_PAD_L_LOD0;
    public GameObject LEG_PLATE_L_LOD0;
    public GameObject BOOT_01LOD0;
    public GameObject BOOT_02LOD0;

    // 초기화를 위해 사용
```

```
    void Start ()
    {
        this.PC_CC =
            this.PLAYER_CHARACTER.GetComponent<PlayerAgent>
().playerCharacterData;
    }

    public bool ROTATE_MODEL = false;
    // 업데이트 함수는 매 프레임마다 한 번씩 호출된다.

    void Update ()
    {
        if (Input.GetKeyUp (KeyCode.R)) {
            this.ROTATE_MODEL = !this.ROTATE_MODEL;
        }
        if (this.ROTATE_MODEL) {
            this.PLAYER_CHARACTER.transform.Rotate (new Vector3 (0, 1, 0), 33.0f
* Time.deltaTime);
        }
        if (Input.GetKeyUp (KeyCode.L)) {
            Debug.Log (PlayerPrefs.GetString ("NAME"));
        }
    }

    public void SetShoulderPad (Toggle id)
    {
        try {
            PC.SHOULDER_PAD name =
                (PC.SHOULDER_PAD)Enum.Parse (typeof(PC.SHOULDER_PAD), id.name,
true);
            if (id.isOn) {
                this.PC_CC.selectedShoulderPad = name;
                Debug.Log (string.Format ("{0} was turned on", name));
            } else {
                this.PC_CC.selectedShoulderPad = PC.SHOULDER_PAD.none;
                Debug.Log (string.Format ("{0} was turned off", name));
            }
        } catch {
```

```
        // 전달된 값이 열거형에 포함되지 않으면, 없는 것으로 설정한다.
        this.PC_CC.selectedShoulderPad = PC.SHOULDER_PAD.none;
        Debug.Log ("Shoulder Pad Enumeration Not Found!");
}
switch (id.name) {

case "SP01":
    {
        this.SHOULDER_PAD_R_01LOD0.SetActive (id.isOn);
        this.SHOULDER_PAD_R_02LOD0.SetActive (false);
        this.SHOULDER_PAD_R_03LOD0.SetActive (false);
        this.SHOULDER_PAD_R_04LOD0.SetActive (false);
        this.SHOULDER_PAD_L_01LOD0.SetActive (id.isOn);
        this.SHOULDER_PAD_L_02LOD0.SetActive (false);
        this.SHOULDER_PAD_L_03LOD0.SetActive (false);
        this.SHOULDER_PAD_L_04LOD0.SetActive (false);
        break;
    }
case "SP02":
    {
        this.SHOULDER_PAD_R_01LOD0.SetActive (false);
        this.SHOULDER_PAD_R_02LOD0.SetActive (id.isOn);
        this.SHOULDER_PAD_R_03LOD0.SetActive (false);
        this.SHOULDER_PAD_R_04LOD0.SetActive (false);
        this.SHOULDER_PAD_L_01LOD0.SetActive (false);
        this.SHOULDER_PAD_L_02LOD0.SetActive (id.isOn);
        this.SHOULDER_PAD_L_03LOD0.SetActive (false);
        this.SHOULDER_PAD_L_04LOD0.SetActive (false);
        break;
    }
case "SP03":
    {
        this.SHOULDER_PAD_R_01LOD0.SetActive (false);
        this.SHOULDER_PAD_R_02LOD0.SetActive (false);
        this.SHOULDER_PAD_R_03LOD0.SetActive (id.isOn);
        this.SHOULDER_PAD_R_04LOD0.SetActive (false);
        this.SHOULDER_PAD_L_01LOD0.SetActive (false);
        this.SHOULDER_PAD_L_02LOD0.SetActive (false);
```

```
                    this.SHOULDER_PAD_L_03LOD0.SetActive (id.isOn);
                    this.SHOULDER_PAD_L_04LOD0.SetActive (false);
                    break;
                }
        case "SP04":
                {
                    this.SHOULDER_PAD_R_01LOD0.SetActive (false);
                    this.SHOULDER_PAD_R_02LOD0.SetActive (false);
                    this.SHOULDER_PAD_R_03LOD0.SetActive (false);
                    this.SHOULDER_PAD_R_04LOD0.SetActive (id.isOn);
                    this.SHOULDER_PAD_L_01LOD0.SetActive (false);
                    this.SHOULDER_PAD_L_02LOD0.SetActive (false);
                    this.SHOULDER_PAD_L_03LOD0.SetActive (false);
                    this.SHOULDER_PAD_L_04LOD0.SetActive (id.isOn);
                    break;
                }
        default:
                {
                    this.SHOULDER_PAD_R_01LOD0.SetActive (false);
                    this.SHOULDER_PAD_R_02LOD0.SetActive (false);
                    this.SHOULDER_PAD_R_03LOD0.SetActive (false);
                    this.SHOULDER_PAD_R_04LOD0.SetActive (false);
                    this.SHOULDER_PAD_L_01LOD0.SetActive (false);
                    this.SHOULDER_PAD_L_02LOD0.SetActive (false);
                    this.SHOULDER_PAD_L_03LOD0.SetActive (false);
                    this.SHOULDER_PAD_L_04LOD0.SetActive (false);
                    break;
                }
        }
    }


    public void SetBodyType (Toggle id)
    {
        try {
            PC.BODY_TYPE name = (PC.BODY_TYPE)Enum.Parse (typeof(PC.BODY_TYPE),
                                id.name, true);
            if (id.isOn) {
                this.PC_CC.selectedBodyType = name;
```

```
            Debug.Log (string.Format ("{0} was turned on", name));
        } else {
            this.PC_CC.selectedBodyType = PC.BODY_TYPE.normal;
            Debug.Log (string.Format ("{0} was turned off", name));
        }
    } catch {
        // 전달된 값이 열거형에 포함되지 않으면, 없는 것으로 설정한다.
        this.PC_CC.selectedBodyType = PC.BODY_TYPE.normal;
        Debug.Log ("Body Type Enumeration Not Found!");
    }
    switch (id.name) {
    case "BT01":
        {

            this.RGL_LOD0.SetActive (id.isOn);
            this.FAT_LOD0.SetActive (false);
            break;
        }
    case "BT02":
        {
            this.RGL_LOD0.SetActive (false);
            this.FAT_LOD0.SetActive (id.isOn);
            break;
        }
    default:
        {
            this.RGL_LOD0.SetActive (false);
            this.FAT_LOD0.SetActive (false);
            break;
        }
    }
}

public void SetKneePad (Toggle id)
{
    this.KNEE_PAD_R_LOD0.SetActive (id.isOn);
    this.KNEE_PAD_L_LOD0.SetActive (id.isOn);
}
```

```
public void SetLegPlate (Toggle id)
{
    this.LEG_PLATE_R_LOD0.SetActive (id.isOn);
    this.LEG_PLATE_L_LOD0.SetActive (id.isOn);
}


public void SetWeaponType (Slider id)
{
    try {
        PC.WEAPON_TYPE weapon =
            (PC.WEAPON_TYPE)System.Convert.ToInt32 (id.value);
        this.PC_CC.selectedWeapon = weapon;
        Debug.Log (string.Format ("Weapon selected: {0}", weapon.ToString
())));
    } catch {

        this.PC_CC.selectedWeapon = PC.WEAPON_TYPE.none;
    }
    switch (System.Convert.ToInt32 (id.value)) {
    case 0:

        {
            this.AXE_01LOD0.SetActive (false);
            this.AXE_02LOD0.SetActive (false);
            this.CLUB_01LOD0.SetActive (false);
            this.CLUB_02LOD0.SetActive (false);
            this.FALCHION_LOD0.SetActive (false);
            this.GLADIUS_LOD0.SetActive (false);
            this.MACE_LOD0.SetActive (false);
            this.MAUL_LOD0.SetActive (false);
            this.SCIMITAR_LOD0.SetActive (false);
            this.SPEAR_LOD0.SetActive (false);
            this.SWORD_BASTARD_LOD0.SetActive (false);
            this.SWORD_BOARD_01LOD0.SetActive (false);
            this.SWORD_SHORT_LOD0.SetActive (false);
            break;
```

```
        }
    case 1:
        {
            this.AXE_01LOD0.SetActive (true);
            this.AXE_02LOD0.SetActive (false);
            this.CLUB_01LOD0.SetActive (false);
            this.CLUB_02LOD0.SetActive (false);
            this.FALCHION_LOD0.SetActive (false);
            this.GLADIUS_LOD0.SetActive (false);
            this.MACE_LOD0.SetActive (false);
            this.MAUL_LOD0.SetActive (false);
            this.SCIMITAR_LOD0.SetActive (false);
            this.SPEAR_LOD0.SetActive (false);
            this.SWORD_BASTARD_LOD0.SetActive (false);
            this.SWORD_BOARD_01LOD0.SetActive (false);
            this.SWORD_SHORT_LOD0.SetActive (false);
            break;
        }
    case 2:
        {
            this.AXE_01LOD0.SetActive (false);
            this.AXE_02LOD0.SetActive (true);
            this.CLUB_01LOD0.SetActive (false);
            this.CLUB_02LOD0.SetActive (false);
            this.FALCHION_LOD0.SetActive (false);
            this.GLADIUS_LOD0.SetActive (false);
            this.MACE_LOD0.SetActive (false);
            this.MAUL_LOD0.SetActive (false);
            this.SCIMITAR_LOD0.SetActive (false);
            this.SPEAR_LOD0.SetActive (false);
            this.SWORD_BASTARD_LOD0.SetActive (false);
            this.SWORD_BOARD_01LOD0.SetActive (false);
            this.SWORD_SHORT_LOD0.SetActive (false);
            break;
        }
    case 3:
        {
            this.AXE_01LOD0.SetActive (false);
```

```
        this.AXE_02LOD0.SetActive (false);
        this.CLUB_01LOD0.SetActive (true);
        this.CLUB_02LOD0.SetActive (false);
        this.FALCHION_LOD0.SetActive (false);
        this.GLADIUS_LOD0.SetActive (false);
        this.MACE_LOD0.SetActive (false);
        this.MAUL_LOD0.SetActive (false);
        this.SCIMITAR_LOD0.SetActive (false);
        this.SPEAR_LOD0.SetActive (false);
        this.SWORD_BASTARD_LOD0.SetActive (false);
        this.SWORD_BOARD_01LOD0.SetActive (false);
        this.SWORD_SHORT_LOD0.SetActive (false);
        break;
    }
case 4:
    {
        this.AXE_01LOD0.SetActive (false);
        this.AXE_02LOD0.SetActive (false);
        this.CLUB_01LOD0.SetActive (false);
        this.CLUB_02LOD0.SetActive (true);
        this.FALCHION_LOD0.SetActive (false);
        this.GLADIUS_LOD0.SetActive (false);
        this.MACE_LOD0.SetActive (false);
        this.MAUL_LOD0.SetActive (false);
        this.SCIMITAR_LOD0.SetActive (false);
        this.SPEAR_LOD0.SetActive (false);
        this.SWORD_BASTARD_LOD0.SetActive (false);
        this.SWORD_BOARD_01LOD0.SetActive (false);
        this.SWORD_SHORT_LOD0.SetActive (false);
        break;
    }
case 5:
    {
        this.AXE_01LOD0.SetActive (false);
        this.AXE_02LOD0.SetActive (false);
        this.CLUB_01LOD0.SetActive (false);
        this.CLUB_02LOD0.SetActive (false);
        this.FALCHION_LOD0.SetActive (true);
```

```
                this.GLADIUS_LOD0.SetActive (false);
                this.MACE_LOD0.SetActive (false);
                this.MAUL_LOD0.SetActive (false);
                this.SCIMITAR_LOD0.SetActive (false);
                this.SPEAR_LOD0.SetActive (false);
                this.SWORD_BASTARD_LOD0.SetActive (false);
                this.SWORD_BOARD_01LOD0.SetActive (false);
                this.SWORD_SHORT_LOD0.SetActive (false);
                break;
        }
    case 6:
        {
                this.AXE_01LOD0.SetActive (false);
                this.AXE_02LOD0.SetActive (false);
                this.CLUB_01LOD0.SetActive (false);
                this.CLUB_02LOD0.SetActive (false);
                this.FALCHION_LOD0.SetActive (false);
                this.GLADIUS_LOD0.SetActive (true);
                this.MACE_LOD0.SetActive (false);
                this.MAUL_LOD0.SetActive (false);
                this.SCIMITAR_LOD0.SetActive (false);
                this.SPEAR_LOD0.SetActive (false);
                this.SWORD_BASTARD_LOD0.SetActive (false);
                this.SWORD_BOARD_01LOD0.SetActive (false);
                this.SWORD_SHORT_LOD0.SetActive (false);
                break;
        }
    case 7:
        {
                this.AXE_01LOD0.SetActive (false);
                this.AXE_02LOD0.SetActive (false);
                this.CLUB_01LOD0.SetActive (false);
                this.CLUB_02LOD0.SetActive (false);
                this.FALCHION_LOD0.SetActive (false);
                this.GLADIUS_LOD0.SetActive (false);
                this.MACE_LOD0.SetActive (true);
                this.MAUL_LOD0.SetActive (false);
                this.SCIMITAR_LOD0.SetActive (false);
```

```
            this.SPEAR_LOD0.SetActive (false);
            this.SWORD_BASTARD_LOD0.SetActive (false);
            this.SWORD_BOARD_01LOD0.SetActive (false);
            this.SWORD_SHORT_LOD0.SetActive (false);
            break;
        }
    case 8:
        {
            this.AXE_01LOD0.SetActive (false);
            this.AXE_02LOD0.SetActive (false);
            this.CLUB_01LOD0.SetActive (false);
            this.CLUB_02LOD0.SetActive (false);
            this.FALCHION_LOD0.SetActive (false);
            this.GLADIUS_LOD0.SetActive (false);
            this.MACE_LOD0.SetActive (false);
            this.MAUL_LOD0.SetActive (true);
            this.SCIMITAR_LOD0.SetActive (false);
            this.SPEAR_LOD0.SetActive (false);
            this.SWORD_BASTARD_LOD0.SetActive (false);
            this.SWORD_BOARD_01LOD0.SetActive (false);
            this.SWORD_SHORT_LOD0.SetActive (false);
            break;
        }
    case 9:
        {
            this.AXE_01LOD0.SetActive (false);
            this.AXE_02LOD0.SetActive (false);
            this.CLUB_01LOD0.SetActive (false);
            this.CLUB_02LOD0.SetActive (false);
            this.FALCHION_LOD0.SetActive (false);
            this.GLADIUS_LOD0.SetActive (false);
            this.MACE_LOD0.SetActive (false);
            this.MAUL_LOD0.SetActive (false);
            this.SCIMITAR_LOD0.SetActive (true);
            this.SPEAR_LOD0.SetActive (false);
            this.SWORD_BASTARD_LOD0.SetActive (false);
            this.SWORD_BOARD_01LOD0.SetActive (false);
            this.SWORD_SHORT_LOD0.SetActive (false);
```

```
            break;
        }
    case 10:
        {
            this.AXE_01LOD0.SetActive (false);
            this.AXE_02LOD0.SetActive (false);
            this.CLUB_01LOD0.SetActive (false);
            this.CLUB_02LOD0.SetActive (false);
            this.FALCHION_LOD0.SetActive (false);
            this.GLADIUS_LOD0.SetActive (false);
            this.MACE_LOD0.SetActive (false);
            this.MAUL_LOD0.SetActive (false);
            this.SCIMITAR_LOD0.SetActive (false);
            this.SPEAR_LOD0.SetActive (true);
            this.SWORD_BASTARD_LOD0.SetActive (false);
            this.SWORD_BOARD_01LOD0.SetActive (false);
            this.SWORD_SHORT_LOD0.SetActive (false);
            break;
        }
    case 11:
        {
            this.AXE_01LOD0.SetActive (false);
            this.AXE_02LOD0.SetActive (false);
            this.CLUB_01LOD0.SetActive (false);
            this.CLUB_02LOD0.SetActive (false);
            this.FALCHION_LOD0.SetActive (false);
            this.GLADIUS_LOD0.SetActive (false);
            this.MACE_LOD0.SetActive (false);
            this.MAUL_LOD0.SetActive (false);
            this.SCIMITAR_LOD0.SetActive (false);
            this.SPEAR_LOD0.SetActive (false);
            this.SWORD_BASTARD_LOD0.SetActive (true);
            this.SWORD_BOARD_01LOD0.SetActive (false);
            this.SWORD_SHORT_LOD0.SetActive (false);
            break;
        }
    case 12:
        {
```

```
                    this.AXE_01LOD0.SetActive (false);
                    this.AXE_02LOD0.SetActive (false);
                    this.CLUB_01LOD0.SetActive (false);
                    this.CLUB_02LOD0.SetActive (false);
                    this.FALCHION_LOD0.SetActive (false);
                    this.GLADIUS_LOD0.SetActive (false);
                    this.MACE_LOD0.SetActive (false);
                    this.MAUL_LOD0.SetActive (false);
                    this.SCIMITAR_LOD0.SetActive (false);
                    this.SPEAR_LOD0.SetActive (false);
                    this.SWORD_BASTARD_LOD0.SetActive (false);
                    this.SWORD_BOARD_01LOD0.SetActive (true);
                    this.SWORD_SHORT_LOD0.SetActive (false);
                    break;
            }
        case 13:
            {
                    this.AXE_01LOD0.SetActive (false);
                    this.AXE_02LOD0.SetActive (false);
                    this.CLUB_01LOD0.SetActive (false);
                    this.CLUB_02LOD0.SetActive (false);
                    this.FALCHION_LOD0.SetActive (false);
                    this.GLADIUS_LOD0.SetActive (false);
                    this.MACE_LOD0.SetActive (false);
                    this.MAUL_LOD0.SetActive (false);
                    this.SCIMITAR_LOD0.SetActive (false);
                    this.SPEAR_LOD0.SetActive (false);
                    this.SWORD_BASTARD_LOD0.SetActive (false);
                    this.SWORD_BOARD_01LOD0.SetActive (false);
                    this.SWORD_SHORT_LOD0.SetActive (true);
                    break;
            }
        }
}

public void SetHelmetType (Toggle id)
{
    try {
```

```
                PC.HELMET_TYPE name =
                    (PC.HELMET_TYPE)Enum.Parse (typeof(PC.HELMET_TYPE), id.name,
true);
                if (id.isOn) {
                    this.PC_CC.selectedHelmet = name;
                    Debug.Log (string.Format ("{0} was turned on", name));
                } else {
                    this.PC_CC.selectedHelmet = PC.HELMET_TYPE.none;
                    Debug.Log (string.Format ("{0} was turned off", name));
                }
            } catch {
                // 전달된 값이 열거형에 포함되지 않으면, 없는 것으로 설정한다.
                this.PC_CC.selectedHelmet = PC.HELMET_TYPE.none;
                Debug.Log ("Helmet Type Enumeration Not Found!");
            }
            switch (id.name) {
            case "HL01":
                {
                    this.HELMET_01LOD0.SetActive (id.isOn);
                    this.HELMET_02LOD0.SetActive (false);
                    this.HELMET_03LOD0.SetActive (false);
                    this.HELMET_04LOD0.SetActive (false);
                    break;
                }
            case "HL02":
                {
                    this.HELMET_01LOD0.SetActive (false);
                    this.HELMET_02LOD0.SetActive (id.isOn);
                    this.HELMET_03LOD0.SetActive (false);
                    this.HELMET_04LOD0.SetActive (false);
                    break;
                }
            case "HL03":
                {
                    this.HELMET_01LOD0.SetActive (false);
                    this.HELMET_02LOD0.SetActive (false);
                    this.HELMET_03LOD0.SetActive (id.isOn);
                    this.HELMET_04LOD0.SetActive (false);
```

```
                    break;
            }
        case "HL04":
            {
                this.HELMET_01LOD0.SetActive (false);
                this.HELMET_02LOD0.SetActive (false);
                this.HELMET_03LOD0.SetActive (false);
                this.HELMET_04LOD0.SetActive (id.isOn);
                break;
            }
        default:
            {
                this.HELMET_01LOD0.SetActive (false);
                this.HELMET_02LOD0.SetActive (false);
                this.HELMET_03LOD0.SetActive (false);
                this.HELMET_04LOD0.SetActive (false);
                break;
            }
        }
    }


    public void SetShieldType (Toggle id)
    {
        try {
            PC.SHIELD_TYPE name =
                (PC.SHIELD_TYPE)Enum.Parse (typeof(PC.SHIELD_TYPE), id.name,
true);
            if (id.isOn) {
                this.PC_CC.selectedShield = name;
                Debug.Log (string.Format ("{0} was turned on", name));
            } else {
                this.PC_CC.selectedShield = PC.SHIELD_TYPE.none;
                Debug.Log (string.Format ("{0} was turned off", name));
            }
        } catch {
            // 전달된 값이 열거형에 포함되지 않으면, 없는 것으로 설정한다.
            this.PC_CC.selectedShield = PC.SHIELD_TYPE.none;
            Debug.Log ("Shield Type Enumeration Not Found!");
```

```
        }
    switch (id.name) {
    case "SL01":
        {
            this.SHIELD_01LOD0.SetActive (id.isOn);
            this.SHIELD_02LOD0.SetActive (false);
            break;
        }
    case "SL02":
        {
            this.SHIELD_01LOD0.SetActive (false);
            this.SHIELD_02LOD0.SetActive (id.isOn);
            break;
        }
    default:
        {
            this.SHIELD_01LOD0.SetActive (false);
            this.SHIELD_02LOD0.SetActive (false);
            break;
        }
    }
}

public void SetSkinType (Slider id)
{
    this.PC_CC.SKIN_ID = System.Convert.ToInt32 (id.value);
    Debug.Log (string.Format ("Skin ID is {0}", this.PC_CC.SKIN_ID));
    this.SKN_LOD0.GetComponent<Renderer> ().material =
        this.PLAYER_SKIN [System.Convert.ToInt32 (id.value)];
    this.FAT_LOD0.GetComponent<Renderer> ().material =
        this.PLAYER_SKIN [System.Convert.ToInt32 (id.value)];
    this.RGL_LOD0.GetComponent<Renderer> ().material =
        this.PLAYER_SKIN [System.Convert.ToInt32 (id.value)];
}

public void SetBootType (Toggle id)
{
    try {
```

```csharp
                    PC.BOOT_TYPE name = (PC.BOOT_TYPE)Enum.Parse (typeof(PC.BOOT_TYPE),
                                        id.name, true);
            if (id.isOn) {
                this.PC_CC.selectedBoot = name;
                Debug.Log (string.Format ("{0} was turned on", name));
            } else {
                this.PC_CC.selectedBoot = PC.BOOT_TYPE.none;
                Debug.Log (string.Format ("{0} was turned off", name));
            }
        } catch {
            // 전달된 값이 열거형에 포함되지 않으면, 없는 것으로 설정한다.
            this.PC_CC.selectedBoot = PC.BOOT_TYPE.none;
            Debug.Log ("Boot Type Enumeration Not Found!");
        }
        switch (id.name) {
        case "BT01":
            {
                this.BOOT_01LOD0.SetActive (id.isOn);
                this.BOOT_02LOD0.SetActive (false);
                break;
            }
        case "BT02":
            {
                this.BOOT_01LOD0.SetActive (false);
                this.BOOT_02LOD0.SetActive (id.isOn);
                break;
            }
        default:
            {
                this.BOOT_01LOD0.SetActive (false);
                this.BOOT_02LOD0.SetActive (false);
                break;
            }
        }
    }
}
```

위 코드에서 PC_CC라는 PC 타입의 새로운 변수를 추가했다. PC 클래스는 플레이어 캐릭터의 데이터를 포함시켜 강화시킨 플레이어 캐릭터 클래스이다.

구현할 다음 로직은 플레이어가 캐릭터 커스터마이징 UI를 통해 어떤 옵션을 선택했는지 감지하고 PC 오브젝트 안에 해당 데이터를 설정하는 것이다. 커스터마이징할 수 있는 플레이어 캐릭터의 모든 각기 다른 부분들의 구현 콘셉트는 동일하다. 그것들 중 하나를 여기에 나열할 것이다.

```
public void SetBodyType (Toggle id)
{
    try {
        PC.BODY_TYPE name = (PC.BODY_TYPE)Enum.Parse (typeof(PC.BODY_TYPE),
                                  id.name, true);
        if (id.isOn) {
            this.PC_CC.selectedBodyType = name;
            Debug.Log (string.Format ("{0} was turned on", name));
        } else {
            this.PC_CC.selectedBodyType = PC.BODY_TYPE.normal;
            Debug.Log (string.Format ("{0} was turned off", name));
        }
    } catch {
        // 전달된 값이 열거형에 포함되지 않으면, 없는 것으로 설정한다.
        this.PC_CC.selectedBodyType = PC.BODY_TYPE.normal;
        Debug.Log ("Body Type Enumeration Not Found!");
    }
    ...
}
```

위 코드는 플레이어 캐릭터의 체형 커스터마이징을 위한 것이다. 코드가 먼저 시도한 것은 UI 컴포넌트가 함수로 전달한 값을 파싱parse하고 변환한 것이다. 다음으로 PC 오브젝트의 selectedBodyType 변수를 설정했다. 어떠한 이유로 전달된 값이 열거형에 속해 있지 않다면 selectedBodyType 변수에 기본값을 할당할 것이다. 또한 현재 값에 대한 피드백을 주는 디버그 명령문statement도 존재한다.

▌ UI 컨트롤러 변경

UI 컨트롤러 또한 게임 마스터 오브젝트에 필요한 변경 사항을 적용하기 위해 업데이트가 필요하다. LoadLevel() 함수를 다음과 같이 업데이트해야 한다.

```
public void LoadLevel()
{
    if(GameObject.FindGameObjectWithTag("BASE"))
    {
        GameMaster.instance.PC_CC = GameObject.FindGameObjectWithTag("BASE").GetComponent<CharacterCustomization>().PC_CC;
    }

    GameMaster.instance.LEVEL_CONTROLLER.LEVEL = 1;
    GameMaster.instance.LoadLevel();
}
```

이렇게 하면 게임 마스터가 올바른 플레이어 캐릭터 데이터로 업데이트될 것이다. 이제 코드를 테스트해보자.

▌ 테스트

메인 메뉴 신에서부터 시작하자. 신에 uiController와 _GameMaster라는 게임오브젝트를 가지고 있는지 확인한다. uiController 게임오브젝트는 UIController.cs가 부착돼 있어야 하고 _GameMaster는 GameMaster.cs 및 배경음에 사용할 AudioSource 컴포넌트가 부착돼 있어야 한다.

계층구조 창에서 _GameMaster 게임오브젝트를 선택한다. 게임을 실행시킨다. **Start Game** 버튼을 선택한다. 이는 캐릭터 커스터마이징 신을 로드할 것이다. _GameMaster 게임오브젝트는 여전히 선택된 채로 있어야 한다. 그렇지 않으면 계층구조 창으로 다시 가서 선택한다. 캐릭터 커스터마이징을 진행 후에 **Save** 버튼을 클릭한다.

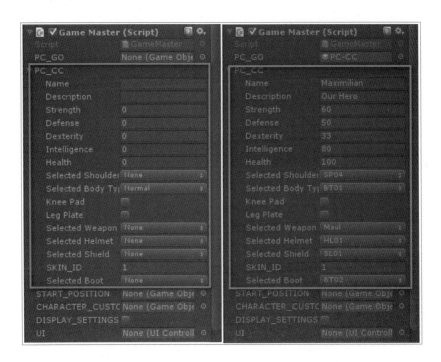

첫 번째 레벨이 캐릭터 및 이전 단계에서 캐릭터에 적용한 커스터마이징이 함께 로드돼야 한다. 따라서 시각적으로 캐릭터는 적용한 커스터마이징을 유지하고 있을 것이다. 그리고 데이터의 관점에서는 인스펙터 창의 _GameMaster 게임오브젝트를 살펴보면 데이터가 앞의 그림과 같이 적절히 저장돼 있음을 확인할 수 있을 것이다.

▌ 요약

5장의 대부분은 코드였다. 게임 설정과 신 관리를 다루는 GameMaster 클래스를 강화했다. 5장은 GameMaster가 사용자 인터페이스 및 플레이어 캐릭터 그리고 배경음뿐인 게임 설정을 다룰 수 있게끔 만들며 시작했다.

게임의 설정 패널을 표시하는 새로운 UI 요소를 추가했다. 현재로서는 설정 패널에는 오직 메인 볼륨 컨트롤만 존재한다. 다음으로 설정창의 표시를 다루기 위해 UIController 클래스와 GameMaster 클래스에 필요한 코드를 추가했고 UI 컴포넌트로부터 UIController를 거쳐 GameMaster 클래스에 이르기까지 슬라이더 값을 전달했다.

또한 GameMaster 클래스를 싱글턴으로 만들었다. 소프트웨어 엔지니어링에서 싱글턴은 클래스의 인스턴스화를 하나의 객체로 제한하는 디자인 패턴이다.

그런 다음, 다음 단계로 GameMaster 및 코드의 내부 구조를 향상시켰다. 추후 GameMaster가 주도하는 신 관리를 취급하는 새로운 LevelController.cs라는 클래스를 만들었다. 실용적으로 GameMaster 클래스 내부에서 레벨을 다루는 로직을 설계했고, 그 후 재작업해 LevelController 클래스 내에서 레벨 다루는 로직을 향상시켰다.

다음으로 기본적으로 게임 오디오를 관리하는 AudioController 클래스를 개발했다. 이 클래스는 GameMaster가 조작한다. 이때까지 GameMaster는 다른 컴포넌트의 모든 것들을 관리하는 치우쳐진 스크립트였다.

다음 큰 도전은 어떻게 플레이어 캐릭터를 다루는지에 대한 것이었다. 특히 플레이어가 캐릭터 커스터마이징을 마친 이후 플레이어 캐릭터의 캐릭터 커스터마이징 데이터를 내부적으로 어떻게 저장하는지에 대한 것이었다. 데이터를 저장하기 위해 PC.cs 클래스를 수정해야만 했다.

어깨 패드, 체형, 무기 종류, 헬멧 종류, 기타 등등과 같이 커스터마이징할 수 있는 캐릭터의 각 부분을 나타내는 여러 열거형을 만들었다. 참조를 코드에서 더 쉽게 하기 위해 열거형을 사용했다.

이러한 접근 때문에 기존에 구현했던 현존하는 캐릭터 커스터마이징 설정을 수정했다. 따라서 UI 컴포턴트들을 업데이트해야 했다. 각 커스터마이징 타입을 정의한 열거형을 반영했다. 그리고 새로운 변화를 다루기 위해 CharacterCustomization.cs 클래스를 수정해야 했다.

CharacterCustomization 클래스는 커스터마이징 추적을 위해 PC 타입 변수를 구현했다. 그리고 최종적으로 데이터를 GameMaster를 따라 전달한다. 이 과정 도중에 또한 CharacterCustomization 클래스의 기본값 및 기타 처리를 향상시켰다.

마지막으로 설계하고 구현한 모든 것을 이중 점검하기 위해 게임 실행 테스트를 했다.

5장에서 수많은 코드를 작성했다. 6장에서는 인벤토리 시스템을 제작할 것이다. 거기에는 더 많은 코드가 있을 것이다!

06

인벤토리 시스템

인벤토리 시스템은 가장 크리티컬한 RPG 구성 요소 가운데 하나다. 인벤토리 시스템은 게임 환경에서 플레이어가 필요로 하는 게임 요소의 중요한 모든 것을 저장하는 데 사용한다. 6장은 알맞게 활용할 수 있으면서도 확장할 수 있는 간단한 일반적인 인벤토리 시스템을 어떻게 만드는지 안내할 것이다.

6장은 다음과 같이 구성돼 있다.

- 인벤토리 시스템
  - 중량 인벤토리
  - 아이템 종류 결정

- 인벤토리 아이템 제작
  - 프리팹 제작
  - 인벤토리 아이템 에이전트 추가
  - 인벤토리 아이템 프리팹 정의
- 인벤토리 인터페이스
  - 인벤토리 UI 프레임워크 제작
  - 동적 아이템 뷰어 설계
    - 스크롤 뷰 추가하기
    - PanelItem과 스크롤 뷰에 UI 요소 추가하기
    - 동적으로 txtITemElement 추가하기
  - 최종 인벤토리 아이템 UI 제작
- UI와 실제 인벤토리 시스템 통합
  - 카테고리 버튼과 데이터 표시 후킹하기
  - 인벤토리 시스템 테스트
- 인벤토리 아이템과 플레이어 캐릭터
  - 인벤토리 아이템 적용
  - 살펴보기

6장은 다룰 내용이 많다. 어서 출발하자.

▌ 인벤토리 시스템

지금까지 배운 다른 모든 것과 마찬가지로 인벤토리 시스템 설계는 게임에 따라 좌지우지된다. 많은 종류의 연구할 만한 인벤토리 시스템 메커니즘이 존재한다. 게임과의 연관성을 기준으로 인벤토리 시스템 메커니즘을 선택했다.

중량 인벤토리

중량 인벤토리 구현을 배울 예정이다. 이러한 종류의 인벤토리 시스템에서 각 아이템이나 장비에는 아이템의 무게를 나타내는 숫자 값이 할당된다. 이는 차례로 게임 플레이 도중 특정 시각에 플레이어가 인벤토리에 얼마나 많이 물건을 가지고 다닐 수 있는지 결정하는 데 사용된다. 생각해보면 이는 RPG에 적합하다.

다음의 예시를 고려해보자. 당신이 아라랏 산을 등반하고 싶은 하이커라고 가정해보자. 등반 그 자체는 시간이 필요할 것이다. 그리고 여정을 완료하는 데 필요한 장비를 갖고 다녀야 할 것이다. 현실적으로 하이커로서 지니고 있어야 하는 몇몇 필수 장비가 존재한다. 다음은 단순화한 장비 목록이다.

- 의복
- 텐트
- 침낭
- 부츠
- 얼음 파쇄기
- 식량
- 광원Light source
- 개인용 물품들

나열된 카테고리 각각은 특정 실생활에서 관련된 특정 중량을 갖는다. 그러므로 여행을 계획하는 데 있어서 미리 계획하고 등반의 필요 조건을 충족시켜야 할 것이다. 여정 중 지녀야 할 장비의 수와 전체 중량을 줄여야 한다. 실제 논리는 조금 더 복잡하겠지만, 일단 대충 개념을 잡았을 것이다.

이는 RPG에서도 마찬가지이다. 플레이어 캐릭터는 여정 도중 일정 수의 아이템 또는 장비만 지니고 있을 수 있다. 예를 들면 플레이어 캐릭터는 동시에 20가지 각기 다른 무기류를 가지고 다닐 수 없다. 현실적으로 말하면 이는 말 그대로 불가능하다. 따라서 게임에 현실감을 불어넣는 데 이는 좋은 지적이다.

또한 실생활과 마찬가지로 무거운 장비를 지니고 있을수록 더 많은 에너지가 소모될 것이다. 너무 많은 무기를 들고 다니면 플레이어에게 장시간에 걸친 영향이 있을 것이다. 플레이어의 속력과 움직임을 급격히 떨어뜨릴 것이다. 플레이어의 건강에 지대한 영향을 끼칠 수도 있다. 이 지점이 창의력과 설계 능력이 플레이에 적용될 곳이다. 독자가 게임의 지배자이다. 이것을 어떻게 할지 결정하는 것도 독자이다.

필자는 개념만 보여준다는 목적으로 이를 간단히 진행할 것이다.

아이템 종류 결정하기

초심자를 위해 게임에서 정의할 몇몇 기본 아이템 종류에 집중할 것이다. 이런 것들로는 무기류, 방어구류, 의복류가 될 것이다. 여기에서 건강 패킷health packets, 포션potions, 수집품들 또한 추가할 수 있다.

BaseItem.cs, InventoryItem.cs, InventorySystem.cs라는 세 가지 새로운 스크립트를 제작할 것이다. BaseItem 클래스는 이전에 정의했던 BaseCharacter 클래스와 같이 모든 아이템들의 일반적인 특성들을 가지고 있을 것이다. InventoryItem 클래스는 BaseItem 클래스를 상속받고 아이템 종류를 정의할 것이다.

다음은 BaseItem.cs를 나열한 것이다.

```
using System;
using UnityEngine;
using System.Collections;

[Serializable]
public class BaseItem
```

```
{
    public enum ItemCategory
    {
        WEAPON = 0,
        ARMOUR = 1,
        CLOTHING = 2,
        HEALTH = 3,
        POTION = 4
    }

    [SerializeField]
    private string name;
    [SerializeField]
    private string description;

    public string NAME {
        get { return this.name; }
        set { this.name = value; }
    }

    public string DESCRIPTION {
        get { return this.description; }
        set { this.description = value; }
    }
}
```

위 코드의 주요 아이디어는 ItemCategory이다. 지금은 인벤토리에 적용될 카테고리의 종류는 오직 5가지뿐이다.

 하나의 카테고리는 여러 종류의 아이템을 가질 수 있다. 예를 들면 검류, 망치류, 창류와 같이 무기의 다른 종류들이 있다.

다음은 IntentoryItem.cs를 나열한 것이다.

```csharp
using System;
using UnityEngine;
using System.Collections;

[Serializable]
public class InventoryItem : BaseItem
{
    [SerializeField]
    private ItemCategory category;
    [SerializeField]
    private float strength;
    [SerializeField]
    private float weight;

    public ItemCategory CATEGORY {
        get { return this.category; }
        set { this.category = value; }
    }

    public float STRENGTH {
        get { return this.strength; }
        set { this.strength = value; }
    }

    public float WEIGHT {
        get { return this.weight; }
        set { this.weight = value; }
    }
}
```

위 코드는 인벤토리에서 사용하는 아이템의 더 많은 속성들을 구현했다. 지금부터 있는 그 대로의 방식을 유지할 것이다. 나중에 변경할 수도 있다.

다음으로 중요한 스크립트는 인벤토리를 관리하는 데 사용하는 실제 스크립트이다. 인벤토리 시스템 로직을 구현하는 많은 방식이 있다. 다시금 말하지만 편의성을 위해 현재 스크립트는 InventoryItem 데이터형을 갖는 다섯 가지 List 데이터형을 가질 것이다. 각각의 리스트는 아이템 카테고리를 의미한다.

다음은 InventorySystem.cs를 나열한 것이다.

```
using System;
using UnityEngine;
using System.Collections.Generic;

[Serializable]
public class InventorySystem
{
    [SerializeField]
    private List<InventoryItem> weapons = new List<InventoryItem> ();
    [SerializeField]
    private List<InventoryItem> armour = new List<InventoryItem> ();
    [SerializeField]
    private List<InventoryItem> clothing = new List<InventoryItem> ();
    [SerializeField]
    private List<InventoryItem> health = new List<InventoryItem> ();
    [SerializeField]
    private List<InventoryItem> potion = new List<InventoryItem> ();

    private InventoryItem selectedWeapon;
    private InventoryItem selectedArmour;

    public InventoryItem SELECTED_WEAPON {
        get { return this.selectedWeapon; }
        set { this.selectedWeapon = value; }
    }

    public InventoryItem SELECTED_ARMOUR {
        get { return this.selectedArmour; }
        set { this.selectedArmour = value; }
```

```
        }

    public InventorySystem ()
    {
        this.ClearInventory ();
    }

    public void ClearInventory ()
    {
        this.weapons.Clear ();
        this.armour.Clear ();
        this.clothing.Clear ();
        this.health.Clear ();
        this.potion.Clear ();
    }
    // 이 함수는 인벤토리 아이템을 추가할 것이다.
    public void AddItem (InventoryItem item)
    {
        switch (item.CATEGORY) {
        case BaseItem.ItemCategory.ARMOUR:
            {
                this.armour.Add (item);
                break;
            }

        case BaseItem.ItemCategory.CLOTHING:
            {
                this.clothing.Add (item);
                break;
            }

        case BaseItem.ItemCategory.HEALTH:
            {
                this.health.Add (item);
                break;
            }

        case BaseItem.ItemCategory.POTION:
            {
                this.potion.Add (item);
                break;
            }
```

```
                case BaseItem.ItemCategory.WEAPON:
                    {
                        this.weapons.Add (item);
                        break;
                    }
        }

            }
        }
        // 이 함수는 인벤토리 아이템을 제거할 것이다.
        public void DeleteItem (InventoryItem item)
        {
            switch (item.CATEGORY) {
            case BaseItem.ItemCategory.ARMOUR:
                {
                    this.armour.Remove (item);
                    break;
                }

            case BaseItem.ItemCategory.CLOTHING:
                {
                    this.clothing.Remove (item);
                    break;
                }

            case BaseItem.ItemCategory.HEALTH:
                {
                    this.health.Remove (item);
                    break;
                }

            case BaseItem.ItemCategory.POTION:
                {
                    this.potion.Remove (item);
                    break;
                }

            case BaseItem.ItemCategory.WEAPON:
                {
                    this.weapons.Remove (item);
                    break;
                }

            }
        }
    }
```

인벤토리 아이템들을 포함하는 데 사용하는 리스트에 직접 접근을 허용하지 않을 것이다. 지금은 AddItem()과 DeleteItem()이라는 두 함수를 구현했다. 이 함수들은 인벤토리에 아이템을 추가하고 인벤토리로부터 아이템을 제거하는 인벤토리의 두 가지 기본 기능을 관장한다. 이 두 함수들은 인벤토리 안의 적합한 리스트로부터 추가되거나 제거될 ItemCategory 기반의 InventoryItem 객체를 취한다.

기본은 갖추어졌다. 이를 GameMaster.cs 스크립트와 통합해야 한다. 통합하기 위해 INVENTORY라는 새로운 InventorySystem 타입의 변수를 만들어야 한다. 그리고 GameMaster.cs 스크립트의 Awake() 함수 안에서 초기화를 해야 한다.

새로 추가한 코드는 아래와 같다.

```
// 플레이어 캐릭터 커스터마이징의 참조
public PC PC_CC;
public InventorySystem INVENTORY;
public GameObject START_POSITION;
public GameObject CHARACTER_CUSTOMIZATION;
public LevelController LEVEL_CONTROLLER;
public AudioController AUDIO_CONTROLLER;
// UI 요소들 참조
public bool DISPLAY_SETTINGS = false;
public UIController UI;

void Awake ()
{
    // 간단한 싱글턴
    if (instance == null) {
        instance = this;

        // 레벨 컨트롤러 초기화
        instance.LEVEL_CONTROLLER = new LevelController ();

        // 오디오 컨트롤러 초기화
        instance.AUDIO_CONTROLLER = new AudioController ();
```

```
        instance.AUDIO_CONTROLLER.AUDIO_SOURCE =
        GameMaster.instance.GetComponent<AudioSource> ();
        instance.AUDIO_CONTROLLER.SetDefaultVolume ();

        // 인벤토리 시스템 초기화
        instance.INVENTORY = new InventorySystem ();
        InventoryItem tmp = new InventoryItem ();
        tmp.CATEGORY = BaseItem.ItemCategory.CLOTHING;
        tmp.NAME = "Testing";
        tmp.DESCRIPTION = "Testing the item type";
        tmp.STRENGTH = 0.5f;
        tmp.WEIGHT = 0.2f;
        instance.INVENTORY.AddItem (tmp);
    } else if (instance != this) {
        Destroy (this);
    }
    // 한 신에서 다른 신으로 넘어갈 때
    // 게임오브젝트가 유지되도록 한다.
    DontDestroyOnLoad (this);
}
```

실제로 InventoryItem을 만들었고 테스트 목적으로 InventorySystem으로 삽입했음을 확인한다. 다른 멋진 특징은 클래스와 필드들의 직렬화 덕분에 인스펙터 창에서 InventorySystem을 볼 수 있다는 사실이다.

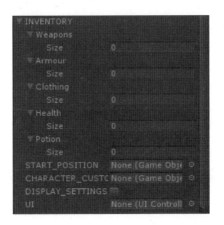

앞의 스크린샷은 GameMaster 객체를 선택했을 때 인스펙터 창에서 보이는 인벤토리 시스템을 보여준다. 테스트하기 위해 게임을 실행하면 다음과 같이 갱신된 내용을 볼 수 있을 것이다.

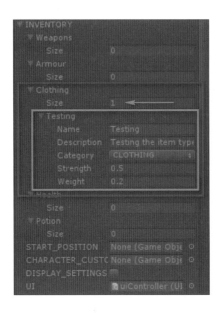

위의 스크린샷에서 기대한 바와 같이 인벤토리 시스템에서 데이터가 적합하게 반영하는지 확인한다. "Clothing" 리스트의 크기가 1로 증가했고 리스트 속 InventoryItem은 적합하게 저장됐으며 테스트와 디버깅을 위한 것이라고 표시된다. 설명 및 0.5의 Strength와 0.2의 Weight인 Testing이라는 의복 아이템 하나를 가지고 있다.

지금까지 잘해왔다. 이제는 시각적으로 인벤토리 아이템들을 표현하는 데 사용할 아이템들을 실제로 만들어야 한다. 이는 다음 절에서 논의할 것이다.

▌ 인벤토리 아이템 제작

이제 실제 인벤토리 시스템에 사용할 아이템들을 제작할 시간이다. 단순화하기 위해 각각의 아이템 카테고리로부터 한 아이템 종류를 제작할 것이다. 이 절은 캐릭터 모델의 설계에 크게 의존할 것이다. 필자의 모델은, 책에서 앞서 이야기했듯이 fbx 파일 안에 캐릭터의 필수 부분들이 모두 포함돼 있다. 이 경우 모델의 계층 구조hierarchy에 들어가서 인벤토리에서 사용할 특정 방어구, 무기, 기타 등등의 메쉬를 추출해야 한다.

캐릭터 모델의 메쉬와 관련 있거나 혹은 관련 없는 인벤토리 아이템을 표현하는 독립 모델을 사용할 수 있다. 이런 아이템들은 플레이어가 아이템을 주울 수 있게 단지 월드 속 시각적 표현을 위해 사용한다.

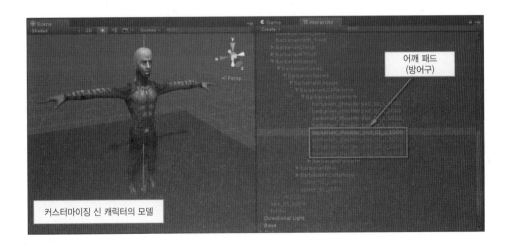

어깨 패드
(방어구)

커스터마이징 신 캐릭터의 모델

캐릭터 커스터마이징 신을 상기해보면 이미 모델에 대한 내용을 완료했고 플레이어의 인터페이스를 통한 선택을 가지고 활성화 혹은 비활성화할 수 있는 부분들을 식별했다.

프리팹 제작

아직 완료하지 않았다면 프로젝트 창에서 Prefabs라는 폴더를 만든다. 이 폴더 속에서 InventoryItems라는 새로운 폴더를 만든다. 그리고 ShoulderPads라는 서브 폴더를 만든다. 다른 네이밍이나 폴더 구조를 사용해도 독자가 편하다면 관계없다. 이는 독자가 앞으로 할 작업의 편의성을 위한 정리이다.

프리팹을 제작하기 위해 신 창에서 존재하는 게임오브젝트를 잡고 프로젝트 창으로 드래그한다. 말끔히 하기 위해 이전 단락에서 정의한 구조체를 사용할 것이다. 따라서 프로젝트 창에서 ShoulderPads 폴더를 따라 다음을 수행한다. 간단히 모델로부터 어깨 패드 메쉬 중 하나를 드래그해 ShoulderPads 폴더로 드롭한다.

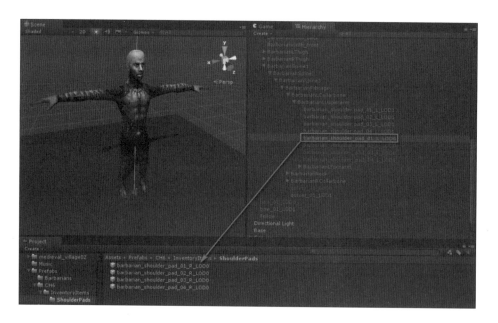

프리팹을 만들 때 프리팹이 활성 신에서 게임오브젝트의 정확한 복사본인지 살펴보자! 필자의 경우 메쉬는 신에서 비활성^{disabled} 상태이다. 따라서 메쉬에 대한 프리팹은 생성할 때마다 동일하게 비활성화 상태일 것이다! 비활성화 상태이기 때문에 새롭게 생성한 프리팹을 신으로 드래그할 때, 새 게임오브젝트는 보이지 않을 것이다. 활성화 상태로 변경해야 할 것이다.

인벤토리 아이템 에이전트 추가

인벤토리 아이템과 함께 상호작용할 수단이 필요하다. 이를 위해 게임 플레이 도중 인벤토리 아이템과의 상호작용을 처리하는 새 스크립트를 만들어야 한다. 이를 Inventory ItemAgent.cs에 구현할 것이다. 이 순간부터 이 스크립트 덕분에 Inventory Item 객체와 상호작용할 수 있다.

다음은 스크립트 내용이다.

```
using UnityEngine;
using System.Collections;

public class InventoryItemAgent : MonoBehaviour
{
    public InventoryItem ItemDescription;
}
```

게임오브젝트와 상호작용을 단순화하기 위해서 스크립트는 MonoBehaviour를 상속한다. 이 스크립트를 프리팹에 부착한다. 인벤토리 아이템을 시각적으로 쉽게 설정할 수 있다.

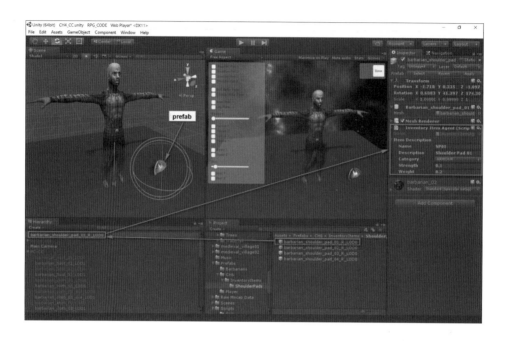

위 스크린샷에서 프리팹으로 만든 게임오브젝트를 볼 수 있다. InventoryItemAgent를 통해 InventoryItem 객체 속성에 접근할 수 있다. 이 개념을 활용해 인벤토리 아이템의 다른 종류 프리팹을 제작할 수 있다.

 신 창에서 변경 사항을 적용하는 경우 원래 프리팹에 적용해 메모리에 저장하는지 확인해야 한다.

주의 : 프리팹에 변경 사항을 적용하면 프리팹의 모든 인스턴스가 새로운 특성으로 업데이트될 것이다.

인벤토리 아이템 정의를 손쉽게 구현했다. 하지만 이 시점에서 아이템과 상호작용 구현이 여전히 필요하다. InventoryItemAgent.cs 스크립트에 상호작용 로직을 구현할 것이다. 첫 번째로 아이템이 누구와 충돌할지 식별해야 한다. 이 경우 아이템을 수집하는 주체가 플레이어가 맞는지 확인해야 한다. 두 번째로 데이터를 GameMaster에 저장해야 한다. 또한 활성 신으로부터 아이템 게임오브젝트를 제거해야 한다. 다음과 같이, 마지막 두 부분은 GameMaster가 담당할 것이다.

다음은 InventoryItemAgent.cs의 새로운 코드를 나열한 것이다.

```csharp
using UnityEngine;
using System.Collections;

public class InventoryItemAgent : MonoBehaviour
{
    public InventoryItem ItemDescription;

    public void OnTriggerEnter (Collider c)
    {
        // 플레이어와 충돌했는지 확인한다.
        if (c.gameObject.tag.Equals ("Player")) {
            // 인벤토리 아이템 객체를 복사한다.
            InventoryItem myItem = new InventoryItem ();
            myItem.CopyInventoryItem (this.ItemDescription);
            // 인벤토리에 아이템을 추가 한다.
            GameMaster.instance.INVENTORY.AddItem (myItem);
            // 신에서 게임오브젝트를 제거 한다.
            GameMaster.instance.RPG_Destroy (this.gameObject);
        }
    }
}
```

InventoryItem.cs 스크립트에 **CopyInventoryItem( )**이라는 새로운 함수를 만들었다. 이 함수는 InventoryItem 객체의 복사본을 만드는 데 사용한다. InventoryItem 클래스에 새롭게 추가한 함수 코드는 다음과 같다.

```
public void CopyInventoryItem (InventoryItem item)
{
    this.CATEGORY = item.CATEGORY;
    this.DESCRIPTION = item.DESCRIPTION;
    this.NAME = item.NAME;
    this.STRENGTH = item.STRENGTH;
    this.WEIGHT = item.WEIGHT;
}
```

GameMaster를 사용해 아이템을 인벤토리에 어떻게 추가하는지 이미 살펴봤다. 그러나 게임에서 게임오브젝트의 삭제를 담당하는 새로운 함수를 추가해야 한다. 이 함수는 RPG_Destroy( ) 함수이다.

 Destroy() 함수 이름과 DestroyImmediate() 함수 이름은 사용할 수 없다. 왜냐하면 저 함수들은 모두 유니티 함수의 일부이기 때문이다. 그렇기 때문에 클래스 안의 네이밍 규칙을 주의해야 한다.

다음은 새 함수의 내용이다.

```
public void RPG_Destroy (GameObject obj)
{
    Destroy (obj);
}
```

인벤토리 아이템을 표현하는 프리팹에 추가해야 할 마지막 컴포넌트는 콜라이더이다.

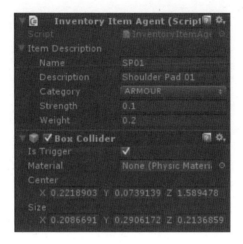

단순화를 위해 박스 콜라이더Box Collider를 사용했다. 콜라이더를 추가하려면 인스펙터 창에서 Add Component ➤ Physics ➤ Box Collider를 선택한다.

인벤토리 아이템 프리팹 정의

다음 스크린샷은 시현을 위해 제작한 인벤토리 아이템 프리팹의 일부를 보여줄 것이다.

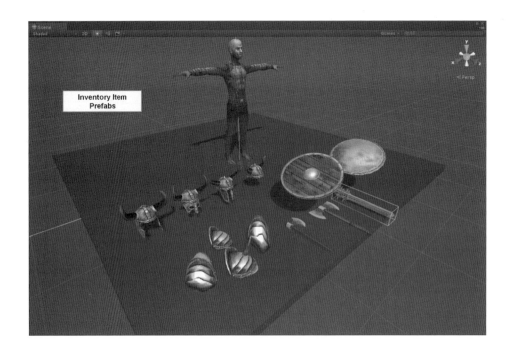

정상적으로 동작하기 위한 핵심은 프리팹에 InventoryItemAgent 스크립트와 Collider 컴포넌트가 부착됐는지 확인하는 것이다. 그 다음 IDE를 통해 인벤토리 아이템 고유 데이터를 제공해야 한다.

다음 표는 각각의 인벤토리 아이템 데이터를 나열했다.

프리팹	이름	설명	카테고리	힘	중량
Helmet	HL01	뿔이 두개 달린 놋쇠 헬멧	ARMOUR	0.2	0.2
	HL02	얼굴 보호용 놋쇠 헬멧	ARMOUR	0.3	0.25
	HL03	얼굴 보호용 구리 헬멧	ARMOUR	0.3	0.3
	HL04	구리 헬멧	ARMOUR	0.2	0.25
Shield	SL01	철 방패	ARMOUR	0.3	0.25
	SL02	나무 방패	ARMOUR	0.2	0.3
Shoulder Pads	SP01	어깨 패드 01	ARMOUR	0.1	0.2

(이어짐)

프리팹	이름	설명	카테고리	힘	중량
	SP02	어깨 패드 02	ARMOUR	0.1	0.2
	SP03	어깨 패드 03	ARMOUR	0.15	0.25
	SP04	어깨 패드 04	ARMOUR	0.2	0.25
Weapons	Axe1	단날 도끼	WEAPON	0.2	0.1
	Axe2	양날 도끼	WEAPON	0.25	0.2
	Club1	나무 몽둥이	WEAPON	0.2	0.1

이 데이터는 임의로 작성했다. 게임과 게임 디자인에 걸맞는 데이터는 독자가 정해야 한다.

▌ 인벤토리 인터페이스

시각적으로 어떻게 게임 플레이 도중 인벤토리를 보여줄지 생각해볼 차례이다. 사용자 인터페이스[1]를 제작하는 과정은 고되다. 게임 플레이에 방해되지 않도록 게임 도중 화면에 표시하고 싶은 정보량의 균형을 잡아야 한다. 동시에 플레이어는 당면한 임무를 완수하는 데 필요한 가장 중요한 정보들을 가지고 있어야 한다.

위에서 언급한 내용과 함께 플레이어와 인벤토리 시스템 기본 상호작용을 가능케 하는 명료한 사용자 인터페이스를 디자인하는 방법을 살펴보자. 플레이어가 수행할 수 있어야 하는 최소한의 조건들을 다음과 같이 나열했다.

- 게임 중 상시 인벤토리 표시 기능
- 카테고리 기반 아이템 탐색 기능
- 각 카테고리별 아이템 리스트 표시 기능
- 인벤토리 아이템 제거 기능
- 인벤토리 아이템 사용 기능
- 인벤토리 내 사용 중인 아이템 표시 기능

다음과 같이 무기, 방어구, 의복, 건강, 포션이 있다.

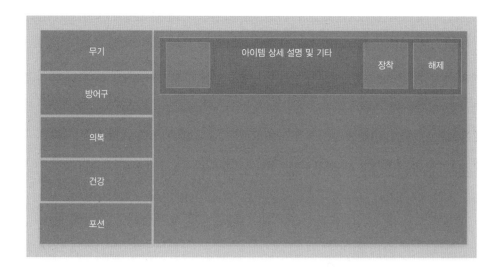

위 그림은 인벤토리 인터페이스 구현을 통해 배운 개념이다. 인터페이스는 다음과 같은 UI 요소들을 활용해 만들 수 있다.

- 버튼
- 패널
- 텍스트
- 이미지

위 그림에서처럼 각 카테고리는 버튼으로 표현하고 카테고리별로 아이템 리스트를 보여주는 메인 패널이 있다. 각 아이템마다 패널이 있고, 그 패널에는 인벤토리 아이템의 이미지, 아이템 상세 설명 그리고 인벤토리 시스템으로부터 아이템을 추가하거나 제거할 수 있는 두 개의 버튼이 있다.

인벤토리 UI 프레임워크 제작

초기 인벤토리 시스템 시각 인터페이스 프레임워크의 구현을 시작하자. 프로젝트의 메인 신에서 아직 Canvas 게임오브젝트를 만들지 않았다면 지금 만든다.

Canvas 게임오브젝트를 만들려면 계층구조 창에 마우스 오른쪽 버튼을 클릭한 후 UI > Panel을 선택한다. 자동으로 Canvas 게임오브젝트와 Canvas 자식으로 패널 하나가 생성될 것이다.

이 패널 이름을 PanelInventory라고 고친다. 이 패널은 다른 모든 것들을 담는 메인 패널이 될 것이다. 이제 카테고리를 표현하는 버튼들을 만들자.

비슷하게 PanelInventory 게임오브젝트위에 마우스 오른쪽 버튼을 클릭한 후 UI > Button을 선택한다. 생성한 새 버튼이 PanelInventory의 자식으로 돼 있는지 확인한다. 버튼을 생성한 이후에 어떠한 이유 때문에 계층구조 창에 자식으로 돼 있지 않으면 생성한 버튼을 PanelInventory 패널 아래로 드래그한다. 이를 다섯 가지 모든 카테고리에 적용한다. 버튼의 이름을 butWeaponsCategory와 같이 적절하게 변경한다.

버튼의 표제caption를 버튼의 기능을 반영하게 변경한다. 또한 텍스트Text 요소의 이름을 txtWeaponsCategory와 같은 형식으로 변경한다.

마지막으로 다시금 PanelInventory 게임오브젝트를 선택하고 마우스 오른쪽 버튼을 클릭 후 UI > Panel을 선택해 PanelInventory에 패널 요소를 추가한다. 새로 생성한 패널의 이름을 PanelCategory로 바꾼다.

인벤토리 사용자 인터페이스는 위 스크린샷처럼 보일 것이다. 작업을 더 진행하기에 앞서 플레이어가 인벤토리 인터페이스를 끄고 켜게 할 수 있도록 UIController.cs, Level conroller.cs, Gamemaster.cs 스크립트를 수정해야 한다.

7장에서 소스 파일 전체를 적을 것이기 때문에 여기에서는 전체를 적지는 않겠다. 다음은 각 스크립트별 변경 사항이다.

- UIController.cs: DisplayInventory()라는 새 함수를 추가했다. 그리고 InventoryCanvas라는 인벤토리 캔버스를 참조하는 변수를 추가했다.

```
public void DisplayInventory ()
{
    this.InventoryCanvas.gameObject.SetActive (GameMaster.instance.
DISPLAY_INVENTORY);
    Debug.Log ("Display Inventory Function");
}
```

- LevelController.cs: OnlevelWasLoaded( ) 함수를 업데이트했다. uiController 게임오브젝트가 존재하는지 검사하고 GameMaster 인스턴스에 할당했다.

```
if (GameObject.FindGameObjectWithTag ("UI")) {
    GameMaster.instance.UI =
        GameObject.FindGameObjectWithTag ("UI").
GetComponent<UIController> ();
    }
```

- GameMaster.cs: J 키를 눌렀는지 확인하기 위해 Update( ) 함수를 변경했다. 인 벤토리 인터베이스를 보여줄지 말지 결정하기 위해 순차적으로 부울 변수를 뒤집는다.

```
void Update ()
{
    // 게임 플레이 관련 레벨일 때만
    if (instance.LEVEL_CONTROLLER.CURRENT_SCENE.name == SceneName.
Level_1) {
        if (Input.GetKeyUp (KeyCode.J)) {
            Debug.Log ("Pressing J");
            instance.DISPLAY_INVENTORY = !instance.DISPLAY_INVENTORY;
            instance.UI.DisplayInventory ();
        }
    }
}
```

메인 메뉴에서 신을 테스트해보면 인터페이스가 보였다가 사라졌다 하는 것을 확인할 수 있을 것이다.

 개발 중일 때나 게임 초기 로드 시에 인벤토리 시스템 캔버스가 비활성 상태이어야 함을 명심하라.

동적 아이템 뷰어 설계

다음 할 일은 동적으로 인벤토리 아이템을 채우고 그것을 사용자 인터페이스 위에 적절히 보여주는 메소드를 만드는 것이다. 지금까지 사용하지 않은 두 가지 새로운 UI 요소를 사용할 것이다. 필요한 만큼 아이템을 스크롤하기 위해 ScrollView를 사용할 것이다. 또한 유니티 5.x에서 바로 사용할 수 있는 Layout UI 요소들을 살펴볼 것이다.

먼저 스크롤 뷰 설정을 살펴본 후, 간단한 스크롤 뷰에 UI 프리팹을 추가할 수 있도록 만들자. 이 작업을 완료한 이후 이전 절에서 기획한 기능들을 수행하는 UI 프리팹을 만들 수 있다.

스크롤 뷰 추가하기

화면에 여러 가지 인벤토리 아이템을 표시하는 법을 궁리해야 한다. 먼저 스크롤이 가능한 인벤토리 UI 뷰를 만드는 방법을 배워야 한다.

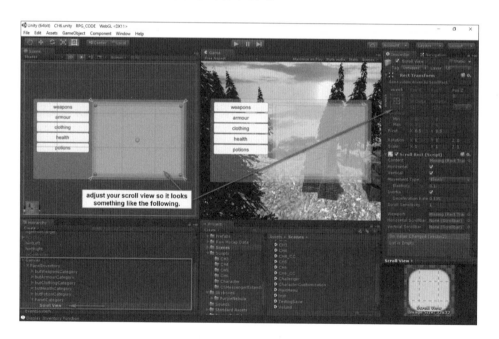

인벤토리 UI를 제작한 신으로 가서 Canvas 안 PanelCategory를 선택한다. 마우스 오른쪽 버튼을 클릭하고 UI > Scroll View를 선택해 스크롤 뷰 UI 요소를 추가한다. 이제 PanelCategory 패널 아래 관련 자식들과 함께 스크롤 뷰 UI 요소가 생겼을 것이다. 자식들은 Viewport, Scrollbar Horizontal, Scrollbar Vertical일 것이다.

 자식들을 지우기 전에 스크롤 뷰 UI 요소들이 알맞게 조정됐는지 확인해야 한다.

기본 스크롤 뷰에 몇 가지를 수정할 것이다. Scroll View의 자식인 Scrollbar Horizontal, Scrollbar Vertical, Viewport를 삭제한다. 삭제한 이후의 화면은 다음 스크린샷처럼 보일 것이다.

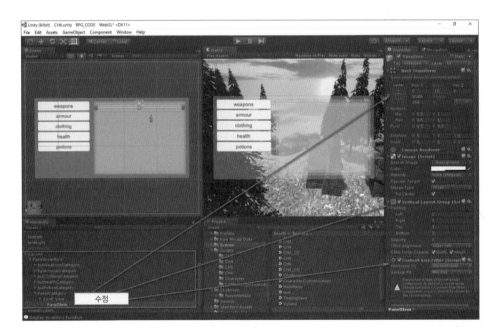

다음으로 스크롤 뷰의 자식으로 패널 요소를 하나 추가해야 한다. 스크롤 뷰를 선택하고 마우스 오른쪽 버튼을 클릭한 다음 UI ❯ Panel을 선택한다. 새로 추가한 패널 이름을 PanelItem으로 변경한다. PanelItem에 두 가지 레이아웃 컴포넌트를 추가해야 한다. PanelItem을 선택하고 인스펙터 창에서 Add Component ❯ Layout ❯ Vertical Layout Group을 선택한 다음 Add Component ❯ Layout ❯ Content Size Filter를 선택한다.

Vertical Layout Group 컴포넌트에 다음과 같은 특성들을 편집한다. Left, Right, Top, Bottom Padding 값을 3으로 맞춘다. Spacing 값을 3으로 맞춘다. Child Aliment를 Upper Left로 변경하고 Child Force Expand의 Width와 Height를 True로 체크한다.

Content Size Filter 컴포넌트에 Horizontal Fit을 Unconstrained로 변경하고 Vertical Fit을 Min Size로 변경한다.

마지막으로 Rect Transform 컴포넌트에서 Anchor Point를 Top Center로, Pos Y값을 −10으로 변경한다.

이제 기본 프레임워크를 만들었다. 다음 단계는 새 스크롤 뷰를 채우는 것이다.

PanelItem과 스크롤 뷰에 UI 요소 추가하기

초심자를 위해 PanelItem 패널 아래 텍스트 요소를 추가하자. PanelItem 요소를 선택하고 마우스 오른쪽 버튼을 클릭 후 UI ❯ Text를 선택한다. 그 다음 텍스트 요소를 선택하고 이름을 txtITemElement로 변경한다. 인스펙터 창에서 Add Component ❯ Layout ❯ Layout Element를 선택해 텍스트 요소에 새 컴포넌트를 추가한다.

Layout Element 컴포넌트의 Min Height 속성을 20으로 수정한다.

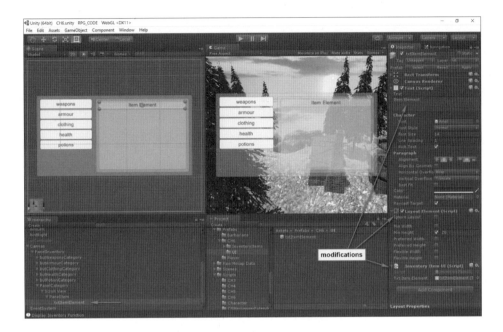

새 텍스트 요소의 텍스트 속성을 접근하고 수정하는 수단이 필요하다. 그러기 위해서는 InventoryItemUI.cs라는 새 스크립트를 제작해야 한다. 스크립트 코드는 텍스트 요소를 참조하는 단지 하나의 공개 변수만을 갖는다.

```
using UnityEngine;
using UnityEngine.UI;

public class InventoryItemUI : MonoBehaviour
{
    public Text txtItemElement;
}
```

마지막으로 텍스트 요소를 계층구조 창에서 txtITemElement 오브젝트에 장착된 InventoryItemUI 컴포넌트의 TextItemElement 속성으로 드래그 앤 드롭한다. 이전 스크린샷을 참고하라.

 이 스크립트는 자기 자신을 참조하는 데 사용한다. 이 스크립트를 사용해 텍스트 UI의 텍스트 컴포넌트를 수정할 것이다.

txtItemElement 오브젝트를 지정한 폴더로 드래그 앤 드롭해서 프리팹을 만들어야 한다. Prefabs 폴더 아래 UI라는 새 폴더를 만들었고 그 폴더 안에 프리팹을 만들었다. 이전 스크린샷을 참고하라.

계층구조 창에서 PanelItem 객체 아래의 txtItemElement를 이제 지울 수 있다. 이제 런타임에 txtItemElement를 동적으로 추가할 것이다.

넘어가기 전 마지막으로 설정해야 할 것이 있다. 스크롤 뷰에 마스크 컴포넌트를 추가해야 한다. 계층구조 창에서 스크롤 뷰를 선택한 후 인스펙터 창에서 **Add Component ➤ UI ➤ Mask**를 선택한다. 마스크 컴포넌트를 추가한 다음 the Show Mask Graphics 속성의 체크 표시가 해제돼 있는지 확인한다.

동적으로 txtItemElement 추가하기

이제 동적으로 인벤토리 아이템이 차지할 자리를 PanelItem에 추가할 차례이다. 그러기 위해서 UIController.cs 스크립트를 사용할 것이다. 스크립트를 클래스에 다음과 같은 변수를 추가한다.

```
public Transform PanelItem;
public GameObject InventoryItemElement;
```

유니티 IDE에서 PanelItem에 캔버스 게임오브젝트를 그리고 프리팹 폴더의 txtItem
Element 프리팹을 할당해야 한다.

다음으로 Update( ) 함수를 수정한 다음 키보드에서 H 키를 눌렀을 때 새 InventoryItemE
lement를 인스턴스화한 후 PanelItem 오브젝트의 자식으로 지정할 것이다.

다음은 코드를 나열한 것이다.

```
public void Update ()
{
    if (Input.GetKeyUp (KeyCode.H)) {
        GameObject newButton =
            GameObject.Instantiate (this.InventoryItemElement) as GameObject;
        InventoryItemUI txtItem = newButton.GetComponent<InventoryItemUI> ();
        txtItem.txtItemElement.text = string.Format ("Adding New Item {0}",
            Time.deltaTime);
        newButton.transform.SetParent (this.PanelItem);
    }
}
```

위 코드는 프리팹을 간단히 인스턴스화한 후 PanelItem의 자식으로 지정한 후 UI 요소의
유일성을 확인하기 위해 타임스탬프^{timestamp} 값으로 캡션을 변경하고 있다.

결과는 다음 스크린샷과 같다.

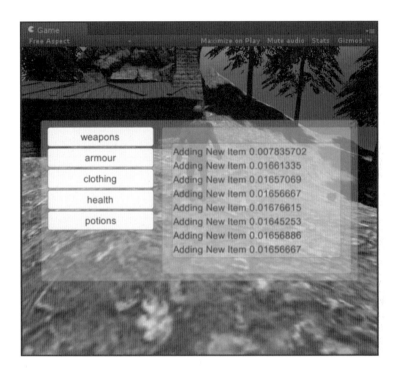

지금까지 동적으로 인벤토리 인터페이스에 아이템을 나열해 주요 UI 요소들을 합쳐 보았다.

최종 인벤토리 아이템 UI 제작

실제 인벤토리 아이템 사용자 인터페이스를 제작하기 위해 여러 UI 요소들을 사용해야한다.

아이템의 컨테이너로서 패널이 필요할 것이다. 패널 안에 이미지, 텍스트, 2개의 버튼을 사용할 것이다.

인벤토리 아이템의 바탕이 될 패널에 Layout Element 컴포넌트와 InventoryItem UI 스크립트를 추가하는 방법에 대해서만 설명할 것이다.

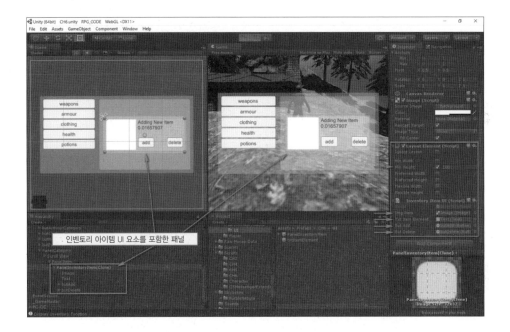

위 스크린샷은 인벤토리 아이템 표시를 위해 개발한 UI 컴포넌트를 보여준다. UI 컴포넌트가 수정됐기 때문에 패널 속 새로운 모든 UI 요소의 참조를 포함하게끔 InventoryItemUI. cs 스크립트를 수정해야 한다.

신규 InventoryItemUI.cs 코드는 다음과 같다.

```
using UnityEngine;
using UnityEngine.UI;
```

```
public class InventoryItemUI : MonoBehaviour
{
    public Image imgItem;
    public Text txtItemElement;
    public Button butAdd;
    public Button butDelete;
}
```

또한 UIController.cs 스크립트를 새 프리팹에 맞게끔 수정해야 한다.

다음은 UIController.cs의 신규 UI 프리팹 관련 코드를 나열한 것이다.

```
    public void Update ()
    {
        if (Input.GetKeyUp (KeyCode.H)) {
            GameObject newItem =
                GameObject.Instantiate (this.InventoryItemElement) as GameObject;
            InventoryItemUI txtItem = newItem.GetComponent<InventoryItemUI> ();
            txtItem.txtItemElement.text = string.Format ("Adding New Item {0}",
                Time.deltaTime);
            // 버튼 트리거
            txtItem.butAdd.GetComponent<Button> ().onClick.AddListener (() => {
                Debug.Log (string.Format ("You have clicked button add for {0}",
                    txtItem.txtItemElement.text));
            });
            txtItem.butDelete.GetComponent<Button> ().onClick.AddListener (() =>
{
                Debug.Log (string.Format ("You have clicked button delete for
{0}",
                    txtItem.txtItemElement.text));
                Destroy (newItem);
                Debug.Log ("Item removed from inventory ...");
            });
            newItem.transform.SetParent (this.PanelItem);
        }
    }
```

위 코드에서 강조하고 싶은 주요 콘셉트는 프리팹의 버튼을 위한 onClick( ) 이벤트 핸들러 구현이다.

UI를 동적으로 생성했기 때문에 어딘가에 onClick( ) 함수의 트리거를 발동하게끔 해야한다. 위 코드와 같이 리스너를 추가한다.

지금부터 butAdd 버튼을 클릭하면 콘솔창에서 적당한 캡션과 함께 출력을 볼 수 있을 것이다. butDelete 버튼을 클릭하면 콘솔창에서 적당한 캡션과 함께 다른 출력을 볼 수 있을 것이다. 그리고 나서 아이템은 사라질 것이다. 다른 말로 하면 인벤토리에서 제거된 것이다.

UI와 실제 인벤토리 시스템 통합

인벤토리 시스템 UI가 제대로 동작하는 데 필요한 개념을 살펴보고 구현했다. 게임 마스터에 저장된 실제 데이터로 사용자 인터페이스를 채울 시간이다.

카테고리 버튼과 데이터 표시 후킹하기

UIController.cs 스크립트에 인벤토리 시스템의 적합한 시각화를 돕는 다섯 가지 새로운 메소드를 제작할 것이다. 다음과 같이 다섯 가지 함수를 추가할 것이다.

- DisplayWeaponsCategory( )
- DisplayArmourCategory( )
- DisplayClothingCategory( )
- DisplayHealthCategory( )
- DisplayPotionsCategory( )

또한 사용자가 하나의 카테고리에서 다른 카테고리로 전환했을 때 패널의 현재 인벤토리 아이템을 정리해야 한다. 이를 위해 ClearInventoryItemPanel( )이란 비공개[private] 함수가 필요하다.

다음은 신규 UIController.cs 스크립트를 나열한 것이다.

```
using UnityEngine;
using UnityEngine.UI;
using System.Collections;
using System.Collections.Generic;

public class UIController : MonoBehaviour
{
    public Canvas SettingsCanvas;
    public Slider ControlMainVolume;
    // the canvas object for inventory system
    public Canvas InventoryCanvas;
    public Transform PanelItem;
    public GameObject InventoryItemElement;

    public void Update ()
    {
    }

    public void DisplaySettings ()
    {
        GameMaster.instance.DISPLAY_SETTINGS =
            !GameMaster.instance.DISPLAY_SETTINGS;
        this.SettingsCanvas.gameObject.SetActive (GameMaster.instance.DISPLAY_
SETTINGS);
    }

    public void MainVolume ()
    {
        GameMaster.instance.MasterVolume (ControlMainVolume.value);
    }
```

```csharp
    public void StartGame ()
    {
        GameMaster.instance.StartGame ();
    }

    public void LoadLevel ()
    {
        if (GameObject.FindGameObjectWithTag ("BASE")) {
            GameMaster.instance.PC_CC =
                GameObject.FindGameObjectWithTag ("BASE").GetComponent<Character
Customization> ().PC_CC;
        }
        GameMaster.instance.LEVEL_CONTROLLER.LEVEL = 1;
        GameMaster.instance.LoadLevel ();
    }

    public void DisplayInventory ()
    {
        this.InventoryCanvas.gameObject.SetActive (GameMaster.instance.DISPLAY_
INVENTORY);
        Debug.Log ("Display Inventory Function");
    }

    private void ClearInventoryItemsPanel ()
    {
        while (this.PanelItem.childCount > 0) {
            Transform t = this.PanelItem.GetChild (0).transform;
            t.parent = null;
            Destroy (t.gameObject);
        }
    }

    public void DisplayWeaponsCategory ()
    {
        if (GameMaster.instance.DISPLAY_INVENTORY) {
            this.ClearInventoryItemsPanel ();
            foreach (InventoryItem item in GameMaster.instance.INVENTORY.WEAPONS)
{
```

```
            GameObject newItem =
                GameObject.Instantiate (this.InventoryItemElement) as
GameObject;

            InventoryItemUI txtItem = newItem.GetComponent<InventoryItemUI>
();

            txtItem.txtItemElement.text =
                string.Format ("Name: {0}, Description: {1}, Strength: {2},
Weight: {3}",

                item.NAME,
                item.DESCRIPTION,
                item.STRENGTH,
                item.WEIGHT);
            // 버튼 트리거
            txtItem.butAdd.GetComponent<Button> ().onClick.AddListener (() =>
{
                Debug.Log (string.Format ("You have clicked button add for
{0}",

                    txtItem.txtItemElement.text));
            });
            txtItem.butDelete.GetComponent<Button> ().onClick.AddListener ((()
=> {
                Debug.Log (string.Format ("You have clicked button delete for
{0}",

                    txtItem.txtItemElement.text));
                Destroy (newItem);
            });
            newItem.transform.SetParent (this.PanelItem);
        }
    }
}

    public void DisplayArmourCategory ()
    {
        if (GameMaster.instance.DISPLAY_INVENTORY) {
            this.ClearInventoryItemsPanel ();
            foreach (InventoryItem item in GameMaster.instance.INVENTORY.ARMOUR) {
                GameObject newItem =
                    GameObject.Instantiate (this.InventoryItemElement) as
```

```
GameObject;
                InventoryItemUI txtItem = newItem.GetComponent<InventoryItemUI>
();

                txtItem.txtItemElement.text =
                    string.Format ("Name: {0}, Description: {1}, Strength: {2},
Weight: {3}",
                    item.NAME,
                    item.DESCRIPTION,
                    item.STRENGTH,
                    item.WEIGHT);
                // 버튼 트리거
                txtItem.butAdd.GetComponent<Button> ().onClick.AddListener (() =>
{
                    Debug.Log (string.Format ("You have clicked button add for
{0}",
                        txtItem.txtItemElement.text));
                });
                txtItem.butDelete.GetComponent<Button> ().onClick.AddListener (()
=> {
                    Debug.Log (string.Format ("You have clicked button delete for
{0}",
                        txtItem.txtItemElement.text));
                    Destroy (newItem);
                });
                newItem.transform.SetParent (this.PanelItem);
            }
        }
    }

    public void DisplayClothingCategory ()
    {
        if (GameMaster.instance.DISPLAY_INVENTORY) {
            this.ClearInventoryItemsPanel ();
            foreach (InventoryItem item in
                GameMaster.instance.INVENTORY.CLOTHING) {
                GameObject newItem =
                    GameObject.Instantiate (this.InventoryItemElement) as
GameObject;
```

```
                    InventoryItemUI txtItem = newItem.GetComponent<InventoryItemUI>
();

                    txtItem.txtItemElement.text =
                        string.Format ("Name: {0}, Description: {1}, Strength: {2},
Weight: {3}",

                        item.NAME,
                        item.DESCRIPTION,
                        item.STRENGTH,
                        item.WEIGHT);
                    // 버튼 트리거
                    txtItem.butAdd.GetComponent<Button> ().onClick.AddListener (() =>
{

                        Debug.Log (string.Format ("You have clicked button add for
{0}",

                            txtItem.txtItemElement.text));
                    });
                    txtItem.butDelete.GetComponent<Button> ().onClick.AddListener (()
=> {

                        Debug.Log (string.Format ("You have clicked button delete for
{0}",

                            txtItem.txtItemElement.text));
                        Destroy (newItem);
                    });
                    newItem.transform.SetParent (this.PanelItem);
                }
            }
        }


    public void DisplayHealthCategory ()
    {
        if (GameMaster.instance.DISPLAY_INVENTORY) {
            this.ClearInventoryItemsPanel ();
            foreach (InventoryItem item in GameMaster.instance.INVENTORY.HEALTH) {
                GameObject newItem =
                    GameObject.Instantiate (this.InventoryItemElement) as
GameObject;
                InventoryItemUI txtItem = newItem.GetComponent<InventoryItemUI>
();
```

```
                txtItem.txtItemElement.text =
                    string.Format ("Name: {0}, Description: {1}, Strength: {2},
Weight: {3}",
                        item.NAME,
                        item.DESCRIPTION,
                        item.STRENGTH,
                        item.WEIGHT);
                // 버튼 트리거
                txtItem.butAdd.GetComponent<Button> ().onClick.AddListener (() =>
{
                    Debug.Log (string.Format ("You have clicked button add for
{0}",
                        txtItem.txtItemElement.text));
                });
                txtItem.butDelete.GetComponent<Button> ().onClick.AddListener (()
=> {
                    Debug.Log (string.Format ("You have clicked button delete for
{0}",
                        txtItem.txtItemElement.text));
                    Destroy (newItem);
                });
                newItem.transform.SetParent (this.PanelItem);
            }
        }
    }

    public void DisplayPotionsCategory ()
    {
        if (GameMaster.instance.DISPLAY_INVENTORY) {
            this.ClearInventoryItemsPanel ();
            foreach (InventoryItem item in GameMaster.instance.INVENTORY.POTIONS)
{
                GameObject newItem =
                    GameObject.Instantiate (this.InventoryItemElement) as
GameObject;
                InventoryItemUI txtItem = newItem.GetComponent<InventoryItemUI>
();
                txtItem.txtItemElement.text =
```

```
                    string.Format ("Name: {0}, Description: {1}, Strength: {2},
Weight: {3}",
                item.NAME,
                item.DESCRIPTION,
                item.STRENGTH,
                item.WEIGHT);
            // 버튼 트리거
            txtItem.butAdd.GetComponent<Button> ().onClick.AddListener (() =>
{
                Debug.Log (string.Format ("You have clicked button add for
{0}",
                    txtItem.txtItemElement.text));
            });
            txtItem.butDelete.GetComponent<Button> ().onClick.AddListener (()
=> {
                Debug.Log (string.Format ("You have clicked button delete for
{0}",
                    txtItem.txtItemElement.text));
                Destroy (newItem);
            });
            newItem.transform.SetParent (this.PanelItem);
        }
    }
  }

}
```

데이터를 저장하는 특성properties에 쉽게 접근할 수 있게끔 InventorySystem.cs 스크립트를 수정해야 한다.

다음은 새로운 코드를 나열한 것이다.

```
using System;
using UnityEngine;
using System.Collections.Generic;
```

```
[Serializable]
public class InventorySystem
{
    [SerializeField]
    private List<InventoryItem> weapons = new List<InventoryItem> ();
    [SerializeField]
    private List<InventoryItem> armour = new List<InventoryItem> ();
    [SerializeField]
    private List<InventoryItem> clothing = new List<InventoryItem> ();
    [SerializeField]
    private List<InventoryItem> health = new List<InventoryItem> ();
    [SerializeField]
    private List<InventoryItem> potion = new List<InventoryItem> ();

    public List<InventoryItem> WEAPONS {
        get { return this.weapons; }
    }

    public List<InventoryItem> ARMOUR {
        get { return this.armour; }
    }

    public List<InventoryItem> CLOTHING {
        get { return this.clothing; }
    }

    public List<InventoryItem> HEALTH {
        get { return this.health; }
    }

    public List<InventoryItem> POTIONS {
        get { return this.potion; }
    }
    //[SerializeField]
    private InventoryItem selectedWeapon;
    //[SerializeField]
    private InventoryItem selectedArmour;
```

```csharp
    public InventoryItem SELECTED_WEAPON {
        get { return this.selectedWeapon; }
        set { this.selectedWeapon = value; }
    }

    public InventoryItem SELECTED_ARMOUR {
        get { return this.selectedArmour; }
        set { this.selectedArmour = value; }
    }

    public InventorySystem ()
    {
        this.ClearInventory ();
    }

    public void ClearInventory ()
    {
        this.weapons.Clear ();
        this.armour.Clear ();
        this.clothing.Clear ();
        this.health.Clear ();
        this.potion.Clear ();
    }
    // 이 함수는 인벤토리 아이템을 추가할 것이다.
    public void AddItem (InventoryItem item)
    {
        switch (item.CATEGORY) {
        case BaseItem.ItemCategory.ARMOUR:
            {
                this.armour.Add (item);
                break;
            }

        case BaseItem.ItemCategory.CLOTHING:
            {
                this.clothing.Add (item);
                break;
            }

        case BaseItem.ItemCategory.HEALTH:
```

```
                {
                    this.health.Add (item);
                    break;
        }

            case BaseItem.ItemCategory.POTION:
                {
                    this.potion.Add (item);
                    break;
        }

            case BaseItem.ItemCategory.WEAPON:
                {
                    this.weapons.Add (item);
                    break;
        }

            }
        }
    // 이 함수는 인벤토리 아이템을 제거할 것이다.
    public void DeleteItem (InventoryItem item)
    {
        switch (item.CATEGORY) {
        case BaseItem.ItemCategory.ARMOUR:
            {
                this.armour.Remove (item);
                break;
    }

        case BaseItem.ItemCategory.CLOTHING:
            {
                this.clothing.Remove (item);
                break;
    }

        case BaseItem.ItemCategory.HEALTH:
            {
                this.health.Remove (item);
                break;
    }

        case BaseItem.ItemCategory.POTION:
            {
                this.potion.Remove (item);
```

```
                break;
        }
        case BaseItem.ItemCategory.WEAPON:
            {
                this.weapons.Remove (item);
                break;
            }
        }
    }
}
```

테스트 목적으로 사용했었던 UIController.cs 스크립트의 **Update( )** 함수 코드를 제거했음을 확인하자.

인벤토리 시스템 테스트

테스트 목적으로 6장 초반에 만든 인벤토리 아이템 프리팹을 몇 개 뿌려 보았다.

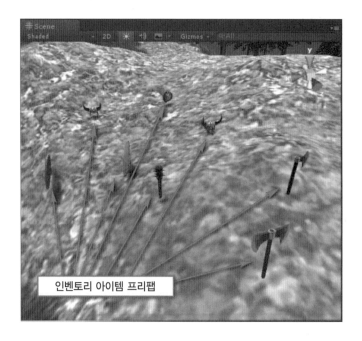

인벤토리 아이템 프리팹

메인 메뉴에서 게임 시작 버튼을 누르고 캐릭터 커스터마이징에서 플레이어 캐릭터를 저장하고 게임을 시작하자. 플레이 가능한 신에 도달 후 신 전반에 걸쳐 뿌려 놓은 몇 가지 아이템을 줍자.

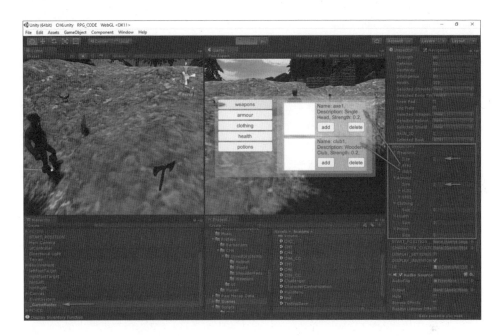

위 스크린샷에서 _GameMaster 게임오브젝트를 선택해 인스펙터 창에 INVENTORY 데이터를 확인하자.

두 가지 무기와 두 가지 방어구를 잡았다. 주운 무기 아이템은 axe1과 club1이다. 인스펙터 창에 나왔듯이 주운 방어구 아이템은 HL02와 SP01이다.

인벤토리 창을 띄우고 **weapons** 버튼을 클릭 후 게임 창^{Game Window}을 확인하자. 목록에는 카테고리 내 각각의 인벤토리 아이템들의 올바른 데이터가 표시돼 있다.

인벤토리 내에 방어구를 살펴보기 위해 방어구 버튼을 클릭하자. 다음 스크린샷은 데이터를 기반으로 인벤토리의 방어구 카테고리 내 아이템들을 보여준다.

add 버튼의 onClick( ) 이벤트를 확인하려면 다음 스크린샷과 같이 콘솔창을 확인한다.

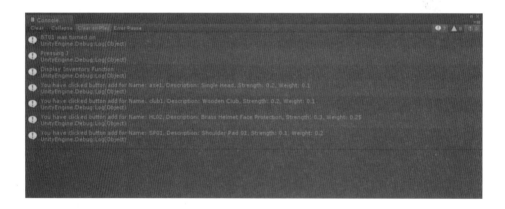

긴 시간을 달려왔다. 정리하는 시간을 갖자.

먼저 게임 인벤토리 시스템의 토대를 세우기 위해 다음과 같은 스크립트들을 제작했다.

- BaseItem.cs
- InventoryItem.cs
- InventoryItemAgent.cs
- InventorySystem.cs

그 다음 단계는 각 인벤토리 아이템의 프리팹을 제작하고 그것에 InventoryItemAgent.cs 스크립트를 추가하는 것이었다. 스크립트 덕분에 게임 플레이 도중 인벤토리 아이템의 프리팹을 식별하기 위해 필요한 데이터를 할당할 수 있었다.

다음으로 인벤토리 시스템의 사용자 인터페이스를 설계하고 디자인했다. 인벤토리 창의 겉모습을 스케치했고 유니티의 UI 요소들을 가지고 프레임워크를 구현했다.

UI에 천천히 여러 개념들을 적용하고 새 UI 요소들을 추가하면서 인벤토리 시스템의 최종 사용자 인터페이스를 제작했다.

마지막으로 사용자 인터페이스에서 인벤토리 아이템을 추가 및 제거 테스트를 하는 데 프리팹을 사용했다.

바로 다음에는 인벤토리 아이템을 플레이어에게 실제로 적용하는지 살펴볼 것이다.

인벤토리 아이템과 플레이어 캐릭터

지금까지 인벤토리 시스템 제작법을 살펴봤다. 이를 게임 플레이 중 활용해 플레이어 캐릭터에 적용해야 한다. 이 절에서 이에 대해 논의할 것이다.

작업할 새로운 기능들은 다음과 같다.

- 선택한 인벤토리 아이템을 플레이어 캐릭터에 적용
- 플레이어 캐릭터와 인벤토리 시스템 데이터 정리
- 적절한 게임 상태 갱신

인벤토리 아이템 적용

인벤토리 아이템을 플레이어에게 적용하는 방법을 결정하고, 시스템이 이벤트를 처리하는 방식을 결정해야 한다. 플레이어 캐릭터가 여러 가지 무기를 획득했고, 획득한 무기를 A, B, C라고 가정하자.

그리고 처음에 플레이어는 어떠한 무기도 들고 있지 않았다고 가정하자. 이제 플레이어는 A라는 무기를 들고 싶다. 이 시나리오에서 인벤토리 아이템 데이터를 사용해 무기와 관련된 모든 데이터들을 고려하며 플레이어가 무기 A를 들게 하면 된다.

이제 플레이어는 무기를 B로 바꾸고 싶다. 왜냐하면 더 강력해서 보스를 잡는 데 유용하기 때문이다. 현재 무기 A를 이미 들고 있기 때문에 무기 B를 들기 전에 무엇인가를 해야한다. 게임 월드로 무기 A를 버려야 할까? 아니면 나중에 다시 사용하기 위해 인벤토리로 되돌려 놓아야 할까?

여기에서는 인벤토리에 아이템이 한 번 들어오면 인벤토리에서 그 아이템을 실제 삭제하기 전에는 그대로 둘 것이다. 물론 삭제하는 경우는 아이템을 파괴할 것이다. 모든 것이 제대로 동작하려면 약간의 코드 수정뿐만 아니라 프리펩의 수정도 필요하다.

InventoryItem.cs 스크립트와 함께 시작해보자. 인벤토리 아이템의 종류를 저장하는 새로운 데이터를 추가할 것이다. 카테고리와 카테고리 내에 여러 가지 종류의 아이템들이 존재하기 때문이다. 특히 방어구 카테고리일 때 이 데이터가 필요하다. 예를 들어 방어구 카테고리 내에는 헬멧, 방패, 어깨 패드 등이 들어갈 수 있다.

코드는 다음과 같다.

```
using System;
using UnityEngine;
using System.Collections;

[Serializable]
public class InventoryItem : BaseItem
```

```
{
    public enum ItemType
    {
        HELMET = 0,
        SHIELD = 1,
        SHOULDER_PAD = 2,
        KNEE_PAD = 3,
        BOOTS = 4,
        WEAPON = 5
    }
    [SerializeField]
    private ItemCategory category;
    [SerializeField]
    private ItemType type;
    [SerializeField]
    private float strength;
    [SerializeField]
    private float weight;

    public ItemCategory CATEGORY {
        get { return this.category; }
        set { this.category = value; }
    }

    public ItemType TYPE {
        get { return this.type; }
        set { this.type = value; }
    }

    public float STRENGTH {
        get { return this.strength; }
        set { this.strength = value; }
    }

    public float WEIGHT {
        get { return this.weight; }
        set { this.weight = value; }
    }
```

```
public void CopyInventoryItem (InventoryItem item)
{
    this.CATEGORY = item.CATEGORY;
    this.TYPE = item.TYPE;
    this.DESCRIPTION = item.DESCRIPTION;
    this.NAME = item.NAME;
    this.STRENGTH = item.STRENGTH;
    this.WEIGHT = item.WEIGHT;
}

}
```

스크립트 업데이트를 마친 후에 IDE로 돌아간다. 그 후 이전에 만든 인벤토리 아이템 각각의 프리팹에 적합한 타입을 선택한다.

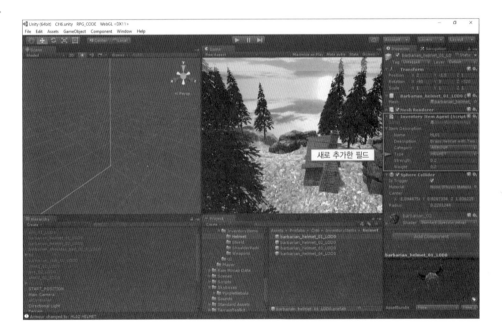

인벤토리 아이템으로 제작한 각각의 프리팹의 Type 필드를 갱신해야 한다.

PC.cs 스크립트를 수정해야 한다. 몇 가지 기존에 있었던 변수들을 비공개로 전환하고, 그것들에 접근할 수 있도록 공개 프로퍼티를 만들 것이다. 추가 선행 작업을 수행해야 하거나 프로퍼티 값을 읽거나 쓴 이후에 작업을 수행해야 한다면 이러한 방식을 통해 쉽게 가능하다.

PC.cs 스크립트 코드는 다음과 같다.

```csharp
using System;
using UnityEngine;

public delegate void WeaponChangedEventHandler (PC.WEAPON_TYPE weapon);
[Serializable]
public class PC : BaseCharacter
{

    //public event WeaponChangedEventHandler PlayerWeaponChanged;
    public enum SHOULDER_PAD
    {
        none = 0,
        SP01 = 1,
        SP02 = 2,
        SP03 = 3,
        SP04 = 4
    };

    public enum BODY_TYPE { normal = 1, BT01 = 2, BT02 = 3 };

    // 어깨 패드
    [SerializeField]
    private SHOULDER_PAD selectedShoulderPad = SHOULDER_PAD.none;

    public SHOULDER_PAD SELECTED_SHOULDER_PAD {
        get { return this.selectedShoulderPad; }
        set { this.selectedShoulderPad = value; }
    }
```

```
[SerializeField]
private BODY_TYPE selectedBodyType = BODY_TYPE.normal;

public BODY_TYPE SELECTED_BODY_TYPE {
    get { return this.selectedBodyType; }
    set { this.selectedBodyType = value; }
}
// 무릎 패드를 가지고 있는가?
private bool kneePad = false;

public bool KNEE_PAD {
    get { return this.kneePad; }
    set { this.kneePad = value; }
}
// 레그 플레이트를 가지고 있는가?
private bool legPlate = false;
public bool LEG_PLATE {
    get { return this.legPlate; }
    set { this.legPlate = value; }
}

public enum WEAPON_TYPE
{

    none = 0,
    axe1 = 1,
    axe2 = 2,
    club1 = 3,
    club2 = 4,
    falchion = 5,
    gladius = 6,
    mace = 7,
    maul = 8,
    scimitar = 9,
    spear = 10,
    sword1 = 11,
    sword2 = 12,
    sword3 = 13
```

```csharp
};

    // 선택한 무기를 저장한다. 추후 무기가 변경됐을 때 세터(setter)에
    // 이벤트를 발생시키는 이벤트 핸들러를 만들어야 할 수도 있다.
    [SerializeField]
    private WEAPON_TYPE selectedWeapon = WEAPON_TYPE.none;

    public WEAPON_TYPE SELECTED_WEAPON {
        get { return this.selectedWeapon; }
        set {
            this.selectedWeapon = value;
            //if (PlayerWeaponChanged != null)
            //{
            //    // 모든 리스너들을 호출할 것임
            //    PlayerWeaponChanged(this.selectedWeapon);
            //}
        }
    }

    public enum HELMET_TYPE { none = 0, HL01 = 1, HL02 = 2, HL03 = 3, HL04 = 4 };
    // 헬멧을 가지고 있는가? 있다면 어떤 것인가?

    [SerializeField]
    private HELMET_TYPE selectedHelmet = HELMET_TYPE.none;

    public HELMET_TYPE SELECTED_HELMET {
        get { return this.selectedHelmet; }
        set { this.selectedHelmet = value; }
    }

    public enum SHIELD_TYPE { none = 0, SL01 = 1, SL02 = 2 };
    // 방패를 들고 있는가? 어떤 방패를 들고 있는가?

    [SerializeField]
    private SHIELD_TYPE selectedShield = SHIELD_TYPE.none;

    public SHIELD_TYPE SELECTED_SHIELD {
        get { return this.selectedShield; }
```

```
        set { this.selectedShield = value; }
    }

    public int SKIN_ID = 1;

    public enum BOOT_TYPE { none = 0, BT01 = 1, BT02 = 2};

    [SerializeField]
    private BOOT_TYPE selectedBoot = BOOT_TYPE.none;

    public BOOT_TYPE SELECTED_BOOT {
        get { return this.selectedBoot; }
        set { this.selectedBoot = value; }
    }

    [SerializeField]
    private InventoryItem selectedArmour;

    public InventoryItem SELECTED_ARMOUR {
        get { return this.selectedArmour; }
        set { this.selectedArmour = value; }
    }
}
```

다음은 CharacterCustomization.cs 스크립트를 수정할 것이다. 이 스크립트는 캐릭터 커스터마이징 신에서 사용한 스크립트이므로, 플레이어 캐릭터의 외형 변화를 적용하는데이 스크립트를 확장해 활용할 수 있다. 하지만 이 스크립트를 활용하기 앞서 캐릭터 커스터마이징 신에 정의한 Base 게임오브젝트의 실제 컴포넌트를 복사해야 하고 그것을 플레이어 캐릭터를 표현하는 PC_CC 게임오브젝트에 붙여 넣어야 한다.

인스펙터 창의 기어 메뉴를 사용해 컴포넌트를 복사하면 모든 설정, 링크, 참조는 변하지 않는다. 기어 메뉴를 사용해 컴포넌트를 붙여 넣으면 컴포넌트의 동일한 복사본이 생성될 것이다. 따라서 게임오브젝트의 전부를 각각에 맞는 참조들로 다시 연결하는 수고를 덜어 준다.

다음 두 스크린샷은 Base 게임오브젝트에서 PC_CC 게임 오브젝트로 복사한 컴포넌트를 보여준다.

기어 아이콘을 사용해 드롭다운 메뉴에서 copy component 옵션을 선택하면 캐릭터 커스터마이징 컴포넌트를 모든 참조들과 함께 복사할 것이다.

이 스크립트는 PC_CC 게임오브젝트 계층 구조의 여러 부분들을 실제로 참조하고 있기 때문에 동작한다. Base 게임오브젝트에서와 이 스크립트의 차이점은 커스터마이징을 위해 사용했다는 점이다.

 저 두 컴포넌트 전부 동시에 같은 신에서 동작할 수 있을까? 물론이다. 하지만 그럴 경우 TIP PC_CC 게임오브젝트를 사용하기 위해서 UI 이벤트 트리거를 다시 손봐야 한다. 그리고는 Base 게임오브젝트에 CharacterCustomization.cs 스크립트를 제거해도 된다.

이제 GameMaster.cs 스크립트가 전달한 데이터를 사용해 플레이어 캐릭터 모델의 다른 부분들을 활성화하기 위해 CharacterCustomization.cs 스크립트를 수정해야 한다.

다음은 CharacterCustomization.cs 스크립트 코드의 일부분이다.

```csharp
public void SetWeaponType (PC.WEAPON_TYPE id)
{
    switch (System.Convert.ToInt32 (id)) {
    case 0:
        {
            this.AXE_01LOD0.SetActive (false);
            this.AXE_02LOD0.SetActive (false);
            this.CLUB_01LOD0.SetActive (false);
            this.CLUB_02LOD0.SetActive (false);
            this.FALCHION_LOD0.SetActive (false);
            this.GLADIUS_LOD0.SetActive (false);
            this.MACE_LOD0.SetActive (false);
            this.MAUL_LOD0.SetActive (false);
            this.SCIMITAR_LOD0.SetActive (false);
            this.SPEAR_LOD0.SetActive (false);
            this.SWORD_BASTARD_LOD0.SetActive (false);
            this.SWORD_BOARD_01LOD0.SetActive (false);
            this.SWORD_SHORT_LOD0.SetActive (false);
            break;
        }
    case 1:
        {
            this.AXE_01LOD0.SetActive (true);
            this.AXE_02LOD0.SetActive (false);
            this.CLUB_01LOD0.SetActive (false);
            this.CLUB_02LOD0.SetActive (false);
            this.FALCHION_LOD0.SetActive (false);
            this.GLADIUS_LOD0.SetActive (false);
            this.MACE_LOD0.SetActive (false);
            this.MAUL_LOD0.SetActive (false);
            this.SCIMITAR_LOD0.SetActive (false);
            this.SPEAR_LOD0.SetActive (false);
            this.SWORD_BASTARD_LOD0.SetActive (false);
            this.SWORD_BOARD_01LOD0.SetActive (false);
            this.SWORD_SHORT_LOD0.SetActive (false);
            break;
        }
```

```
case 2:
    {
        this.AXE_01LOD0.SetActive (false);
        this.AXE_02LOD0.SetActive (true);
        this.CLUB_01LOD0.SetActive (false);
        this.CLUB_02LOD0.SetActive (false);
        this.FALCHION_LOD0.SetActive (false);
        this.GLADIUS_LOD0.SetActive (false);
        this.MACE_LOD0.SetActive (false);
        this.MAUL_LOD0.SetActive (false);
        this.SCIMITAR_LOD0.SetActive (false);
        this.SPEAR_LOD0.SetActive (false);
        this.SWORD_BASTARD_LOD0.SetActive (false);
        this.SWORD_BOARD_01LOD0.SetActive (false);
        this.SWORD_SHORT_LOD0.SetActive (false);
        break;
    }
case 3:
    {
        this.AXE_01LOD0.SetActive (false);
        this.AXE_02LOD0.SetActive (false);
        this.CLUB_01LOD0.SetActive (true);
        this.CLUB_02LOD0.SetActive (false);
        this.FALCHION_LOD0.SetActive (false);
        this.GLADIUS_LOD0.SetActive (false);
        this.MACE_LOD0.SetActive (false);
        this.MAUL_LOD0.SetActive (false);
        this.SCIMITAR_LOD0.SetActive (false);
        this.SPEAR_LOD0.SetActive (false);
        this.SWORD_BASTARD_LOD0.SetActive (false);
        this.SWORD_BOARD_01LOD0.SetActive (false);
        this.SWORD_SHORT_LOD0.SetActive (false);
        break;
    }
case 4:
    {
        this.AXE_01LOD0.SetActive (false);
        this.AXE_02LOD0.SetActive (false);
```

```
                this.CLUB_01LOD0.SetActive (false);
                this.CLUB_02LOD0.SetActive (true);
                this.FALCHION_LOD0.SetActive (false);
                this.GLADIUS_LOD0.SetActive (false);
                this.MACE_LOD0.SetActive (false);
                this.MAUL_LOD0.SetActive (false);
                this.SCIMITAR_LOD0.SetActive (false);
                this.SPEAR_LOD0.SetActive (false);
                this.SWORD_BASTARD_LOD0.SetActive (false);
                this.SWORD_BOARD_01LOD0.SetActive (false);
                this.SWORD_SHORT_LOD0.SetActive (false);
                break;
        }
    case 5:
        {
                this.AXE_01LOD0.SetActive (false);
                this.AXE_02LOD0.SetActive (false);
                this.CLUB_01LOD0.SetActive (false);
                this.CLUB_02LOD0.SetActive (false);
                this.FALCHION_LOD0.SetActive (true);
                this.GLADIUS_LOD0.SetActive (false);
                this.MACE_LOD0.SetActive (false);
                this.MAUL_LOD0.SetActive (false);
                this.SCIMITAR_LOD0.SetActive (false);
                this.SPEAR_LOD0.SetActive (false);
                this.SWORD_BASTARD_LOD0.SetActive (false);
                this.SWORD_BOARD_01LOD0.SetActive (false);
                this.SWORD_SHORT_LOD0.SetActive (false);
                break;
        }
    case 6:
        {
                this.AXE_01LOD0.SetActive (false);
                this.AXE_02LOD0.SetActive (false);
                this.CLUB_01LOD0.SetActive (false);
                this.CLUB_02LOD0.SetActive (false);
                this.FALCHION_LOD0.SetActive (false);
                this.GLADIUS_LOD0.SetActive (true);
```

```
                    this.MACE_LOD0.SetActive (false);
                    this.MAUL_LOD0.SetActive (false);
                    this.SCIMITAR_LOD0.SetActive (false);
                    this.SPEAR_LOD0.SetActive (false);
                    this.SWORD_BASTARD_LOD0.SetActive (false);
                    this.SWORD_BOARD_01LOD0.SetActive (false);
                    this.SWORD_SHORT_LOD0.SetActive (false);
                    break;
            }
        case 7:
            {
                    this.AXE_01LOD0.SetActive (false);
                    this.AXE_02LOD0.SetActive (false);
                    this.CLUB_01LOD0.SetActive (false);
                    this.CLUB_02LOD0.SetActive (false);
                    this.FALCHION_LOD0.SetActive (false);
                    this.GLADIUS_LOD0.SetActive (false);
                    this.MACE_LOD0.SetActive (true);
                    this.MAUL_LOD0.SetActive (false);
                    this.SCIMITAR_LOD0.SetActive (false);
                    this.SPEAR_LOD0.SetActive (false);
                    this.SWORD_BASTARD_LOD0.SetActive (false);
                    this.SWORD_BOARD_01LOD0.SetActive (false);
                    this.SWORD_SHORT_LOD0.SetActive (false);
                    break;
            }
        case 8:
            {
                    this.AXE_01LOD0.SetActive (false);
                    this.AXE_02LOD0.SetActive (false);
                    this.CLUB_01LOD0.SetActive (false);
                    this.CLUB_02LOD0.SetActive (false);
                    this.FALCHION_LOD0.SetActive (false);
                    this.GLADIUS_LOD0.SetActive (false);
                    this.MACE_LOD0.SetActive (false);
                    this.MAUL_LOD0.SetActive (true);
                    this.SCIMITAR_LOD0.SetActive (false);
                    this.SPEAR_LOD0.SetActive (false);
```

```
                this.SWORD_BASTARD_LOD0.SetActive (false);
                this.SWORD_BOARD_01LOD0.SetActive (false);
                this.SWORD_SHORT_LOD0.SetActive (false);
                break;
        }
    case 9:
        {
                this.AXE_01LOD0.SetActive (false);
                this.AXE_02LOD0.SetActive (false);
                this.CLUB_01LOD0.SetActive (false);
                this.CLUB_02LOD0.SetActive (false);
                this.FALCHION_LOD0.SetActive (false);
                this.GLADIUS_LOD0.SetActive (false);
                this.MACE_LOD0.SetActive (false);
                this.MAUL_LOD0.SetActive (false);
                this.SCIMITAR_LOD0.SetActive (true);
                this.SPEAR_LOD0.SetActive (false);
                this.SWORD_BASTARD_LOD0.SetActive (false);
                this.SWORD_BOARD_01LOD0.SetActive (false);
                this.SWORD_SHORT_LOD0.SetActive (false);
                break;
        }
    case 10:
        {
                this.AXE_01LOD0.SetActive (false);
                this.AXE_02LOD0.SetActive (false);
                this.CLUB_01LOD0.SetActive (false);
                this.CLUB_02LOD0.SetActive (false);
                this.FALCHION_LOD0.SetActive (false);
                this.GLADIUS_LOD0.SetActive (false);
                this.MACE_LOD0.SetActive (false);
                this.MAUL_LOD0.SetActive (false);
                this.SCIMITAR_LOD0.SetActive (false);
                this.SPEAR_LOD0.SetActive (true);
                this.SWORD_BASTARD_LOD0.SetActive (false);
                this.SWORD_BOARD_01LOD0.SetActive (false);
                this.SWORD_SHORT_LOD0.SetActive (false);
                break;
```

```
        }
case 11:
    {
        this.AXE_01LOD0.SetActive (false);
        this.AXE_02LOD0.SetActive (false);
        this.CLUB_01LOD0.SetActive (false);
        this.CLUB_02LOD0.SetActive (false);
        this.FALCHION_LOD0.SetActive (false);
        this.GLADIUS_LOD0.SetActive (false);
        this.MACE_LOD0.SetActive (false);
        this.MAUL_LOD0.SetActive (false);
        this.SCIMITAR_LOD0.SetActive (false);
        this.SPEAR_LOD0.SetActive (false);
        this.SWORD_BASTARD_LOD0.SetActive (true);
        this.SWORD_BOARD_01LOD0.SetActive (false);
        this.SWORD_SHORT_LOD0.SetActive (false);
        break;
    }
case 12:
    {
        this.AXE_01LOD0.SetActive (false);
        this.AXE_02LOD0.SetActive (false);
        this.CLUB_01LOD0.SetActive (false);
        this.CLUB_02LOD0.SetActive (false);
        this.FALCHION_LOD0.SetActive (false);
        this.GLADIUS_LOD0.SetActive (false);
        this.MACE_LOD0.SetActive (false);
        this.MAUL_LOD0.SetActive (false);
        this.SCIMITAR_LOD0.SetActive (false);
        this.SPEAR_LOD0.SetActive (false);
        this.SWORD_BASTARD_LOD0.SetActive (false);
        this.SWORD_BOARD_01LOD0.SetActive (true);
        this.SWORD_SHORT_LOD0.SetActive (false);
        break;
    }
case 13:
    {
        this.AXE_01LOD0.SetActive (false);
```

```
                this.AXE_02LOD0.SetActive (false);
                this.CLUB_01LOD0.SetActive (false);
                this.CLUB_02LOD0.SetActive (false);
                this.FALCHION_LOD0.SetActive (false);
                this.GLADIUS_LOD0.SetActive (false);
                this.MACE_LOD0.SetActive (false);
                this.MAUL_LOD0.SetActive (false);
                this.SCIMITAR_LOD0.SetActive (false);
                this.SPEAR_LOD0.SetActive (false);
                this.SWORD_BASTARD_LOD0.SetActive (false);
                this.SWORD_BOARD_01LOD0.SetActive (false);
                this.SWORD_SHORT_LOD0.SetActive (true);
                break;
        }
    }
}
```

지면 낭비를 줄이고자 많은 페이지를 차지하는 전체 스크립트를 나열하지 않았다. 기본 개념은 SetXXXXX( ) 함수를 오버로드^{overload}해 이전의 예로서 등장한 PC.WEAPON_TYPE과 같이 따라오는 파라미터에 따른 필요한 작업을 수행하는 것이다.

다음에 수정할 스크립트는 UIController.cs 스크립트이다. 스크립트에서 실제로 플레이어 캐릭터의 변경 사항을 적용하기 위해 이전에 만든 다섯 가지 함수들을 수정할 것이다. 전체 코드를 나열하는 대신 수정할 함수 하나만을 살펴보자.

```
    public void DisplayWeaponsCategory ()
    {
        if (GameMaster.instance.DISPLAY_INVENTORY) {
            this.ClearInventoryItemsPanel ();
            foreach (InventoryItem item in GameMaster.instance.INVENTORY.WEAPONS)
{

            GameObject objItem =
                GameObject.Instantiate (this.InventoryItemElement) as
GameObject;
```

```
                InventoryItemUI invItem = objItem.GetComponent<InventoryItemUI>
();
                invItem.txtItemElement.text =
                    string.Format ("Name: {0}, Description: {1}, Strength: {2},
Weight: {3}",
                    item.NAME,
                    item.DESCRIPTION,
                    item.STRENGTH,
                    item.WEIGHT);
                invItem.item = item;
                // 버튼 트리거 추가
                invItem.butAdd.GetComponent<Button> ().onClick.AddListener (() =>
{
                    Debug.Log (string.Format ("You have clicked button add for {0},
{1}", invItem.txtItemElement.text, invItem.item.NAME));

                    // 플레이어 캐릭터에 선택한 아이템을 적용하자.
                    GameMaster.instance.PC_CC.SELECTED_WEAPON =

                        (PC.WEAPON_TYPE)Enum.Parse (typeof(PC.WEAPON_TYPE),
invItem.item.NAME);
                    GameMaster.instance.PlayerWeaponChanged ();
                });
                // 삭제 버튼 트리거
                invItem.butDelete.GetComponent<Button> ().onClick.AddListener (()
=> {
                    Debug.Log (string.Format ("You have clicked button delete for
{0}",
                        invItem.txtItemElement.text));
                    Destroy (objItem);
                });
                objItem.transform.SetParent (this.PanelItem);
            }
        }
    }
```

foreach 루프에서 invItem.item 변수로 아이템을 저장한다. OnClick( ) 리스너는 리스트에서 현재의 InventoryItem을 참조하고 있어야만 한다.

각 버튼의 대부분의 작업은 onClick.AddListener( ) 안에서 이루어진다. 기본적으로 GameMaster.instance를 통해 선택한 무기를 저장하고 PlayerWeaponChanged( ) 함수를 호출해 더 많은 기능을 처리한다. 다음 코드에서 더 많은 기능 처리를 볼 것이다.

 TIP 코드 및 프리팹 설계와 구현에 따라 비슷한 방식으로 각각의 add 버튼 리스너를 다루어야 할 것이다.

마지막으로 GameMaster.cs 스크립트를 수정할 것이다. 코드는 다음과 같다.

```
using UnityEngine;
using UnityEngine.UI;
using UnityEngine.SceneManagement;

using System.Collections;
using System;

public class GameMaster : MonoBehaviour
{
    public static GameMaster instance;
    // 플레이어 캐릭터 게임오브젝트의 참조
    public GameObject PC_GO;
    // 플레이어 캐릭터 커스터마이징 참조
    public PC PC_CC;
    public InventorySystem INVENTORY;
    public GameObject START_POSITION;
    public GameObject CHARACTER_CUSTOMIZATION;
    public LevelController LEVEL_CONTROLLER;
    public AudioController AUDIO_CONTROLLER;
    // UI 요소들 참조
    public bool DISPLAY_SETTINGS = false;
```

```csharp
    public bool DISPLAY_INVENTORY = false;
    public UIController UI;

    void Awake ()
    {
        // 단순한 싱글턴
        if (instance == null) {
            instance = this;
            instance.DISPLAY_INVENTORY = false;
            instance.DISPLAY_SETTINGS = false;
            // 레벨 컨트롤러 초기화
            instance.LEVEL_CONTROLLER = new LevelController ();
            // 오디오 컨트롤러 초기화
            instance.AUDIO_CONTROLLER = new AudioController ();
            instance.AUDIO_CONTROLLER.AUDIO_SOURCE =
                GameMaster.instance.GetComponent<AudioSource> ();
            instance.AUDIO_CONTROLLER.SetDefaultVolume ();
            // 인벤토리 시스템 초기화
            instance.INVENTORY = new InventorySystem ();
        } else if (instance != this) {
            Destroy (this);
        }
        // 한 신에서 다른 신으로 넘어갈 때
        // 게임오브젝트가 유지되도록 한다.
        DontDestroyOnLoad (this);
    }

    #region Player Inventory Items Applied
    public void PlayerWeaponChanged ()
    {
        Debug.Log (string.Format ("Weapon changed to: {0}",
            instance.PC_CC.SELECTED_WEAPON.ToString ()));
        GameMaster.instance.PC_GO.GetComponent<CharacterCustomization>
().SetWeaponType (GameMaster.instance.PC_CC.SELECTED_WEAPON);
    }

    public void PlayerArmourChanged (InventoryItem item)
    {
```

```
        Debug.Log (string.Format ("Armour changed to: {0} {1}",
            instance.PC_CC.SELECTED_ARMOUR.NAME, instance.PC_CC.SELECTED_ARMOUR.
TYPE));
        switch (item.TYPE.ToString ()) {
        case "HELMET":
            {
                GameMaster.instance.PC_CC.SELECTED_HELMET =
                    (PC.HELMET_TYPE)Enum.Parse (typeof(PC.HELMET_TYPE),
                    instance.PC_CC.SELECTED_ARMOUR.NAME);
                GameMaster.instance.PC_GO.GetComponent<CharacterCustomization>
().SetHelmetType (GameMaster.instance.PC_CC.SELECTED_HELMET);
                break;
        }
        case "SHIELD":
            {
                GameMaster.instance.PC_CC.SELECTED_SHIELD =
                    (PC.SHIELD_TYPE)Enum.Parse (typeof(PC.SHIELD_TYPE),
                    instance.PC_CC.SELECTED_ARMOUR.NAME);
                GameMaster.instance.PC_GO.GetComponent<CharacterCustomization>
().SetShieldType (GameMaster.instance.PC_CC.SELECTED_SHIELD);
                break;
        }
        case "SHOULDER_PAD":
            {
                GameMaster.instance.PC_CC.SELECTED_SHOULDER_PAD =
                    (PC.SHOULDER_PAD)Enum.Parse (typeof(PC.SHOULDER_PAD),
                    instance.PC_CC.SELECTED_ARMOUR.NAME);
                GameMaster.instance.PC_GO.GetComponent<CharacterCustomization>
().SetShoulderPad (GameMaster.instance.PC_CC.SELECTED_SHOULDER_PAD);
                break;
        }
        case "KNEE_PAD":
            {
                break;
            }
        case "BOOTS":
            {
                break;
```

```csharp
        }

    }

}

#endregion

// 각 레벨/신에 로드되면
// 준비 작업을 수행한다.
void OnLevelWasLoaded ()
{
    GameMaster.instance.LEVEL_CONTROLLER.OnLevelWasLoaded ();
}

// 초기화를 위해 이 함수를 사용한다.
void Start ()
{
    // 로드된 신의 UI 컨트롤러의 참조를 찾는다.
    if (GameObject.FindGameObjectWithTag ("UI") != null) {
        GameMaster.instance.UI =
            GameObject.FindGameObjectWithTag ("UI").
GetComponent<UIController> ();
    }
    GameMaster.instance.UI.SettingsCanvas.gameObject.SetActive (GameMaster.
instance.DISPLAY_SETTINGS);
}

// Update 함수는 매 프레임마다 한 번씩 호출된다.
void Update ()
{
    // 게임 관련 레벨에서만 동작
    if (instance.LEVEL_CONTROLLER.CURRENT_SCENE.name == SceneName.Level_1) {
        if (Input.GetKeyUp (KeyCode.J)) {
            //Debug.Log("Pressing J");
            instance.DISPLAY_INVENTORY = !instance.DISPLAY_INVENTORY;
            instance.UI.DisplayInventory ();
```

```
            }
        }
    }

    public void MasterVolume (float volume)
    {
        GameMaster.instance.AUDIO_CONTROLLER.MasterVolume (volume);
    }

    public void StartGame ()
    {
        GameMaster.instance.LoadLevel ();
    }

    public void LoadLevel ()
    {
        GameMaster.instance.LEVEL_CONTROLLER.LoadLevel ();
    }

    public void RPG_Destroy (GameObject obj)
    {
        Destroy (obj);
    }
}
```

주목해야 할 단 하나의 함수는 PlayerArmourChanged( ) 함수이다. InventoryItem 클래스의 새로운 Type 데이터 변수와 데이터 타입을 반드시 추가해야 하기 때문이다. 다양한 종류의 방어구가 있으므로 그것들을 구분할 방법이 필요하다. 방어구의 종류에 따른 적합한 함수를 호출해 방어구가 플레이어 캐릭터에 적용된다.

살펴보기

필자는 가능한 한 간단하게 하려고 노력했음에도 불구하고 6장에서는 게임오브젝트와 프리팹의 설정이, 그리고 무엇보다도 모든 것을 한데 묶어주는 코드가 약간 까다로웠다.

다음은 레벨에 배치한 인벤토리 아이템을 줍기 전의 플레이어 캐릭터 보여주는 스크린샷이다. GameMaster 오브젝트의 INVENTORY가 비어 있고 PC_CC 오브젝트의 selected item이 없음을 확인하라.

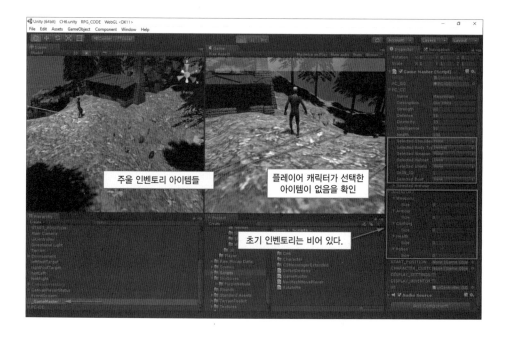

캐릭터를 움직여 인벤토리 아이템을 주운 후 미리 지정한 단축키 J를 사용해 인벤토리 창을 띄웠다. 다음의 스크린샷 참고하라.

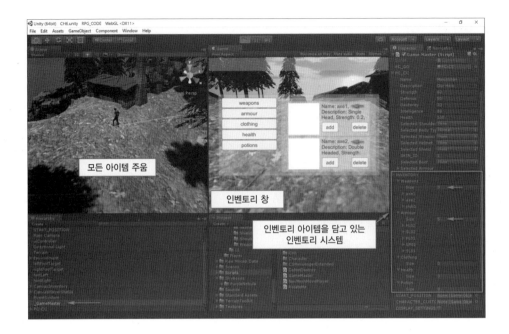

이제 플레이어 캐릭터가 인벤토리 아이템을 착용해 어떻게 변했는지 살펴본다.

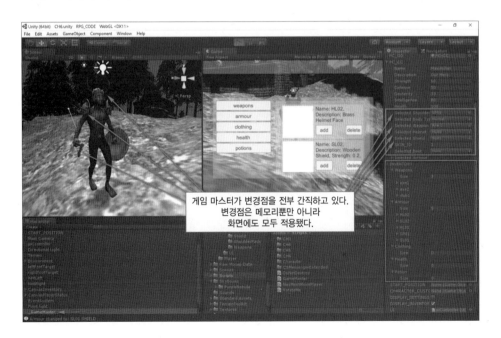

▌ 요약

6장에서 많은 것들을 다뤘다. 6장의 핵심은 인벤토리 시스템을 제작하는 것이었다. 중량 인벤토리에 대해 논의하면서 시작했다. 그리고 개념에 대한 간략한 개요를 설명했다. 그 다음 게임에 사용할 아이템 종류를 결정했다.

BaseItem.cs, InventoryItem.cs, InventorySystem.cs 스크립트를 제작했다. 이 스크립트들은 인벤토리 설계 및 개발의 시작점으로 활용했다. 그리고 GameMaster.cs 스크립트를 업데이트해 새롭게 만든 스크립트들의 기본적인 테스트를 했고 특성attributes들의 직렬화serializing 덕분에 유니티 IDE에서 데이터를 볼 수 있었다. InventoryItem을 인스턴스화하고 그것을 InventorySystem에 추가해 IDE에서 시각적으로 동작을 검증했다.

그 다음으로 실제 인벤토리 아이템 프리팹을 제작했다. 이 절에서는 실제 fbx 모델에 모든 것들이 포함된 모델일 때 커스터마이징 가능한 인벤토리 아이템을 어떻게 찾아가고 모델에서 그것을 어떻게 추출하는지, 추후 사용을 위해 프리팹으로 어떻게 변환하는지 배웠다. 그 다음 InventoryItemAgent.cs라는 스크립트를 제작했다. 이 스크립트는 인벤토리 아이템을 나타내는 모든 프리팹에 부착된다. 이 스크립트는 기본적으로 IDE에서 각각의 인벤토리 아이템의 데이터를 저장한다. 매우 유용하다. 플레이어가 오브젝트와 충돌했을 때 충돌을 처리하고 트리거를 발동시키기 위해 각각의 프리팹에 콜라이더를 부착했다.

이제 기본적인 것들은 갖췄기 때문에 인벤토리 시스템의 사용자 인터페이스 설계 및 구현에 대해 살펴봤다. 나타내고자 하는 카테고리와 각 카테고리 내 아이템 나열 방법 그리고 플레이어를 위해 게임 중 표시 방법에 대해 논의했다. 인벤토리 창의 초기 프레임워크를 구현했고 그것을 게임에 통합했다.

그 후 게임 중 실시간으로 나타나는 동적 아이템 뷰어 제작법에 대해 논의했고 주운 인벤토리 아이템을 표시했다. 스크롤 뷰와 같이 새로운 사용자 인터페이스 개념과 인터페이스 내 레이아웃 활용법을 소개했다. 빠른 테스트를 진행해 아이템 이름을 표시했다. 메커니즘의 동작을 검증한 다음, 메인 인벤토리 아이템 컨트롤 패널을 구현했다. 그리고 그것을 필요 시 실시간으로 인스턴스화하는 데 사용할 프리팹으로 변환했다.

마지막으로 인벤토리 시스템, 인벤토리 UI, 게임 마스터, 플레이어 컨트롤러를 통합하는 최종 구현 작업을 했다. 이 작업에는 많은 스크립트들의 수정이 포함됐다.

6장 끝에 확장성 있으면서도 완벽히 동작하는 인벤토리 시스템 제작을 완료했다. 이어지는 7장과 8장에서는 HUD를 추가하고 끝으로 멀티플레이어 프로그래밍 개념을 통해 사용자 인터페이스 개선 방법을 살펴볼 것이다.

07

사용자 인터페이스와
시스템 피드백

빙산의 일부분을 본 적이 있는가? 지금까지 6장에 걸쳐 진행한 것이 바로 그것이다. 7장에서는 게임 유저 인터페이스와 피드백 시스템을 지속적으로 개선해 나갈 것이다. 시스템 메뉴 및 플레이어에게 피드백을 전달하는 시스템과 함께 사용자와 상호작용을 담당하는 HUD Heads Up Display를 만들 것이다.

7장을 요약하면 다음과 같다.

- Heads Up Display
- HUD 기본 정보
- 설계
- HUD 마무리 설계

- 캐릭터 정보 패널
- 활성 아이템 패널
- 특수 아이템 패널
- 코드 통합하기
- HUD 내 적의 상태
- NPC 통계 사용자 인터페이스
- NPC 캔버스 제작
- NPC 때리기
- 코드 향상시키기

시작해보자!

▌ HUD 설계

HUD 설계는 어려운 작업이 될 것이다. HUD는 인터페이스이다. 이를 통해 플레이어는 가상 월드와 상호작용할 수 있으며, 가상 월드 환경으로부터 피드백도 받을 수 있다. 지금까지 설계한 것들과 마찬가지로 HUD 설계는 만드는 게임의 요구 사항 및 종류에 따라 크게 좌우된다.

예를 들어 RTS^Real Time Strategy 게임, FPS^First Person Shooter 게임, RPG^Role Playing Game의 각 HUD는 서로 다를 것이다. 물론 공통점도 있을 것이다. 하지만 특징 및 기능뿐만 아니라 설계하는 방법도 매우 다를 것이다.

사용자 인터페이스의 설계와 개발 및 그것들의 과학적 접근법으로 책 전체를 쓸 수도 있다. 하지만 이는 책의 범위를 벗어난 것이기 때문에 이론만 다룬다.

HUD의 기본 정보

HUD라면 최소한 다음과 같은 정보를 표시해야 할 것이다.

- 플레이어 캐릭터의 기본 정보
- 생명
- 마나
- 힘
- 레벨 및 기타
- 캐릭터가 사용한 현재 인벤토리 아이템
- 플레이어가 사용하고 있는 무기
- 플레이어가 착용하고 있는 방어구
- 사용 가능한 포션과 생명
- 게임 환경 피드백
- 게임과 관련된 유용한 것
- 파워 업
- 레벨 업 및 기타

HUD를 설계해보자. 이번에도 단순한 프레임워크로 출발해 필요한 만큼 서서히 완성해 나갈 것이다.

설계

모든 요구 사항들을 종합적으로 고려함과 동시에 간단하면서도 사용성을 갖춘 후드를 설계해보자.

게임 플레이에 방해가 되지 않는 선에서 플레이어 캐릭터의 기본 정보를 표시하는 후드여야 한다. 하지만 동시에 캐릭터의 상태에 따른 중요 정보를 플레이어에게 전달해야 한다.

또한 무기나 방어구와 같이 플레이어가 사용하려는 인벤토리 아이템을 표시하는 방법을 고안해야 한다. 마지막으로 플레이어에게 게임 플레이 도중 물약을 사용하는 간단한 방법을 제공해야 한다.

다음은 필자가 원하는 HUD 표현 방식을 빠르게 스케치한 것이다.

다시금 말하지만 설계는 독자가 자유롭게 할 수 있다. 사실 필자는 스스로 설계하기를 권장한다.

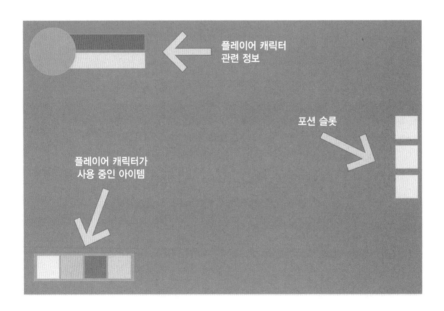

게임 플레이 도중 HUD의 외형을 개략적으로 표시했다.

최대한 단순하게 하려고 노력했다. 왼쪽 위에 생명력−힘이 될 수도 있다−과 같이 플레이어가 즉각적으로 알아야 하는 정보를 배치했다.

왼쪽 하단에는 플레이어가 캐릭터에 미리 설정한 인벤토리 아이템이 표시되는 스크롤 가능한 패널을 배치했다. 그리고 화면의 오른쪽에는 게임 플레이 도중 포션과 같이 즉각적으로 사용해야 하는 아이템들을 위한 슬롯이 3개 존재한다.

HUD 프레임워크

지금까지 UI의 외향에 대해 설명했다. 이제 유니티에서 실제 구현을 시작해보자. HUD를 표시할 새 캔버스를 만들어야 한다. 계층구조 창에서 마우스 오른쪽을 클릭 후 UI ❯ Canvas를 선택한다. 새 캔버스의 이름을 CanvasHUD로 변경한다.

필요한 UI 영역의 윤곽을 구현해보자. 세 가지 앞의 그림에서 표시한 대로 각 섹션별 패널이 필요하다.

설계에서 제안한 바와 같이 세 가지 영역의 패널이 존재한다.

* 화면 왼쪽 위의 캐릭터 정보 패널
* 화면 왼쪽 아래의 사용 중인 아이템 패널
* 화면 오른쪽 중앙의 특수 아이템 패널

각 패널은 계층구조 창을 마우스 오른쪽을 클릭한 후 UI ❯ Panel을 선택해 만들 수 있다. 각 패널이 CanvasHUD 게임오브젝트의 자손으로 돼 있는지 다시 한 번 확인한다. 각 패널 이름을 알맞게 변경한다. 필자는 PanelCharaterInfo, PanelActiveItems, PanelSpecialItems라고 이름 지었다.

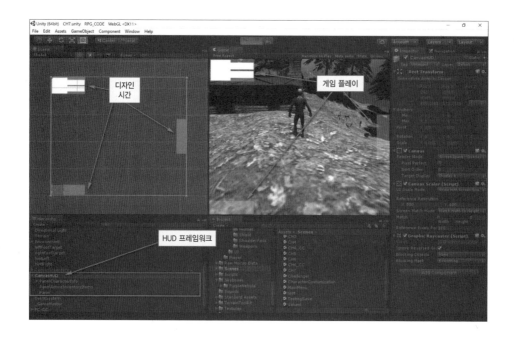

위의 스크린샷을 살펴보며 HUD 프레임워크의 느낌을 알아보자.

▌ HUD 설계 마무리

이제 프레임워크가 어느 정도 제자리를 찾은 듯하다. 더 나아가 각 영역별로 마무리 작업
을 진행하자. 우선 PanelCharacterInfo를 살펴보자.

캐릭터 정보 패널

설계 관점으로 살펴보면 이 패널은 복잡할 필요가 없는 캐릭터의 시각적 요소를 포함한다.
패널은 다섯 가지 이미지로 구성할 것이다.

캐릭터의 아바타를 주요 이미지로 사용할 것이다. 다른 네 가지 이미지는 플레이어의 생명력, 마나mana를 표시할 것이다. 이 값들은 바 형태로 표시할 것이기 때문에, 생명력 및 마나를 표시하는 데 각각 두 종류의 이미지를 사용할 것이다. 이미지 중 하나는 외곽 테두리로 사용할 것이고, 다른 하나는 실제 값을 표현하는 데 사용할 것이다.

이런 이미지들을 제작하기 위해 포토샵과 같은 외부 도구들을 사용할 것이다. 마이크로소프트의 익스프레션 디자인Expression Design은 프레임 및 기타 등등을 제작하기 좋은 도구이다.

위의 스크린샷과 같이 필자는 한 플레이어 캐릭터의 아바타의 초상화를 만들었다. PanelCharacterInfo 패널 안에 둘 실제 이미지의 크기를 고려해야 한다. 필자가 생성한 이미지의 크기는 301×301픽셀이다.

플레이어 캐릭터의 생명력과 마나를 표현하는 바를 만들기 위해 사실 세 가지 이미지가 필요할 것이다. 하나는 바의 음수값을 표시하는 이미지이고, 두 번째는 바의 양수값을 표시하는 이미지이며, 세 번째는 바의 테두리를 표시하는 이미지이다. 각 이미지는 서로 중첩돼 그래프의 바처럼 표시될 것이다.

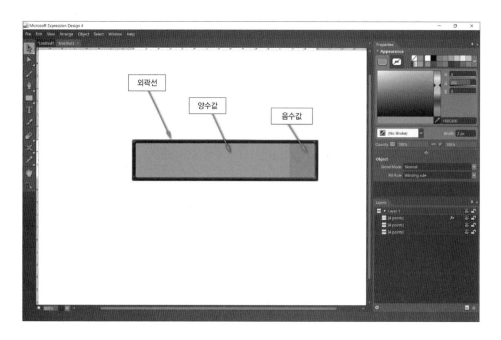

세 가지 스프라이트를 제작하고 중첩시켜 원하는 그림을 만들어보자.

이미지들을 내보내기^{export}한 이후 유니티로 가져와야^{import} 한다. 파일 시스템을 사용해 이미지를 원래의 위치에서 유니티 프로젝트 아래의 Asset 폴더로 이동시키자.

필자는 이미지 텍스처들을 Assets ➤ Textures ➤ CH7 디렉터리에 두었다.

유니티 프로젝트 안에 원하는 경로로 옮긴 후, 해당 이미지들을 스프라이트로 변환해야 한다. GUI에 사용하는 모든 이미지들을 선택하고 인스펙터 창에서 Texture Type을 Sprite (2D and UI)로 변경한다.

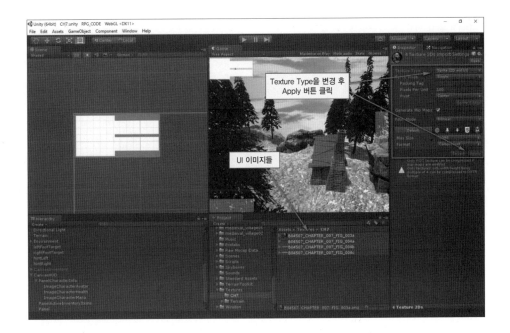

이제 텍스처들을 실제 Canvas 오브젝트 내 PanelCharacterInfo 패널 아래 정의한 UI 요소에 적용할 차례이다.

 UI 요소를 HUD로 완전히 적용하기까지 진행해야 할 몇 단계가 더 남아 있다.

가장 먼저, PanelCharacterInfo 패널을 마우스 우클릭 후 **UI ➤ Image**를 선택해 패널 아래세 가지 UI 이미지 요소를 만든다.

필자는 다음 세 가지 이미지의 이름을 imgHealthRebBackground, imgHealthGreenBackground, imgHealthBorder로 했다. 이미지 순서에 주의해야 한다. 그리고 UI 디자인 시 순서^{order}를 기록해둬야 한다. 일반적으로 UI 요소의 계층 구조에서의 순서가 낮으면 그 UI 요소는 다른 UI 요소 위에 그려질 것이다.

자세한 점은 다음 스크린샷에서 살펴보자.

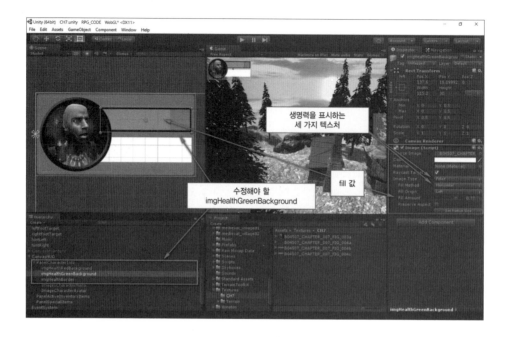

생명력 바를 표시하는 이미지의 순서를 주의 깊게 살펴보자. 인스펙터 창을 사용해 녹색 바를 표시하는 이미지를 수정해야 한다. 녹색 바 이미지를 선택 후 Image Type을 Filled로 변경하고 Fill Method를 Horizontal로 변경한다. 그리고 Fill Origin을 Left로 변경한다. Fill Amount는 생명력 바를 조절하는 데 사용할 것이다. 필자는 시현을 위해 0.77로 Fill Amount를 설정했다.

기본적으로 게임을 시작할 때, Fill Amount를 1로 할 것이다. 이는 플레이어의 생명력이 100퍼센트임을 의미한다. 0.77은 77퍼센트를 의미한다.

마나 바에도 동일한 방식을 적용할 것이다. 마나 바의 배경을 표시하는 이미지 두 가지를 더 제작하자.

310

마나 바와 체력 바의 외곽선은 동일한 이미지를 사용할 것이다.

유니티 내에 텍스처를 가져오기 위해 제대로 된 절차를 진행해야 함을 잊지 말자. 이미지들의 Texture Type을 Sprite(2D and UI)로 변경한다.

다음의 스크린샷과 같이 패널 아래 필요한 UI 요소를 만들고 캔버스 안의 이미지 요소에 텍스처를 적용한다.

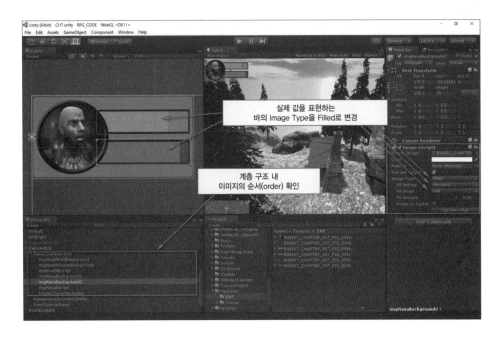

이게 전부이다. 예술적 전문성이 없는 사람치고 그리 나쁘진 않다.

활성 인벤토리 아이템 패널

활성 인벤토리 아이템 UI 제작은 6장의 인벤토리 시스템에서 한 것과 유사한 방식으로 진행할 것이다. 차이점은 인벤토리 시스템을 사용해 플레이어 캐릭터가 사용하고 있는 아이템을 나열할 것이다.

다른 말로 하면 활성 인벤토리 아이템은 인벤토리 내에 활성화한 아이템을 집어서 시각적으로 보여준다. 개념을 익힌 후 샘플에 해당 개념을 적용하는 데 더 중점을 두어야 한다. 그리하여 샘플을 자신의 작품으로 확장, 개선할 수 있다.

기본 아이디어는 필요 시 아이템을 추가하는 데 사용하는 스크롤 가능한 패널을 만드는 것이다.

스크롤 가능한 뷰를 제작하는 방법 및 UI 컴포넌트 설정법을 이미 살펴봤다. 위 내용을 다시 다루지 않을 것이다. 필요한 경우 6장 인벤토리 시스템을 참조하길 바란다.

계층구조 창에서 PanelActiveInventoryItems 위로 마우스 우클릭 후 UI ❯ Scroll View를 선택한다. 그 다음 스크롤 뷰와 함께 생성된 자식 Viewport, Scrollbar Horizontal, Scrollbar Vertical을 제거한다.

레이아웃 설정이 수직이 아닌 수평으로 적용됐는지 확인한다. 6장, '인벤토리 시스템'에서는 수직으로 돼 있었다.

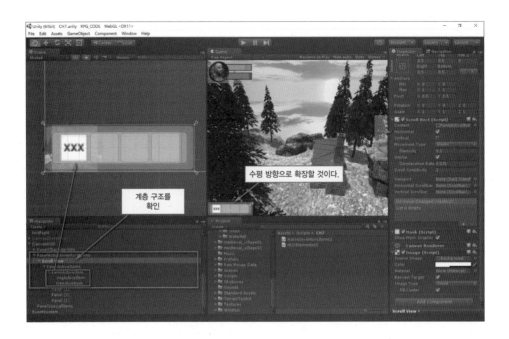

수평 방향으로 확장할 것이다.

계층 구조를
확인

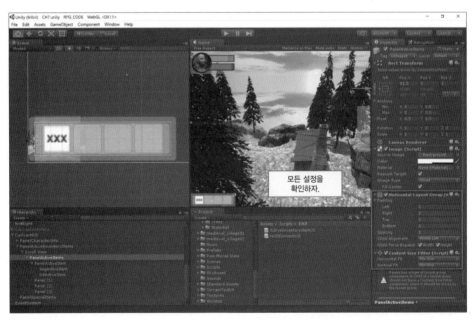

모든 설정을
확인하자.

마지막은 다음과 같다.

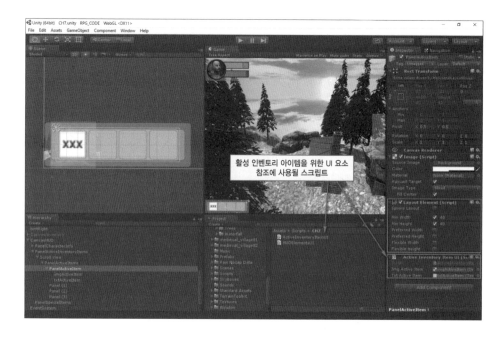

위의 세 가지 스크린샷은 활성 인벤토리 아이템 패널의 설정 방법을 보여준다. 본인이 한 설정이 맞는지 확신이 서지 않는다면 6장, '인벤토리 시스템'으로 돌아가 '동적 아이템 뷰어 설계' 절을 읽어보길 바란다.

패널 내 활성 인벤토리 아이템을 표현하는 UI 요소를 프리팹으로 만들어야 한다.

또한 이제는 아이템의 UI 요소를 참조하는 스크립트가 필요하다. 이 스크립트를 Active InventoryItem.UI.cs라 명명했다. 그리고 현재 스크립트에는 두 가지 특성이 존재한다. 하나는 Image 요소에 대한 참조이고 다른 하나는 Text 요소에 대한 참조이다.

스크립트 코드는 다음과 같다.

```
using UnityEngine;
using UnityEngine.UI;
using System.Collections;

public class ActiveInventoryItemUI : MonoBehaviour
{

    public Image imgActiveItem;
    public Text txtActiveItem;
}
```

결국 정상적으로 동작시키기 위해서는 모든 스크립트들을 통합해야 할 것이다.

특수 아이템 패널

이제 마지막 패널 설계를 살펴볼 것이다. 이전에 개발한 패널과 이 패널의 주요 차이점은 방향이다. 그 밖의 다른 것은 정확히 동일하다. 이 패널의 방향은 수평이 아닌 수직이 될 것이다.

모든 것을 한 번에 볼 수 있는 스크린샷은 다음과 같다.

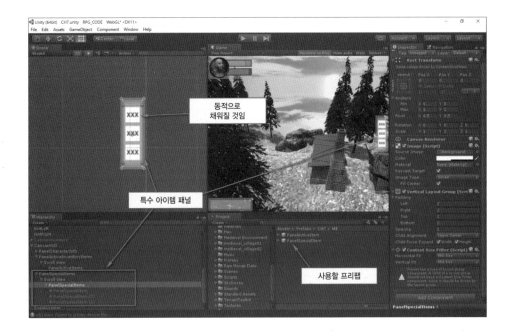

패널 제작 절차는 이미 몇 차례 논의했다. 이제 패널을 제작하는 데 문제가 없어야 할 것이다.

 본인만의 텍스처와 이미지를 UI에 반영하길 권장한다.

특수 아이템 패널을 설계하면서 패널 UI를 향상시키는 방법에 대한 좋은 생각이 떠올랐다. 각 특수 아이템을 나타내는 정적 아이콘이 필요할 것이다. 그리고 각 아이템별 UI에 사용 가능한 횟수를 나타내는 카운터가 필요할 것이다. 해당 아이템을 주우면 카운터는 올라갈 것이고 해당 아이템을 사용하면 카운터는 내려갈 것이다.

해당 설계 기반의 HUD의 현재 모습은 다음과 같을 것이다.

플레이어 캐릭터의
활성 아이템

사용 가능한 특수
아이템

이제 HUD 사용자 인터페이스와 지금까지 개발한 코드를 통합하는 방법을 생각해야
한다.

▌ 코드 통합

이제 HUD 설계를 실제로 적용하고 실행한다. UI 요소들과 실제 관련 코드를 통합해야 한
다. UI의 새로운 기능을 구현하기 위해 몇 가지 스크립트를 제작해야 한다. 그리고 이 모
든 것들을 연결하기 위해 몇 가지 스크립트를 업데이트해야 할 것이다.

제작해야 하는 스크립트는 다음 세 가지로 ActiveInventoryItemUI.cs, ActiveSpecial
Item UI.cs, HUDElementsUI.cs이다.

다음은 스크립트 코드를 순서대로 나열한 것이다.

```
using UnityEngine;
using UnityEngine.UI;
using System.Collections;

public class ActiveInventoryItemUI : MonoBehaviour
{
    public InventoryItem item;
    public Image imgActiveItem;
    public Text txtActiveItem;
}



using UnityEngine;
using UnityEngine.UI;
using System.Collections;
using UnityEngine.EventSystems;

public class ActiveSpecialItemUI : EventTrigger
{
    public override void OnPointerClick (PointerEventData data)
    {
        InventoryItem iia =
            this.gameObject.GetComponent<ActiveInventoryItemUI> ().item;
        switch (iia.CATEGORY) {
        case BaseItem.ItemCategory.HEALTH:
            {
                // 특수 아이템 패널에 아이템을 추가한다.
                GameMaster.instance.UI.ApplySpecialInventoryItem (iia);
                Destroy (this.gameObject);
                break;
            }
        case BaseItem.ItemCategory.POTION:
            {
                break;
            }
        }
    }
```

```
}

using UnityEngine;
using UnityEngine.UI;
using System.Collections;

public class HUDElementsUI : MonoBehaviour
{
    public Image imgHealthBar;
    public Image imgManaBar;
    public GameObject activeInventoryItem;
    public GameObject activeSpecialItem;
    public Transform panelActiveInventoryItems;
    public Transform panelActiveSpecialItems;
}
```

위 스크립트들은 HUD 사용자 인터페이스에서 UI 요소의 접근 통로를 제공한다. 예를 들어 CanvasHUD 게임오브젝트에 HUDElementsUI.cs 스크립트를 붙여야 한다.

앞에 나온 스크린샷은 HUDElementsUI.cs 스크립트와 함께 HUD 캔버스의 설정 방법을 보여준다.

이제 이전에 제작한 패널에서 UI 요소를 표현하는 프리팹들을 살펴보자. PanelActiveITem과 PanelSpecialItem이라는 두 가지 프리팹이다.

PanelSpeicalItem에는 PanelActiveItem이 포함하고 있는 모든 것과 더불어 이벤트를 처리하는 스크립트가 존재하므로 PanelSpeicalItem에 대해 논의할 것이다.

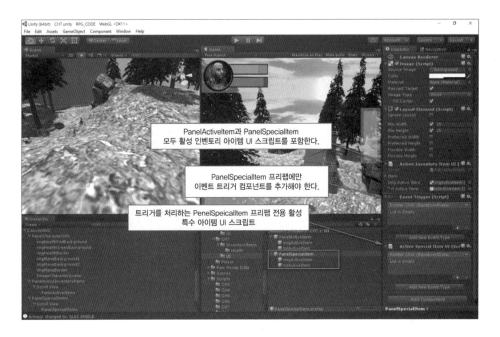

지금까지 다룬 내용은 HUD canvas 내의 적합한 UI 요소로 접근하는 데 사용하는 스크립트의 구현이었다.

PanelSpeicalItem 프리팹에는 두 가지 중요한 새 컴포넌트가 있음을 눈치챘을 것이다. 하나는 유니티의 Event Trigger이며, 다른 하나는 특수 아이템의 PointerClick 이벤트를 처리하는 ActiveSpeicalItemUI.cs 스크립트이다.

이는 기본적으로 아이템을 클릭이 가능하게 되며 플레이어가 아이템을 클릭했을 때 어떤 일이 일어남을 의미한다. 여기에서는 플레이어 캐릭터가 특수 아이템을 사용하는 것이다.

앞서 개발한 다른 스크립트에 HUD 기능을 포함시키는 업데이트를 할 차례이다. 수정이 필요한 스크립트는 IventorySystem.cs와 UIController.cs이다.

다음은 InventorySystem.cs 코드이다.

```csharp
using System;
using UnityEngine;
using System.Collections.Generic;

[Serializable]
public class InventorySystem
{
    [SerializeField]
    private List<InventoryItem> weapons = new List<InventoryItem> ();
    [SerializeField]
    private List<InventoryItem> armour = new List<InventoryItem> ();
    [SerializeField]
    private List<InventoryItem> clothing = new List<InventoryItem> ();
    [SerializeField]
    private List<InventoryItem> health = new List<InventoryItem> ();
    [SerializeField]
    private List<InventoryItem> potion = new List<InventoryItem> ();

    public List<InventoryItem> WEAPONS {
        get { return this.weapons; }
    }

    public List<InventoryItem> ARMOUR {
        get { return this.armour; }
    }

    public List<InventoryItem> CLOTHING {
        get { return this.clothing; }
```

```csharp
}

public List<InventoryItem> HEALTH {
    get { return this.health; }
}

public List<InventoryItem> POTIONS {
    get { return this.potion; }
}

private InventoryItem selectedWeapon;
private InventoryItem selectedArmour;

public InventoryItem SELECTED_WEAPON {
    get { return this.selectedWeapon; }
    set { this.selectedWeapon = value; }

}

public InventoryItem SELECTED_ARMOUR {
    get { return this.selectedArmour; }
    set { this.selectedArmour = value; }
}

public InventorySystem ()
{
    this.ClearInventory ();
}

public void ClearInventory ()
{
    this.weapons.Clear ();
    this.armour.Clear ();
    this.clothing.Clear ();
    this.health.Clear ();
    this.potion.Clear ();
}
```

```csharp
// 이 함수는 인벤토리 아이템을 추가할 것이다.
public void AddItem (InventoryItem item)
{
    switch (item.CATEGORY) {
    case BaseItem.ItemCategory.ARMOUR:
        {
            this.armour.Add (item);
            break;
        }

    case BaseItem.ItemCategory.CLOTHING:
        {
            this.clothing.Add (item);
            break;
        }

    case BaseItem.ItemCategory.HEALTH:
        {
            this.health.Add (item);
            // 특수 아이템 패널로 아이템을 추가
            GameMaster.instance.UI.AddSpecialInventoryItem (item);
            break;
        }

    case BaseItem.ItemCategory.POTION:
        {
            this.potion.Add (item);
            break;
        }

    case BaseItem.ItemCategory.WEAPON:
        {
            this.weapons.Add (item);
            break;
        }

    }
}

// 이 함수는 인벤토리 아이템을 제거할 것이다.
public void DeleteItem (InventoryItem item)
{
    switch (item.CATEGORY) {
```

```
        case BaseItem.ItemCategory.ARMOUR:
            {
                this.armour.Remove (item);
                break;
            }

        case BaseItem.ItemCategory.CLOTHING:
            {
                this.clothing.Remove (item);
                break;
            }

        case BaseItem.ItemCategory.HEALTH:
            {
                // 아이템을 찾고 제거를 위해 표시해둔다.
                InventoryItem tmp = null;
                foreach (InventoryItem i in this.health) {
                    if (item.CATEGORY.Equals (i.CATEGORY) && item.NAME.Equals
(i.NAME) && item.STRENGTH.Equals (i.STRENGTH)) {
                        tmp = i;
                    }
                }
                this.health.Remove (tmp);
                break;
            }

        case BaseItem.ItemCategory.POTION:
            {
                // 아이템을 찾고 제거를 위해 표시해둔다.
                InventoryItem tmp = null;
                foreach (InventoryItem i in this.health) {
                    if (item.CATEGORY.Equals (i.CATEGORY) &&
                        item.NAME.Equals (i.NAME) && item.STRENGTH.Equals
(i.STRENGTH)) {
                        tmp = i;
                    }
                }
                this.potion.Remove (item);
                break; }
        case BaseItem.ItemCategory.WEAPON:
            {
```

```
                    this.weapons.Remove (item);
                    break;
}
        }
    }
}


using UnityEngine;
using UnityEngine.UI;
using System;

public class UIController : MonoBehaviour
{
    public Canvas SettingsCanvas;
    public Slider ControlMainVolume;

    // 인벤토리 시스템의 캔버스 오브젝트
    public Canvas InventoryCanvas;
    public Transform PanelItem;

    public GameObject InventoryItemElement;
    public HUDElementsUI hudUI;

    public void Update ()
    {

    }

    public void DisplaySettings ()
    {
        GameMaster.instance.DISPLAY_SETTINGS =
            !GameMaster.instance.DISPLAY_SETTINGS;
        this.SettingsCanvas.gameObject.SetActive (GameMaster.instance.DISPLAY_
SETTINGS);

    }
```

```
public void MainVolume ()
{
    GameMaster.instance.MasterVolume (ControlMainVolume.value);
}

public void StartGame ()
{
    GameMaster.instance.StartGame ();
}

public void LoadLevel ()
{
    if (GameObject.FindGameObjectWithTag ("BASE")) {
        GameMaster.instance.PC_CC =
            GameObject.FindGameObjectWithTag ("BASE").GetComponent<Character
Customization> ().PC_CC;
    }
    GameMaster.instance.LEVEL_CONTROLLER.LEVEL = 1;
    GameMaster.instance.LoadLevel ();
}

public void DisplayInventory ()
{
    this.InventoryCanvas.gameObject.SetActive (GameMaster.instance.DISPLAY_
INVENTORY);
}


private void ClearInventoryItemsPanel ()
{
    while (this.PanelItem.childCount > 0) {
        Transform t = this.PanelItem.GetChild (0).transform;
        t.parent = null;
        Destroy (t.gameObject);
    }
}

public void DisplayWeaponsCategory ()
```

```
    {
        if (GameMaster.instance.DISPLAY_INVENTORY) {
            this.ClearInventoryItemsPanel ();
            foreach (InventoryItem item in GameMaster.instance.INVENTORY.WEAPONS)
{

                GameObject objItem =
                    GameObject.Instantiate (this.InventoryItemElement) as
GameObject;
                InventoryItemUI invItem = objItem.GetComponent<InventoryItemUI>
();
                invItem.txtItemElement.text =
                    string.Format ("Name: {0}, Description: {1}, Strength: {2},
Weight: {3}",
                    item.NAME,
                    item.DESCRIPTION,
                    item.STRENGTH,
                    item.WEIGHT);
                invItem.item = item;
                // 버튼 트리거 추가
                invItem.butAdd.GetComponent<Button> ().onClick.AddListener (() =>
{
                    Debug.Log (string.Format ("You have clicked button add for {0},
{1}", invItem.txtItemElement.text, invItem.item.NAME));
                    // 선택한 아이템을 플레이어 캐릭터에 적용하자.
                    GameMaster.instance.PC_CC.SELECTED_WEAPON =
                        (PC.WEAPON_TYPE)Enum.Parse (typeof(PC.WEAPON_TYPE),
invItem.item.NAME);
                    GameMaster.instance.PlayerWeaponChanged (invItem.item);
                    this.AddActiveInventoryItem (invItem.item);
                });
                // 삭제 버튼 트리거
                invItem.butDelete.GetComponent<Button> ().onClick.AddListener (()
=> {
                    Debug.Log (string.Format ("You have clicked button delete for
{0}",
                        invItem.txtItemElement.text));
                    Destroy (objItem);
```

```
				});
				objItem.transform.SetParent (this.PanelItem);
			}
		}
	}

	public void DisplayArmourCategory ()
	{
		if (GameMaster.instance.DISPLAY_INVENTORY) {
			this.ClearInventoryItemsPanel ();
			foreach (InventoryItem item in GameMaster.instance.INVENTORY.ARMOUR) {
				GameObject objItem =
					GameObject.Instantiate (this.InventoryItemElement) as
GameObject;
				InventoryItemUI invItem = objItem.GetComponent<InventoryItemUI>
();
				invItem.txtItemElement.text =
					string.Format ("Name: {0}, Description: {1}, Strength: {2},
Weight: {3}",
					item.NAME,
					item.DESCRIPTION,
					item.STRENGTH,
					item.WEIGHT);
				invItem.item = item;
				// 버튼 트리거 추가
				invItem.butAdd.GetComponent<Button> ().onClick.AddListener (() =>
{
					Debug.Log (string.Format ("You have clicked button add for {0},
{1}", invItem.txtItemElement.text, invItem.item.NAME));
					// 선택한 아이템을 플레이어 캐릭터에 적용하자.
					GameMaster.instance.PC_CC.SELECTED_ARMOUR = invItem.item;
					GameMaster.instance.PlayerArmourChanged (invItem.item);
					this.AddActiveInventoryItem (invItem.item);
				});
				// 삭제 버튼 트리거
				invItem.butDelete.GetComponent<Button> ().onClick.AddListener (()
=> {
```

```
                    Debug.Log (string.Format ("You have clicked button delete for
{0}",
                        invItem.txtItemElement.text));
                    Destroy (objItem);
                });
                objItem.transform.SetParent (this.PanelItem);
            }
        }
    }

    public void DisplayClothingCategory ()
    {
        if (GameMaster.instance.DISPLAY_INVENTORY) {
            this.ClearInventoryItemsPanel ();
            foreach (InventoryItem item in
                GameMaster.instance.INVENTORY.CLOTHING) {
                GameObject objItem =
                    GameObject.Instantiate (this.InventoryItemElement) as
GameObject;

                InventoryItemUI invItem = objItem.GetComponent<InventoryItemUI>
();

                invItem.txtItemElement.text =
                    string.Format ("Name: {0}, Description: {1}, Strength: {2},
Weight: {3}",
                    item.NAME,
                    item.DESCRIPTION,
                    item.STRENGTH,
                    item.WEIGHT);
                invItem.item = item;
                // 버튼 트리거 추가
                invItem.butAdd.GetComponent<Button> ().onClick.AddListener (() =>
{
                    Debug.Log (string.Format ("You have clicked button add for
{0}",
                        invItem.txtItemElement.text));
                });
                // 삭제 버튼 트리거
```

```csharp
                    invItem.butDelete.GetComponent<Button> ().onClick.AddListener (()
=> {
                        Debug.Log (string.Format ("You have clicked button delete for
{0}",
                            invItem.txtItemElement.text));
                        Destroy (objItem);
                    });
                    objItem.transform.SetParent (this.PanelItem);
                }
            }
        }

    public void DisplayHealthCategory ()
    {
        if (GameMaster.instance.DISPLAY_INVENTORY) {
            this.ClearInventoryItemsPanel ();
            foreach (InventoryItem item in GameMaster.instance.INVENTORY.HEALTH) {
                GameObject objItem =
                    GameObject.Instantiate (this.InventoryItemElement) as
GameObject;
                InventoryItemUI invItem = objItem.GetComponent<InventoryItemUI>
();

                invItem.txtItemElement.text =
                    string.Format ("Name: {0}, Description: {1}, Strength: {2},
Weight: {3}",

                        item.NAME,
                        item.DESCRIPTION,
                        item.STRENGTH,
                        item.WEIGHT);
                invItem.item = item;
                // 버튼 트리거 추가
                invItem.butAdd.GetComponent<Button> ().onClick.AddListener (() =>
{
                    Debug.Log (string.Format ("You have clicked button add for
{0}",
                        invItem.txtItemElement.text));
                    // 선택한 아이템을 플레이어 캐릭터에 적용하자.
```

```
                        GameMaster.instance.PC_CC.HEALTH += invItem.item.STRENGTH *
100;
                        //(PC.WEAPON_TYPE)Enum.Parse(typeof(PC.WEAPON_TYPE), invItem.
item.NAME);

                        if (GameMaster.instance.PC_CC.HEALTH > 100f) {
                            GameMaster.instance.PC_CC.HEALTH = 100f;
                        }
                        GameMaster.instance.INVENTORY.DeleteItem (invItem.item);
                        Destroy (objItem);
                        //GameMaster.instance.PlayerWeaponChanged(invItem.item);
                        //this.AddActiveInventoryItem(invItem.item);
                    });
                    // 삭제 버튼 트리거
                    invItem.butDelete.GetComponent<Button> ().onClick.AddListener (()
=> {
                        Debug.Log (string.Format ("You have clicked button delete for
{0}",
                            invItem.txtItemElement.text));
                        Destroy (objItem);
                    });
                    objItem.transform.SetParent (this.PanelItem);
                }
            }
        }

    public void DisplayPotionsCategory ()
    {
        if (GameMaster.instance.DISPLAY_INVENTORY) {
            this.ClearInventoryItemsPanel ();
            foreach (InventoryItem item in GameMaster.instance.INVENTORY.POTIONS)
{
                GameObject objItem =
                    GameObject.Instantiate (this.InventoryItemElement) as
GameObject;
                InventoryItemUI invItem = objItem.GetComponent<InventoryItemUI>
();
                invItem.txtItemElement.text =
                    string.Format ("Name: {0}, Description: {1}, Strength: {2},
```

```
Weight: {3}",
                     item.NAME,
                     item.DESCRIPTION,
                     item.STRENGTH,
                     item.WEIGHT);
                invItem.item = item;
                // 버튼 추가 트리거
                invItem.butAdd.GetComponent<Button> ().onClick.AddListener (() =>
{
                    Debug.Log (string.Format ("You have clicked button add for
{0}",
                        invItem.txtItemElement.text));
                });
                // 삭제 버튼 트리거
                invItem.butDelete.GetComponent<Button> ().onClick.AddListener (()
=> {
                    Debug.Log (string.Format ("You have clicked button delete for
{0}",
                        invItem.txtItemElement.text));
                    Destroy (objItem);
                });
                objItem.transform.SetParent (this.PanelItem);
            }
        }
    }

    #region Adding Active Inventory Item to the UI

    public void AddActiveInventoryItem (InventoryItem item)
    {
        // Make a copy of the Inventory Item Object
        InventoryItem myItem = new InventoryItem ();
        myItem.CopyInventoryItem (item);
        GameObject objItem =
            GameObject.Instantiate (this.hudUI.activeInventoryItem) as
GameObject;
        ActiveInventoryItemUI aeUI =
            objItem.GetComponent<ActiveInventoryItemUI> ();
```

```csharp
        aeUI.txtActiveItem.text = myItem.NAME.ToString ();
        aeUI.item = myItem;
        objItem.transform.SetParent (this.hudUI.panelActiveInventoryItems);
        LayoutRebuilder.MarkLayoutForRebuild (this.hudUI.
panelActiveInventoryItems
            as RectTransform);
    }

    public void AddSpecialInventoryItem (InventoryItem item)
    {
        // 인벤토리 아이템 오브젝트의 복사본을 생성한다.
        InventoryItem myItem = new InventoryItem ();
        myItem.CopyInventoryItem (item);
        GameObject objItem =
            GameObject.Instantiate (this.hudUI.activeSpecialItem) as GameObject;
        ActiveInventoryItemUI aeUI =
            objItem.GetComponent<ActiveInventoryItemUI> ();
        aeUI.txtActiveItem.text = myItem.NAME.ToString ();
        aeUI.item = myItem;
        objItem.transform.SetParent (this.hudUI.panelActiveSpecialItems);
        LayoutRebuilder.MarkLayoutForRebuild (this.hudUI.panelActiveSpecialItems
            as RectTransform);
    }

    public void ApplySpecialInventoryItem (InventoryItem item)
    {
        GameMaster.instance.PC_CC.HEALTH += item.STRENGTH * 100;
        //(PC.WEAPON_TYPE)Enum.Parse(typeof(PC.WEAPON_TYPE), invItem.item.NAME);
        if (GameMaster.instance.PC_CC.HEALTH > 100f) {
            GameMaster.instance.PC_CC.HEALTH = 100f;
        }
        GameMaster.instance.INVENTORY.DeleteItem (item);
    }

    #endregion


}
```

이제 모든 것들이 제자리를 찾았다. 모든 것이 제대로 동작하는지 확인하기 위해 게임을 테스트해보자. 또한 이 기회를 통해 코드 및 프로젝트의 설정이 올바르게 돼 있는지 확인해보자.

개념을 이해하는 것에 대해서 한 번 더 짚고 가겠다. 원하는 바를 구현하는 방법 중에 단 한 가지 방법을 살펴본 것이다. 이를 통해 더 좋은 방법이 떠올랐을 수도 있고, 완전히 다른 방식으로 구현해야겠다고 마음먹은 독자도 있을 것이다. 모두 권장하는 바이다!

위 스크린샷은 레벨을 처음 로드한 직후 플레이어 캐릭터와 인벤토리 상태를 보여준다. 테스트하고 있는 중요한 지점 및 코드가 적절하게 동작하고 있는지 확인시켜 줄 지점을 표시해두었다.

다음 스크린샷에서 플레이어 캐릭터는 레벨 내 뿌려 둔 몇 가지 인벤토리 아이템을 주웠다. 인벤토리 창을 띄우고 카테고리 중 하나를 클릭한다. weapons를 클릭한 경우, 인벤토리 내 모든 무기들의 리스트가 나타날 것이다.

무기 하나, 헬스 패킷health packet 하나, 방어구 몇 가지를 주웠다. 특수 아이템 패널에 아이템이 보인다. 이 헬스 패킷은 방금 주운 것이다.

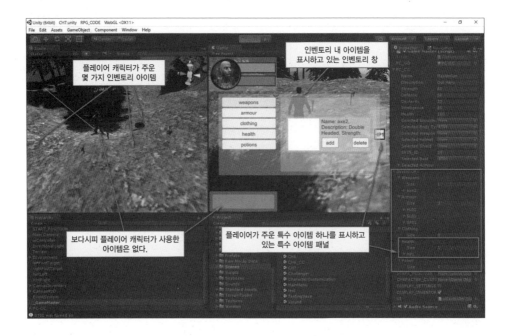

다음은 게임 플레이 도중 플레이어가 인벤토리 창을 사용해 추가한 인벤토리 아이템을 사용할 때 어떻게 HUD가 자체적으로 갱신되는지 보여주는 스크린샷이다.

무기 ax2, 헬멧 HL02, 방패 SL01 순서대로 세 가지 인벤토리 아이템을 활성화했다.

패널뿐만 아니라 플레이어 캐릭터에도 인벤토리 아이템이 적용돼 있음을 볼 수 있다. 꽤 멋지다!

이제 더 나아가 적과 만날 시간이다. 플레이어 캐릭터와 비플레이어 캐릭터(NPCs) 간의 상호작용에 대해서는 논의를 많이 하진 않았다. 지금 이를 간단히 할 것이다.

플레이어 캐릭터에 인벤토리 아이템의 일부를 적용했다. 이제 적과 실제로 마주할 수 있다. 적이 플레이어 캐릭터를 공격하게 해 생명력이 어떻게 감소되는지 볼 것이다. 그리고 특수 아이템 패널의 헬스 패킷을 사용해 생명력을 증가시킬 것이다.

다음 두 가지 스크린샷은 이 시나리오를 표현할 것이다.

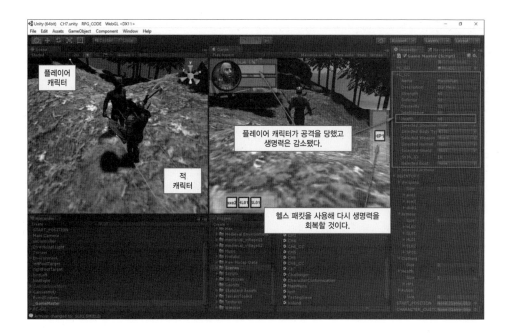

도망간 다음 헬스 패킷을 사용할 것이다.

헬스 패킷을 사용했을 때 어떻게 특수 아이템 패널뿐만 아니라 인벤토리 시스템으로부터 자체적으로 제거됐는지 주목하라. 헬스 패킷을 사용했는데도 어떻게 생명력 바가 게임 시작 때보다 더 줄어들 수 있는지 궁금할 것이다. 하지만 잠시만 기다려보자. 사실 게임 플레이를 다시 시작해 적에게서 다시 도망갈 때 적은 플레이어 캐릭터를 조금 더 때릴 수 있는 기회를 얻는다. 그러므로 헬스 패킷을 사용하기까지 초기 스크린샷의 생명력이 추가적으로 20포인트가 더 떨어진 것이다.

필자가 이것을 어떻게 알았을까? 헬스 패킷은 힘과 중량의 값이 0.2이다. 이를 생명력을 표현하는 0부터 100까지 단위로 환산해보면 20포인트가 된다.

▎HUD 내 적의 상태 정보

지금까지 NPC 상태 정보(stats) 및 시각적 표현에 대해 심도 있게 다루지 않았다. 이제는 위 내용들에 대해 논의해야 한다. 일단 플레이어에게 어떤 정보를 보여줄지 결정해야 한다. 우선은 단순히 적의 기본 생명력 및 힘만을 보여주자.

이러한 정보를 표현하는 가장 좋은 방법에는 어떤 것들이 있을까? 플레이어 캐릭터와 NPC 사이의 임계 거리가 특정 기준에 도달 시 정보를 보여줄 것인가, 아니면 게임 플레이 도중 플레이어가 특정 시간에 요청했을 때 보여줄 것인가?

여기에서는 처음 시나리오를 택해보자. 플레이어 캐릭터에서 NPC까지의 거리가 특정값에 도달하면 NPC에 대한 정보를 보여줄 것이다. 이 특정 거리를 NPC의 시야선과 동일하게 할 수 있다. 이는 좋은 선택이다. NPC가 플레이어를 볼 수 있으면 그만큼 플레이어 NPC의 상태 정보를 볼 만큼 캐릭터와 가깝다는 것을 의미하기 때문이다. 이제 작업을 시작해보자.

NPC 상태 정보 사용자 인터페이스

플레이어 캐릭터용으로 제작한 기존의 텍스처들의 일부를 재활용할 것이다.

체력 바와 힘 바의 텍스처와 마찬가지로 NPC 캐릭터 장착과 동시에 월드 공간에 배치할 캔버스를 만들어야 한다.

NPC 캔버스 제작

NPC용 캔버스와 플레이어용 캔버스의 주요 차이점은 몇 가지 설정이다.

차이점 중 하나는 캔버스의 Render Mode이다. NPC 캔버스는 World Space Render Mode로 설정할 것이다. 이를 통해 신 안에 캔버스를 마치 게임오브젝트처럼 배치할 수 있다.

또 다른 중요한 차이점은 Rect Transform, Scale, Rotation 속성[attributes]이다.

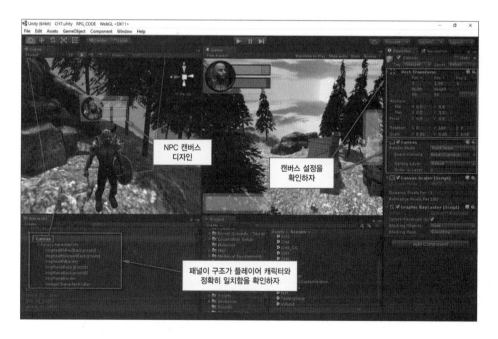

캔버스를 만들고 속성값을 위의 스크린샷과 동일하게 변경한다.

다음은 이전 절에서 개발한 PanelCharacterInfo 전체를 복사 후 새 캔버스의 자식으로 붙여넣기를 한다.

이렇게 하면 UI 요소를 일일이 새로 만들 필요가 없기 때문에 시간을 절약할 수 있다. 붙여 넣었던 PanelCharacterInfo 패널의 Scale, Transform 속성을 변경하면 NPC의 머리 위에 패널이 렌더링될 것이다.

다음 단계는 코드에서 상태 정보 바 값을 조절 하는 것이다. 이를 위해 NPCStatUI라는 새 스크립트를 만들고 방금 만든 캔버스 오브젝트에 부착할 것이다.

 필자는 캔버스 이름을 CanvasNPCStats로 변경했다.

스크립트 코드는 다음과 같다.

```
using UnityEngine;
using UnityEngine.UI;
using System.Collections;

public class NPCStatUI : MonoBehaviour
{
    public Image imgHealthBar;
    public Image imgManaBar;
}
```

방금 만든 이 스크립트는 이미지 요소들의 참조점을 제공할 것이다. 값들을 갱신하는 메소드가 추가적으로 필요하다.

해당 신의 모든 NPC를 참조하는 방법을 모색해야 한다. 방법이 결정된 이후 생명력과 힘의 초깃값을 설정해야 할 것이다. 그 이후 게임 도중 게임 상태에 따라 각 NPC의 상태 정보를 갱신할 수 있어야 할 것이다.

신에서 NPC들의 식별을 위해 게임오브젝트의 태그를 사용할 것이다.

ENEMY라는 새 태그를 만들어야 한다. 모든 적 NPC 게임오브젝트의 태그는 ENEMY로 돼 있어야 할 것이다. 이는 빠르게 해당 태그 값이 적용된 게임오브젝트의 목록을 가져오는 좋은 방법이다.

또한 런타임 시 NPC 상태 정보 캔버스를 동적으로 붙이는 방안을 생각해야 한다.

테스트를 위해 임시로 이 캔버스를 모델에 붙일 것이다. 문제는 캔버스를 정확히 어디에 붙일지 여부다. 현재 모델 프리팹에 Follow라는 빈 게임오브젝트가 존재한다. 이 Follow 게임오브젝트는 플레이어 캐릭터 모델에서는 게임 플레이 도중 메인 카메라의 자리로 활용했다. NPC 캐릭터 모델에서는 계층 구조상 Follow 게임오브젝트의 자식 게임오브젝트로서 NPC 캔버스를 부착하는 데 활용할 것이다. 이를 앞의 스크린샷에서 확인할 수 있다.

NPC_Agent.cs 스크립트를 사용해 NPC 상태 캔버스 프리팹을 초기화하고 UI 요소들에 적합한 값들로 채워 넣을 것이다. 이 스크립트는 필요한 요소가 자체적으로 포함돼 있어 이러한 초기화를 하기 가장 적합한 스크립트이다. 다음은 해당 스크립트의 신규 코드이다.

```
using UnityEngine;
using UnityEngine.UI;
using System;
using System.Collections;

[Serializable]
public class NPC_Agent : MonoBehaviour
{
    [SerializeField]
    public NPC npcData;
```

```csharp
[SerializeField]
public Transform canvasNPCStatsAttachment;
[SerializeField]
public Canvas canvasNPCStats;
[SerializeField]
public GameObject canvasNPCStatsPrefab;

public void SetHealthValue (float value)
{
    this.canvasNPCStats.GetComponent<NPCStatUI> ().imgHealthBar.fillAmount -=
value;
}

public void SetStrengthValue (float value)
{
    this.canvasNPCStats.GetComponent<NPCStatUI> ().imgManaBar.fillAmount -=
        value;
}

//// 초기화에 사용함
void Start ()
{
    // 상태 정보를 인스턴스화하자.
    GameObject tmpCanvasGO = GameObject.Instantiate (
                            this.canvasNPCStatsPrefab,
                            this.canvasNPCStatsAttachment.transform.
position +
                            this.canvasNPCStatsPrefab.transform.
position,
                            this.canvasNPCStatsPrefab.transform.
rotation) as GameObject;
    tmpCanvasGO.transform.SetParent (this.canvasNPCStatsAttachment);
    this.canvasNPCStats = tmpCanvasGO.GetComponent<Canvas> ();
    this.canvasNPCStats.GetComponent<NPCStatUI> ().imgHealthBar.fillAmount =
        1f;
    this.canvasNPCStats.GetComponent<NPCStatUI> ().imgManaBar.fillAmount =
        1f;
```

```
    }

}
```

---

canvasNPCStatsAttachment의 할당이 필요함을 주목하자. 이 변수는 NPC에 부착할 게임 오브젝트의 참조를 저장하는 데 사용할 것이다. 그리고 개발 도중 canvasNPCStatsPrefab 은 NPC 상태 캔버스를 대표하는 프리팹을 할당하는 데 사용할 것이다.

현재 게임이 실행 중이라면 계층 구조상 fill 값이 1f인, 즉 100%인 Follow 게임오브젝트 가 부착된 동적 프리팹 인스턴스가 생성됐을 것이다.

NPC 생명력

6장에서 플레이어 캐릭터의 애니메이터 컨트롤러 및 CharacterController.cs 스크립트 를 제작했다. 잠시 시간을 갖고 그때 당시 제작한 초기 버전 스크립트들과 각종 설정들로 돌아가자.

 3장, '캐릭터 디자인'을 참조해 애니메이터 컨트롤러와 커브에 대해 상기해보자.

3장에서 만든 애니메이터 컨트롤러 CH3_Animator_Controller를 연다. 그리고 파라미터 탭을 선택 후 Attack1C라는 새 파라미터를 float형으로 만든다.

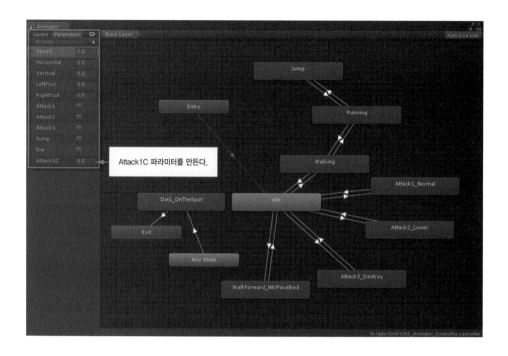

환기를 위해 4장, '플레이어 컨트롤러와 비플레이어 캐릭터 디자인'의 'PC와 NPC 상호작용' 절로 돌아가보자. 커브를 정의하고 구성해 애니메이션 기반 파라미터를 지정하는 방법이 떠오를 것이다.

 공격 애니메이션 중 하나의 커브만을 정의했다.

자, 이제 플레이어 캐릭터의 애니메이터 컨트롤러에서 파라미터를 구성한 다음 Character Controller.cs 스크립트가 파라미터 값을 통해 공격을 발동시키도록 갱신해야 한다.

다음은 수정된 부분만 나열한 스크립트 코드이다.

```
void FixedUpdate ()
{
    // 입력 매니저에서 입력을 정의한다.
    h = Input.GetAxis ("Horizontal"); // 수평축 값을 가져온다.
    v = Input.GetAxis ("Vertical");    // 수직축 값을 가져온다.
    speed = new Vector2 (h, v).sqrMagnitude;
    animator.SetFloat ("Speed", speed);
    animator.SetFloat ("Horizontal", h);
    animator.SetFloat ("Vertical", v);
    // 세 종류의 공격 모드가 존재한다. attack1의 커브 파라미터만 구현했다.
    // 따라서 게임 플레이 도중 attack2/attack3를 사용하면 시각적으로는 공격하는 모습을 볼 수
있지만
    // 실제 데이터에는 반영되지 않을 것이다.
    if (this.attack1 || this.attack2 || this.attack3) {
        if (animator.GetFloat ("Attack1C") == 1.0f) {
            GameMaster.instance.PlayerAttackEnemy ();
            // 타이머를 재시작한다.
            this.attackTimer = Time.timeSinceLevelLoad + this.
attackThreashold;
        }
    }
}
```

코드 안에서 공격 모드가 활성화돼 있는지 확인하고 만약 그렇다면 Attack1C 커브 파라
미터 값이 무엇인지 확인한다. 그 값이 1.0f인 경우 GameMaster 오브젝트가 나머지 코
드들을 실행한다.

이제 GameMaster.cs 스크립트의 몇 가지 함수들을 살펴봐야 한다.

```
// 로드된 각 레벨/신을 위한
// 준비 작업
void OnLevelWasLoaded ()
{
    GameMaster.instance.LEVEL_CONTROLLER.OnLevelWasLoaded ();
    // 모든 적 NPC 게임오브젝트를 찾는다.
```

```
            if (GameObject.FindGameObjectsWithTag ("ENEMY").Length > 0) {
                var tmpGONPCEnemy = GameObject.FindGameObjectsWithTag ("ENEMY");
                GameMaster.instance.goListNPCEnemy.Clear ();
                foreach (GameObject goTmpNPCEnemy in tmpGONPCEnemy) {
                    instance.goListNPCEnemy.Add (goTmpNPCEnemy);
                    instance.closestNPCEnemy = goTmpNPCEnemy;
                }
            }
        }
        public void PlayerAttackEnemy ()
        {
            NPC npc = instance.closestNPCEnemy.GetComponent<NPC_Agent> ().npcData;
            npc.HEALTH -= 1;
        }
```

몇 가지 설명이 필요하다. OnLevelWasLoaded() 함수는 런타임에 새로운 신이 로드될 때마다 호출된다. 여기에서 ENEMY로 태그된 전체 게임오브젝트를 찾는다. 그 결과를 추후 프로세스를 위해 내부적으로 저장한다.

> 테스트 겸 신의 단순화를 위해서 신에는 단 하나의 적만이 존재한다. 필자는 closes tNPCEnemy 오브젝트 변수에 ENEMY로 태그된 게임오브젝트 중 가장 마지막 오브젝트로 할당했다. 이 변수는 추후 PlayerAttachEnemy() 함수에 사용해 NPC의 HEALTH 속성을 설정한다.

PlayerAttackEnemy() 함수가 호출되면 NPC 캐릭터의 NPC 컴포넌트 참조를 구한다. 그리고 공격에 따라 생명력을 감소시킨다.

이제는 또한 BaseCharacter.cs 스크립트를 수정해야만 한다. 다음은 수정한 코드 내용이다.

```
public float HEALTH {
    get { return this.health; }
```

```
        set {
            this.health = value;
            if (this.tag.Equals ("Player")) {
                if (GameMaster.instance.UI.hudUI != null) {
                    GameMaster.instance.UI.hudUI.imgHealthBar.fillAmount = this.
health /
                    100.0f;
                }
            } else {
                this.characterGO.GetComponent<NPC_Agent> ().SetHealthValue (this.
health /
                100.0f);
            }
        }
    }
}
```

HEALTH 속성에서 플레이어인지 NPC인지 확인한다. 플레이어라면 게임 마스터를 사용해 상태 정보 UI를 갱신하고 NPC라면 자체 NPC 상태 정보 UI를 갱신할 것이다.

이는 플레이어 캐릭터나 NPC를 제작할 때 데이터 요소들이 적합하게 할당됐는지 확인해야 함을 의미한다. 다음을 참고한다.

```
void Awake ()
{
    PC tmp = new PC ();
    tmp.TAG = this.transform.gameObject.tag;
    tmp.characterGO = this.transform.gameObject;
    tmp.NAME = "Maximilian";
    tmp.HEALTH = 100.0f;
    tmp.DEFENSE = 50.0f;
    tmp.DESCRIPTION = "Our Hero";
    tmp.DEXTERITY = 33.0f;
    tmp.INTELLIGENCE = 80.0f;
    tmp.STRENGTH = 60.0f;
    this.playerCharacterData = tmp;
}
```

위 코드는 PlayerAgent.cs 스크립트의 **Awake( )** 함수이다. 동일한 방식을 NPC_Agent.cs 스크립트에도 적용해야 할 것이다.

지금까지 살펴본 코드 및 스크립트는 제시했던 아이디어들을 테스트하는 데 사용했다. 결과는 긍정적이다. 플레이어 캐릭터가 공격 시 적과의 상대적인 위치를 고려하지 않았다는 것을 눈치챘을 것이다. 레벨을 불러올 때마다 질의query를 하여 결과적으로 질의의 마지막 결과를 게임 마스터에 가장 가까운 NPC 캐릭터로 할당하였다.

▌ 코드 향상시키기

7장을 마치기 전 마지막으로 구현하고 싶은 내용은 플레이어가 공격 모드에 들어갔을 때 자동으로 공격이 의도한 NPC에 들어가게 하는 것이다. 다른 말로 하면 거리와 시야각을 고려하면서 가장 가까운 NPC가 어느 것인지 결정하는 것이다.

이미 NPC의 이러한 수치들을 결정하는 로직을 만들었다. 그리고 플레이어 캐릭터에게도 이러한 비슷한 것을 구현해야 한다. CharacterMovement.cs 스크립트에 가해야 할 부분적인 코드 변경 사항 목록을 살펴보자.

```
using UnityEngine;
using System.Collections;

public class CharacterController : MonoBehaviour
{

    public Animator animator;
    public float speed = 6.0f;
    public float h = 0.0f;
    public float v = 0.0f;
    public bool attack1 = false;
    // 공격 모드 1에 사용
```

```
public bool attack2 = false;
// 공격 모드 2에 사용
public bool attack3 = false;
// 공격 모드 3에 사용
public bool jump = false;
// 점프에 사용
public bool die = false;
// 살아 있는지 확인
public bool DEBUG = false;
// 스피어 콜라이더 트리거 컴포넌트 참조점
private SphereCollider col;
// NPC와의 상대적인 플레이어 캐릭터의 위치
public Vector3 direction;
// 플레이어 캐릭터와 NPC의 거리
public float distance = 0.0f;
// NPC와 PC 사이의 각도
public float angle = 0.0f;
// PC가 시야 안에 존재하는가?
public bool enemyInSight;
// NPC의 시야각은 어느 정도인가?
// 현재는 110도로 설정
public float fieldOfViewAngle = 110.0f;
// PC와 NPC 사이의 각도 계산
public float calculatedAngle;

// 이 함수에서 초기화
void Start ()
{
    this.animator = GetComponent<Animator> () as Animator;
    //this.attackTimer = 0.0f;
    // 초기 상태는 플레이어를 못 본다.
    this.enemyInSight = false;
}
// Update 함수는 매 프레임마다 한 번씩 호출된다.
private Vector3 moveDirection = Vector3.zero;
Quaternion startingAngle = Quaternion.AngleAxis (-60, Vector3.up);
Quaternion stepAngle = Quaternion.AngleAxis (5, Vector3.up);
```

```
Vector3 viewDistance = new Vector3 (0, 0, 30);
Quaternion startingAttackAngle = Quaternion.AngleAxis (-25, Vector3.up);
Quaternion stepAttackAngle = Quaternion.AngleAxis (5, Vector3.up);
Vector3 attackDistance = new Vector3 (0, 0, 2);

void Update ()
{
    ...

    if (Input.GetKeyDown (KeyCode.I)) {
        this.die = true;
        SendMessage ("Died");
    }
    animator.SetBool ("Die", die);
}


void FixedUpdate ()
{
    // 입력 매니저에 입력을 정의했다.
    // 수평축 값을 구한다.
    h = Input.GetAxis ("Horizontal");
    // 수직축 값을 구한다.
    v = Input.GetAxis ("Vertical");
    speed = new Vector2 (h, v).sqrMagnitude;
    if (DEBUG)
        Debug.Log (string.Format ("H:{0} - V:{1} - Speed:{2}", h, v, speed));
    animator.SetFloat ("Speed", speed);
    animator.SetFloat ("Horizontal", h);
    animator.SetFloat ("Vertical", v);
    // 3가지 종류의 공격 모드가 존재한다. 오직 attack1의 커브 파라미터만 구현했다.
    // 따라서 게임 플레이 도중 attack2/attack3를 사용하는 경우에 시각적인 공격 모습을 볼 수 있겠지만
    // 실제 데이터에는 반영되지 않는다.
    if (this.attack1 || this.attack2 || this.attack3) {
        #region used for attack range
        RaycastHit hitAttack;
```

```
var angleAttack = transform.rotation * startingAttackAngle;
var directionAttack = angleAttack * attackDistance;
var posAttack = transform.position + Vector3.up;
for (var i = 0; i < 10; i++) {
    Debug.DrawRay (posAttack, directionAttack, Color.yellow);
    if (Physics.Raycast (posAttack, directionAttack, out hitAttack,
1.0f)) {

        var enemy = hitAttack.collider.GetComponent<NPC_Agent> ();
        if (enemy) {
            // 적이 보이는 경우
            if (DEBUG)
                Debug.Log (string.Format ("Detected: {0}",
                    enemy.npcData.NAME));
            this.enemyInSight = true;
            GameMaster.instance.closestNPCEnemy =
                    hitAttack.collider.gameObject;
        } else {
            this.enemyInSight = false;
        }
    }
    directionAttack = stepAngle * directionAttack;
}
#endregion
if (enemyInSight) {
    if (animator.GetFloat ("Attack1C") == 1.0f) {
        PC pc =
            this.gameObject.GetComponent<PlayerAgent>
().playerCharacterData;
        float impact = (pc.STRENGTH + pc.HEALTH) / 100.0f;
        GameMaster.instance.PlayerAttackEnemy (impact);
    }
}
}
}
}
}
```

적 NPC의 시야 및 거리 계산은 레이캐스팅을 통해 이루어진다. 오직 공격 모드에 진입했을 때만 계산한다. NPC가 플레이어 캐릭터 앞에 있는지 확인 후 앞에 있으면 GameMaster에 closestNPCEnemy 오브젝트 객체를 할당하고 enemyInSight 플래그를 설정한다. 그 다음 NPC의 생명력을 감소시킨다.

간단한 방정식을 통해 공격에 따른 충격량 계산법 변경에 주목한다.

$$충격량 = \frac{플레이어\ 캐릭터의\ 힘 + 플레이어\ 캐릭터의\ 생명력}{100}$$

위 공식에서 플레이어는 플레이어 캐릭터를 의미한다. NPC 오브젝트에도 동일한 공식을 적용한다. 공격 지점의 충격량을 행위자의 힘과 생명력 기반 공식으로 결정하는 것은 단순한 예시일 뿐이다.

앞의 스크린샷은 NPC가 공격 범위 내에 존재하는지 확인하는 방법을 보여준다.

게임 플레이 도중 플레이어나 NPC의 컴포넌트로부터 힘 값을 구할 수 있다.

다음은 HEALTH 속성을 구현한 BaseCharacter.cs 코드의 일부이다.

```
public float HEALTH {
    get { return this.health; }
    set {
        this.health = value;
        if (this.tag.Equals ("Player")) {
            if (GameMaster.instance.UI.hudUI != null) {
                GameMaster.instance.UI.hudUI.imgHealthBar.fillAmount = this.
health /
                100.0f;
            }
        } else {
            this.characterGO.GetComponent<NPC_Agent> ().SetHealthValue (this.
health /
            100.0f);
        }
    }
}
```

> ℹ️ 코드에서 수정한 부분이 몇 가지 더 존재한다. 출판사에서 제공한 관련 파일을 참고하길 바란다.

지면상의 한계로 인해 책에 싣지 못한 수정 코드들이 더 존재한다. 다음은 수정한 스크립트들의 목록이다. BaseCharacter.cs, CharacterController.cs, GameMaster.cs, NPC_Agent.cs, PlayerAgent.cs, NPC_Movement.cs

가리킨 부분을 통해 NPC가 더 존재하고
게임 마스터가 NPC들을 어떻게 처리하는지
눈치챌 것이다.

필자는 독자들의 실력 향상을 위해 더 많은 연구와 다른 종류의 메커니즘 시도 및 구현을 권장한다.

요약

7장에서 아이디어를 확장했으며 주요 모듈들을 통합하는 방법을 살펴봤다. 7장의 주요 목표는 게임의 HUD를 제작하는 것이었다.

우리의 관심사였던 설계 개념과 함께 시작했다. 그리고 실질적인 구현에 앞서 HUD의 레이아웃을 제작했다. HUD의 외향을 결정한 이후 프레임워크 제작을 시작했다.

HUD의 세 가지 주요 부분(PanelCharacterInfo, PanelActiveItem, PanelSpecialItems)을 설계했다.

다음으로 기존 코드와 맞물림과 동시에 패널 동작에 필요한 UI 요소 및 필요한 코드 제작을 시작했다. 먼저 PanelCharacterInfo를 제작했다. 이 패널은 플레이어 캐릭터의 상태 정보를 표현하고 플레이어 아바타, 캐릭터의 생명력, 캐릭터의 힘의 참조점이다. 이 과정에서 이 새로운 UI의 동작을 위해 수많은 스크립트들을 제작하고 수정했다.

다음으로 PanelActiveItems 패널을 설계하고 개발했다. 이 패널의 구현은 좀 더 까다로웠다. 이 패널의 목적은 플레이어가 사용 중인 현재 활성 인벤토리 아이템 전부를 표시하는 것이다. 특정 시간에 얼마나 많은 아이템을 플레이어가 사용할지 모르기 때문에 이 패널은 스크롤이 가능하도록 만들어야 했다.

인벤토리 아이템의 대체용으로 쓰일 프리팹을 제작했다. 또한 이 프리팹과 함께 동작할 스크립트들도 제작했다.

두 가지 다른 점을 제외하고 PanelSpecialItems의 설계는 PanelActiveItems와 매우 유사했다. 첫 번째로 패널을 수평 대신 수직으로 만들어야 했다. 따라서 이에 적합한 설정값들을 적용해야 했다. 두 번째로 주요 기능이 달랐다. 표시된 아이템은 사용자 정의 이벤트 핸들러를 만들어야 했으며, 필요한 값들을 플레이어 캐릭터에 적용하고 게임 전체 상태를 갱신해야만 했기 때문에 매우 다루기 힘들었다.

HUD의 설계 조건을 충족시킨 이후, 필요한 스크립트 제작을 시작해 게임 마스터 및 다른 스크립트들과 함께 UI 요소를 통합했다. 이는 기본적으로 UI가 항상 관심 오브젝트 상태를 반영하게 하는 것이다. 생명력, 지구력, 인벤토리는 이러한 개념을 적용하는 주요 항목이다.

7장 마지막 절에서 6장에서 완료하지 못했던 플레이어 캐릭터의 움직임, NPC 감지, 플레이어와 NPC 사이의 타격 지점 추적 방법 구현에 집중했다.

또한 플레이어 캐릭터의 애니메이션 컨트롤러의 역추적 및 조정을 해야만 했다. 움직임 기반 공격 애니메이션 값의 커브를 정의했다.

이 과정 도중 다음과 같은 문제를 해결해야 했다. 실제 NPC 캐릭터를 공격할 수 있는 충분한 가까운 범위 내 존재하는지 어떻게 알 것인가? 어떤 NPC가 더 가까이 있는지 어떻게 감지할 것인가? 무엇보다도 공격 행위 시작에서부터 NPC의 실제 타격에 이르기까지 데이터는 어떠한 방식으로 통과할 것인가?

적은 수의 페이지에도 불구하고 단기간 내에 많은 성과를 이루었다. 기능 가운데 일부는 독자의 몫으로 남겨두었다. 예를 들어 인벤토리 아이템을 삭제하는 방법 및 기타 다른 사항에 대해서는 다루지 않았다. 필자는 이는 크게 문제 될 것이 없다고 판단했다. 그리고 큰 그림을 살펴보고 어떻게 조합할지 한번 고민해보면 독자들 스스로 간단히 해결할 수 있을 것이다.

이제 8장으로 넘어가보자.

08

멀티플레이어 설정

멀티플레이어 게임 제작은 모든 인디 게임 개발자의 로망이다. 하지만 현실에서의 멀티플레이어 게임 제작은 매우 어렵다. 게임 개발자로서 고려해야 하는 수많은 시나리오가 존재한다. 온라인 멀티플레이어 게임 제작 자체의 기술적 복잡도뿐만 아니라 게임 플레이 요소도 고려해야 하는 것들이 많다.

8장의 목적은 유니티 5를 통해 OOTB 네트워크 기능성에 대한 안목을 넓히는 것이다. 이는 복잡한 주제이다. 이에 대해 자세하게 다루려면 책 한 권 정도의 지면을 통째로 할애해야 한다. 따라서 8장에서 그에 관한 모든 것을 다룰 수는 없다.

언급했던 바와 같이 네트워킹에 대한 기초를 설명하기 위한 간단한 프로젝트로 8장을 구성했다. 어떻게 네트워크가 게임오브젝트들을 활성화시키는지 볼 것이다.

8장은 다음과 같이 나눠서 진행할 것이다.

- 멀티 플레이어 게임 제작의 어려움
- 초기 멀티 플레이어 게임
  - 기본 네트워크 구성
  - 네트워크 프로젝트
  - 플레이어 캐릭터 추가
  - 적 탱크 추가
  - 빌드 및 테스트
- RPG 캐릭터 지원 네트워크
  - RPG 신 제작
  - 네트워크 지원 플레이어
  - 네트워크 지원 NPC
  - 플레이어 커스터마이징과 아이템 동기화
- 네트워크 지원 PC와 NPC 테스트
- 향후 계획

이제 시작해보자.

▋ 멀티플레이어 게임 제작의 어려움

독자가 만들고 있는 게임이 멀티 플레이어 지원이 필수적인 것이 아니라면 굳이 지원하려고 하지 않는 것을 추천한다. 엄청나게 복잡해지고 번거로워질 것이며 고민에 빠지게 될 것이다. 하지만 반드시 필요하다면, 이겨내야만 한다.

이제 정말 간단한 멀티플레이어 게임 제작일지라도 게임 설계자로서 고민해야 할 자체 과제들이 존재할 것이라고 예측했을 것이다. 온라인 멀티플레이어 게임에는 여러 종류가 있다.

- 실시간 멀티플레이어 게임
- 턴 기반 멀티플레이어 게임
- 비동기 멀티플레이어 게임
- 로컬 멀티플레이어 게임

이러한 온라인 게임 종류 중 가장 어려운 것은 실시간 멀티플레이어 게임이다. 모든 플레이어는 적당히 그리고 효과적인 방법으로 항상 최신 상태로 동기화가 유지돼야 하기 때문이다.

즉, 플레이어 A가 특정 행동을 했다면 플레이어 B는 그 행동을 동시에 화면에서 볼 수 있어야 한다. 이제 플레이어 C라는 다른 플레이어의 참가를 고려해보면 플레이어 A와 B는 플레이어 C와 동기화돼야 하고, 플레이어 C 역시 플레이어 A와 플레이어 B의 상태와 함께 환경이 동기화돼야 한다.

단순히 플레이어의 실제 위치값/회전값만이 동기화 대상이 아니라 또한 모든 플레이어의 데이터 역시 동기화 대상이 된다. 이제 이 상황에 플레이어 수가 100명 혹은 1,000명 혹은 1,000,000명이라고 가정해보자.

실제 멀티플레이어 게임 제작은 여기서 다루는 것만으로는 부족하다. 유니티가 제공하는 편의성 제공 역시 부족하다. 플레이어 데이터를 다루는 서버 사이드 코드를 작성해야 할 가능성도 존재한다.

이제 이러한 설계와 개발에 관한 어려움을 보게 될 것이다. 첫 멀티플레이어 게임 제작을 시작해보자.

▍초기 멀티 플레이어 게임

멀티플레이어 게임에 대해 배우는 가장 좋은 방법은 간단한 예제를 살펴보는 것이다. 다음 프로젝트는 유니티 네트워크 튜토리얼을 기반으로 RPG 게임의 네트워크 구현에 도움이 될 만한 몇 가지 특징을 확장한 것이다.

기본 네트워크 구성

네트워크 게임을 제작하는 데 사용하는 몇 가지 네트워크 구성 요소에 익숙해져야 한다. 컴포넌트들은 다음과 같다.

- **네트워크 매니저**: 네트워크 게임의 상태 조절을 돕는 고수준 클래스이다. 에디터에서 네트워크, 스폰에 사용하는 프리팹, 각기 다른 네트워크 게임 상태에 사용할 신 설정 인터페이스를 제공한다.
- **네트워크 매니저 HUD**: 게임의 네트워크 상태를 조절하는 기본 사용자 인터페이스를 제공한다. 또한 에디터 내 네트워크 매니저의 현재 상태 정보를 보여준다.
- **네트워크 아이덴티티**: 새 네트워크 시스템의 핵심이다. 이 컴포넌트는 오브젝트의 네트워크 아이덴티티를 조절하고 네트워크 시스템이 그것을 인지하게 한다.
- **네트워크 트랜스폼**: 네트워크 사이에 걸쳐 게임오브젝트의 움직임을 동기화한다. 이 컴포넌트는 권한을 고려해 로컬 플레이어 오브젝트들이 자신의 위치를 클라이언트에서 서버로 동기화한다. 서버 권한의 다른 오브젝트들은 자신의 위치를 서버에서 클라이언트로 동기화한다.

네트워크 프로젝트

다음 프로젝트는 멀티플레이어 게임의 개념을 보여준다. 이 개념들은 더 복잡한 시나리오로 확대 적용 가능하다.

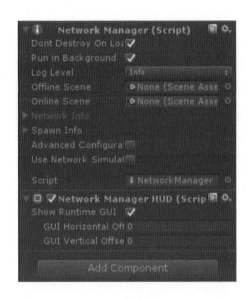

유니티 프로젝트를 생성하며 시작할 것이다. 모든 멀티플레이어 게임 네트워크 매니저 구현이 필요하다. 이를 위해 빈 게임오브젝트를 만든 후 이름을 Network Manager로 변경한다. 이제 인스펙터 창을 활용해 네트워크 매니저 컴포넌트를 생성한 오브젝트에 붙일 차례이다. Add Component > Network > NetworkManager를 선택한다. 선택한 게임오브젝트에 네트워크 매니저 HUD 컴포넌트를 추가할 것이다. 다시금 인스펙터 창에서 Add Component > Network > NetworkManagerHUD를 선택한다.

플레이어 캐릭터 추가

이제 단순한 캐릭터 플레이어를 추가할 것이다. PC를 표현하는 데 아무 기본형primitive 게임오브젝트를 사용할 수 있다. 필자는 간단한 탱크 모양을 플레이어 캐릭터로 만들 것이다. 다음과 같은 모양이다.

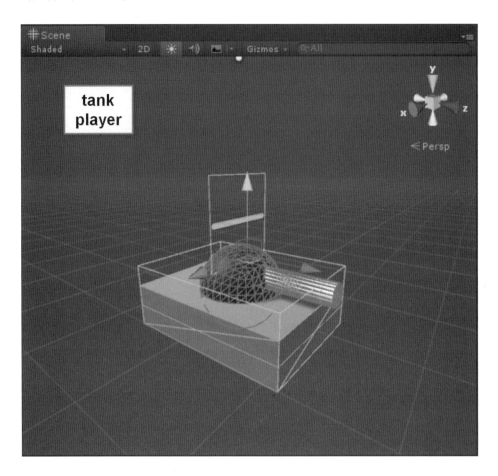

다음 이미지는 탱크 게임오브젝트의 계층 구조를 보여준다.

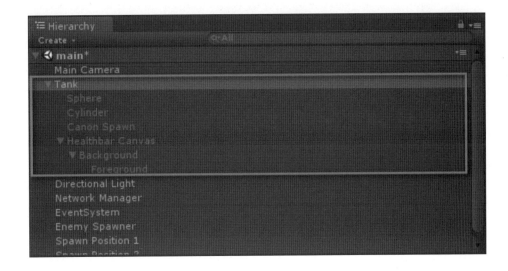

이제는 독자가 스스로 매우 쉽게 어떻게 해야 하는지 알고 있을 것이므로, 게임오브젝트를 만드는 방법에 대해서는 다루지 않을 것이다. 여기서 다룰 내용은 탱크 게임오브젝트에 네트워크를 붙이는 것이다.

이제 탱크 게임오브젝트에 두 가지 네트워크 컴포넌트를 붙일 것이다. 첫 번째는 Network Identity일 것이다. 이 컴포넌트는 탱크 게임오브젝트를 선택하고 인스펙터 창에서 Add Component ➤ Network ➤ Network Identity를 선택해 추가할 수 있다.

이제 컴포넌트를 추가했다면, Local Player Authority가 체크돼 있는지 확인한다.

이 Local Player Authority는 게임오브젝트를 소유한 클라이언트가 이 게임오브젝트를 움직일 수 있게 한다.

다음으로 탱크 게임오브젝트에 네트워크 트랜스폼 컴포넌트를 추가해야 한다. 다시 인스펙터 창에서 탱크 게임오브젝트를 선택 후 Add > Component > Network > Network Transform을 선택해 컴포넌트를 추가한다.

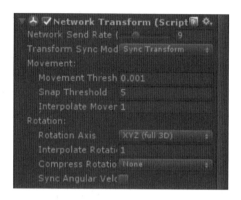

네트워크 트랜스폼 컴포넌트의 초깃값들을 유지할 것이다. 온라인 문서에서 각각의 특성들에 대해 알아볼 수 있다. 조절해야 하는 주요 특성은 Network Send Rate다.

다음은 탱크의 움직임을 조작할 수 있도록 스크립트를 제작할 것이다. 새 C# 스크립트를 생성하고, PlayerController.cs로 명명한다.

다음은 해당 코드이다.

```
using UnityEngine;
using UnityEngine.Networking;
using System.Collections;

public class PlayerController : NetworkBehaviour
{
    public GameObject bulletPrefab;
    public Transform bulletSpawn;

    public override void OnStartLocalPlayer ()
    {
```

```
        GetComponent<MeshRenderer> ().material.color = Color.blue;

    }

    void Update ()
    {
        // 오직 로컬 플레이어일 때만 다음 코드를 수행한다.
        if (!isLocalPlayer)
            return;
        var x = Input.GetAxis ("Horizontal") * Time.deltaTime * 150.0f;
        var z = Input.GetAxis ("Vertical") * Time.deltaTime * 3.0f;
        transform.Rotate (0, x, 0);
        transform.Translate (0, 0, z);
        if (Input.GetKeyDown (KeyCode.Space)) {
            CmdFire ();
        }
    }

    [Command]
    void CmdFire ()
    {
        // 총알 프리팹을 가지고 총알을 생성한다.
        var bullet = (GameObject)Instantiate (
                        bulletPrefab,
                        bulletSpawn.position,
                        bulletSpawn.rotation);
        // 총알에 속도를 추가한다.
        bullet.GetComponent<Rigidbody> ().velocity = bullet.transform.forward * 6;
        if (isLocalPlayer)
            bullet.GetComponent<MeshRenderer> ().material.color = Color.blue;
        // 클라이언트에 총알을 스폰(spwan)한다.
        NetworkServer.Spawn (bullet);
        // 2초 후 총알을 파괴한다.
        Destroy (bullet, 2.0f);
    }
}
```

이 코드는 직관적이다. 그럼에도 불구하고 논의해야 할 몇 가지 중요 개념들이 존재한다. 가장 먼저 MonoBehaviour 대신 NetworkBehaviour를 상속했음을 주목해야 한다.

NetworkBehaviour는 오브젝트가 네트워크 아이덴티티 컴포넌트와 함께 사용한다. 이를 통해 Commands, ClientRPCs, SysncEvents, SyncVars와 같이 네트워크 관련 기능수행이 가능하다.

변수 동기화

변수 동기화는 멀티플레이어 게임에서 중요한 측면 중 하나이다. 생각해보면 멀티 플레이어 게임에서 힘든 점 중 하나는 게임의 모든 중요 데이터의 클라이언트와 서버 사이의 동기화 보장이다. 이는 SyncVar 속성을 통해 보장된다. 다음에 만들 생명력 관련 스크립트에서 이를 어떻게 적용하는지 살펴볼 것이다.

네트워크 콜백

다음은 다양한 네트워크 이벤트에 의해 NetworkBehaviour 스크립트에 호출되는 함수들이다.

- OnStartServer(): 오브젝트가 서버에 스폰되거나 서버가 시작됐을 때 신 내 오브젝트에게 호출된다.
- OnStartClient(): 오브젝트가 클라이언트에 스폰되거나 클라이언트가 서버에 접속했을 때 신 내 오브젝트들에게 호출된다.
- OnSerialize(): 상태를 수집 후 서버에서 클라이언트로 전송할 때 호출된다.
- OnDeSerialized(): 클라이언트의 오브젝트로 상태를 적용할 때 호출된다.
- OnNetworkDestory(): 서버가 오브젝트가 파괴됐음을 알릴 때 클라이언트에게 호출된다.

- OnStartLocalPlayer( ): 클라이언트가 로컬 클라이언트 전용 플레이어 오브젝트에게 호출된다.
- OnRebuildObservers( ): 오브젝트의 옵저버들이 재생성됐을 때 서버가 호출한다.
- OnSetLocalVisibility( ): 오브젝트가 보이는지에 대한 여부가 변경되면 호스트에서 로컬 클라이언트로 호출된다.
- OnCheckObserver( ): 서버에서 새로운 클라이언트가 보이지는지에 대한 상태를 확인하기 위해 호출한다.

PlayerController.cs 스크립트에서 OnStartClient( ) 함수를 통해 재질의 색을 파란색으로 변경해 로컬 플레이어를 강조하는 것을 확인할 수 있을 것이다.

명령어 전송

명령어는 클라이언트가 서버에게 기능 실행을 요청하는 방법이다. 서버 인증 시스템에서 클라이언트는 오직 커맨드를 통해서만 기능들을 수행할 수 있다.

커맨드는 명령어를 보내는 클라이언트에 상응하는 서버의 플레이어 오브젝트에 동작한다. 이러한 대상 연결은 자동으로 된다. 따라서 클라이언트가 다른 플레이어의 커맨드를 보내기는 불가능하다.

하나의 커맨드는 반드시 앞에 Cmd로 시작하고 커맨드별 특수 속성을 갖는다.

PlayerController.cs 스크립트에서 플레이어가 발사했을 때 서버로 CmdFire( ) 함수를 사용해 명령어를 전송한다.

클라이언트 RPC 호출

클라이언트 RPC 호출은 서버 오브젝트가 클라이언트로 어떤 일이 일어나게 하는 방법이다. 이는 커맨드가 메시지를 보내는 방향과 정반대이다. 하지만 개념은 동일하다. 그러나 클라이언트 RPC는 플레이어 오브젝트를 호출할 뿐만 아니라 네트워크 아이덴티티 오브젝트 또한 호출한다. 클라이언트 RPC는 앞에 Rpc 접두사를 가져야 하며 관련 특수 속성을 갖는다.

이에 대한 예를 다음에 만들 Health.cs 스크립트에서 볼 수 있을 것이다.

```
using UnityEngine;
using UnityEngine.Networking;

public class Health : NetworkBehaviour
{
    public const int maxHealth = 100;
    [SyncVar (hook = "OnChangeHealth")]
    public int currentHealth = maxHealth;
    public RectTransform healthBar;
    public bool destroyOnDeath;

    public override void OnStartClient ()
    {

        healthBar.sizeDelta = new Vector2 (currentHealth, healthBar.sizeDelta.y);
    }

    public void TakeDamage (int amount)
    {
        currentHealth -= amount;
        if (currentHealth <= 0) {
            if (destroyOnDeath) {
                Destroy (gameObject);
            } else {
                currentHealth = maxHealth;
```

```
                // 서버에서 호출해 클라이언트에서 호출될 것이다.
                RpcRespawn ();
            }
        }
    }

    void OnChangeHealth (int health)
    {
        healthBar.sizeDelta = new Vector2 (health, healthBar.sizeDelta.y);
    }

    [ClientRpc]
    void RpcRespawn ()
    {
        if (isLocalPlayer) {
            // 원점으로 옮긴다.
            transform.position = Vector3.zero;
        }
    }
}
```

이 스크립트 또한 NetworkBehaviour를 상속했음에 주목하자. 독자에게 주의를 당부하고 싶은 주요 항목은 SyncVar, ClientRpc 그리고 OnStartClient() 함수이다.

플레이어의 생명력을 네트워크에 걸쳐 동기화하고 싶다. 이를 위해 SyncVar를 사용했다. NetworkBehaviour.SyncVar는 클래스, 리스트, 컬렉션을 제외한 기본 타입이라면 전부 적용 가능하다.

SyncVar로 지정한 값이 서버에서 변경되면 값들은 게임의 준비된 클라이언트로 전송된다. 객체가 스폰됐을 때 서버의 모든 SyncVars의 최신 상태와 함께 클라이언트에 SyncVars를 생성한다.

OnStartClient() 함수는 Health.cs 스크립트가 부착된 각 오브젝트에 최신 값이 UI 생명력 바에 표시되도록 보장한다.

여기서 잠시 시간을 갖고 중요점을 시사하고자 한다. 네트워크 게임 세션이 동작하고 있다고 가정하자. 그리고 HOST, 플레이어 A, 플레이어 B가 접속하고 있으며, 각자의 볼 일을 볼 것이라고 가정하자. 게임 플레이 도중 플레이어 A와 플레이어 B의 생명력이 변했다. 그리고 세 번째 플레이어 C가 게임에 접속했다. 만약 OnStartClient( ) 함수를 구현하지 않았다면, 플레이어 C 클라이언트는 Health.cs 스크립트가 부착된 모든 게임오브젝트들의 동기화된 올바른 데이터는 갖고 있겠지만 그 데이터는 올바르게 UI에 반영되지 않을 것이다. 왜냐하면 반영이 일어나게 하는 트리거가 필요하기 때문이다. 이러한 내용을 코드에서처럼 OnStartClient( ) 함수에서 다룰 수 있다.

다음 함수는 RpcRespawn( ) 함수이다. TakeDamage( ) 함수에서 현재 게임오브젝트의 생명력을 확인했다. 만약 생명력이 0 아래로 떨어진 경우 destoryOnDeath로 불린 변숫값이 참인지 살펴보아야 한다. 거짓으로 설정된 경우 currentHealth 값을 maxHealth 값으로 재설정한 후 RpcRespawn( ) 메소드를 사용해 플레이어를 원점에서 리스폰한다. 이 함수가 모든 클라이언트에서 실행돼야 함을 기억하자.

함수 안에서 isLocalPlayer 변수를 확인해 호출자가 로컬 플레이어인지 구분한다. 멀티플레이어 게임 제작은 정말 복잡하다. 앞으로 좀 더 실험을 시작하다보면 더 복잡해질 것이다.

탱크의 캐논 볼 제작

캐논 볼을 나타내는 프리팹을 제작해야 한다. 매우 간단하다. 구를 만들고 그 구의 크기를 탱크의 총 노즐 크기와 동일하게 한다.

캐논 볼 게임오브젝트에 NetworkIdentity, NetworkTransform, Rigidbody, Bullet.cs 컴포넌트를 붙여야 한다.

Rigidbody 컴포넌트의 Use Gravity 특성을 False로 설정한다. 또한 NetworkIdentity 컴포넌트의 Server Only와 Local Player Authority 특성 모두 False로 설정한다. NetworkTransform 컴포넌트의 Network Send Rate를 변경한다. 서버에 오브젝트가 생성되면 각 클라이언트의 물리 엔진이 알아서 할 것이다.

Bullet.cs라는 새로운 C# 스크립트를 생성한다.

다음은 코드 내용이다.

```
using UnityEngine;

public class Bullet : MonoBehaviour
{
    void OnCollisionEnter (Collision collision)
    {
        var hit = collision.gameObject;
        var health = hit.GetComponent<Health> ();
        if (health != null) {
            health.TakeDamage (10);
        }
        Destroy (gameObject);
    }
}
```

여기에서는 충돌만 감지한다. 만약 충돌이 감지되면 Health 컴포넌트를 구한다. Health 컴포넌트가 null이 아닌 경우 TakeDamage( ) 함수를 호출하고 값을 전달한다.

Health.cs 스크립트를 떠올려보면, TakeDamage( ) 함수는 플레이어의 currentHealth 값을 감소시킨다. currentHealth는 SyncVar이며 그 결과 모든 활성 클라이언트를 갱신한다.

hook에 대해 논의하지 않았다. SyncVar는 hook을 가질 수 있다. hook을 이벤트 핸들러의 개념으로 생각하자. 클라이언트의 SyncVar가 값을 변화시키면 호출되는 함수를 hook 속성을 통해 지정한다.

```
[SyncVar (hook = "OnChangeHealth")]
public int currentHealth = maxHealth;
```

OnChangedHealth( ) 함수는 생명력 값을 표시하는 UI 캔버스 갱신을 담당한다.

```
void OnChangeHealth (int health)
{
    healthBar.sizeDelta = new Vector2 (health, healthBar.sizeDelta.y);
}
```

캐논 볼의 프리팹을 만든 후 신의 인스턴스를 삭제하자.

각 스크립트마다 적합한 관련 프리팹을 할당했는지 확인한다. 예를 들면 탱크 게임오브젝트의 PlayerController.cs 스크립트는 캐논 볼 프리팹의 참조점과 캐논의 스폰 위치가 필요하다. Health.cs 스크립트는 HealthBar 이미지 및 기타 참조점이 필요하다.

탱크 프리팹 제작과 네트워크 매니저 설정

이제 탱크 게임오브젝트를 제작했고 필요한 컴포넌트들과 스크립트를 붙였다. 이제 오브젝트를 프리팹으로 만들어야 한다. 네트워크 매니저가 플레이어 캐릭터를 스폰할 것이기 때문이다. 스폰에는 플레이어 캐릭터 프리팹의 참조가 필요하다.

너트워크 매니저는 플레이어 프리팹을 할당할 수 있는 스폰 정보 영역이 있다. 네트워크 매니저의 특성 Auto Create Player와 Player Spawn Method를 결정한다.

또한 등록된 스폰 가능한 프리팹 영역이 있다. 네트워크 서버가 스폰할 모든 게임오브젝트들을 등록해야 한다. 예를 들어 여기에 캐논 볼 프리팹을 등록해 네트워크 내 각기 다른 클라이언트에 스폰할 수 있다.

신 안의 네트워크 매니저 게임오브젝트를 선택한다. 그리고 인스펙터 창에서 적합한 프리팹들을 할당한다.

다음은 이 시점에서 네트워크 매니저의 스크린샷이다.

이 시점에서 지금까지 제작한 것들을 테스트할 준비가 끝났다. Build Settings 창에서 게임의 독립형standalone 버전을 만든다. 빌드가 완료된 후 동일한 애플리케이션을 두 개 띄운다. 하나의 인스턴스는 게임의 호스트로, 다른 인스턴스는 클라이언트로 접속한다.

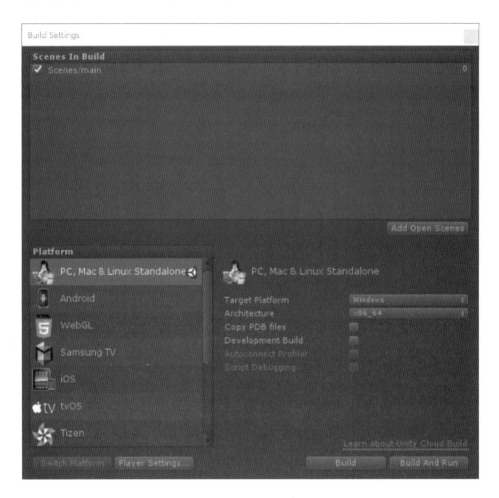

다음 그림은 게임 실행 시 게임 인스턴스가 어떻게 보이는지 보여준다.

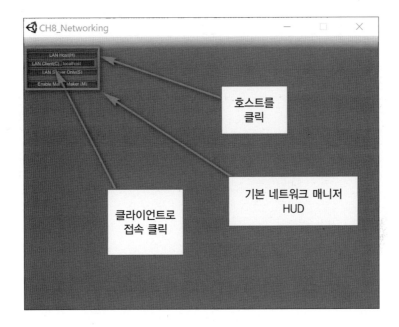

다음 그림은 LAN Host (H) 버튼을 클릭 후 화면이 어떻게 나오는지 보여준다. 탱크를 움직였다(플레이어 캐릭터 주변).

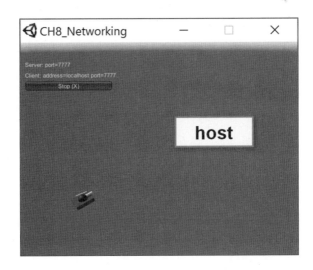

다음 그림은 세 클라이언트와 함께 호스트/클라이언트를 보여준다.

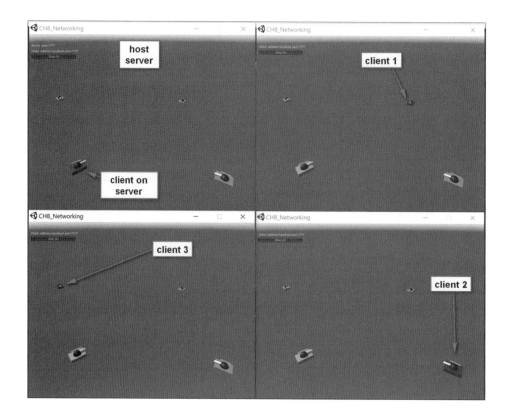

위 그림에서 각 클라이언트는 플레이하는 플레이어 캐릭터를 강조하고 있음에 주목하자. 발사 명령을 잡아내기 어려울 것이다. 하지만 스페이스 바를 통해 캐논을 발사하면 모든 활성 클라이언트에 그에 맞는 이벤트가 트리거될 것이다.

캐논에 맞으면 각 탱크의 생명력이 정확하게 반영됨을 눈치챘을 것이다. 이제 게임의 NPC 인 적을 만들 차례이다.

적 탱크 추가

멀티 플레이어 데모에 몇 개의 NPC를 추가할 차례이다. 탱크 프리팹을 토대로 적 탱크를 추가하는 것은 간단할 것이다. 탱크 프리팹을 신으로 드롭하고 이름을 TankEnemy로 변경한다.

해당 게임오브젝트에서 PlayerCaracter.cs 스크립트를 제거한다. 적 탱크 컨트롤러로 다른 스크립트를 만들 것이다. 어느 탱크가 플레이어가 조종하는 것이고 어느 것이 NPC 탱크인지 시각적으로 구분할 수 있게 적 탱크에 다른 재질을 적용했다.

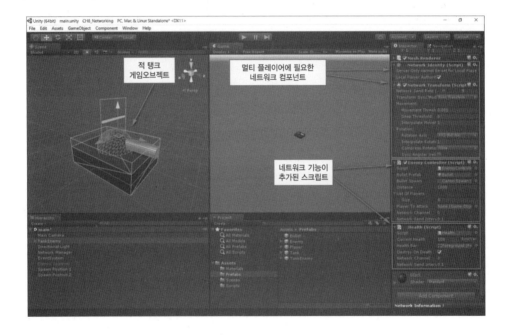

위 그림은 플레이어 탱크와 적 탱크 프리팹을 보여준다. 둘 사이 주요 차이점은 컨트롤러 스크립트이다. 탱크는 PlayerController.cs 스크립트를 갖고 적 탱크는 EnemyController.cs 스크립트를 갖는다.

다음은 EnemyController.cs 스크립트의 코드이다.

```csharp
using UnityEngine;
using UnityEngine.Networking;

public class EnemyController : NetworkBehaviour
{
    public GameObject bulletPrefab;
    public Transform bulletSpawn;
    public float distance = 1000;
    public GameObject[] listOfPlayers;
    [SyncVar (hook = "OnChangePlayerToAttack")]
    public GameObject playerToAttack;
    float coolOffTime = 0.0f;

    void Update ()
    {
        // 오직 로컬 플레이어일 때만 다음 코드를 수행한다.
        if (!isServer)
            return;
        listOfPlayers = GameObject.FindGameObjectsWithTag ("Player");
        if (listOfPlayers.Length > 0) {
            float distance = 100f;
            foreach (var player in listOfPlayers) {
                float d = Vector3.Distance (transform.position, player.transform.
position);
                if (d < distance) {
                    distance = d;
                    this.playerToAttack = player;
                }
            }
            if (this.playerToAttack != null) {
                Vector3 direction = playerToAttack.transform.position -
transform.position;
                this.transform.rotation =
                    Quaternion.Slerp (this.transform.rotation, Quaternion.
LookRotation (direction), 0.1f);
```

378

```
                float d = Vector3.Distance (transform.position, playerToAttack.
transform.position);
                if (d < 15.0f) {
                    if (this.coolOffTime < Time.time) {
                        CmdFire ();
                        this.coolOffTime = Time.time + 1.0f;
                    }
                }
            }
        }
    }

    void OnChangePlayerToAttack (GameObject player)
    {
        this.playerToAttack = player;
    }

    [Command]
    void CmdFire ()
    {
        // 총알 프리팹을 통해 총알을 만든다.
        var bullet = (GameObject)Instantiate (
                    bulletPrefab,
                    bulletSpawn.position,
                    bulletSpawn.rotation);
        // 총알에 속도를 추가한다.
        bullet.GetComponent<Rigidbody> ().velocity = bullet.transform.forward * 6;
        // 클라이언트에 총알을 스폰한다.
        NetworkServer.Spawn (bullet);
        // 2초 후 총알을 파괴한다.
        Destroy (bullet, 2.0f);
    }
}
```

스크립트는 다음과 같다. 신의 모든 활성 플레이어를 계속 검색하고 그들의 목록을 작성한다. 그 후 자신에서 가장 가까운 플레이어를 찾는다. 가장 가까운 플레이어가 결정되면 플레이어를 마주 보게끔 회전한다.

그 다음 선택한 플레이와의 거리를 계산해 거리가 한계치보다 짧으면 플레이어에게 발포를 시작한다. 적 탱크가 발포할 때마다 CmdFire( )라는 [Command]를 실제 호출한다.

이 함수는 서버에서 동작하며 캐논 볼 프리팹을 인스턴스화하고 네트워크상에 그것을 스폰한다.

EnemyController.cs 스크립트 역시 playertoAttack 변수에 OnChangePlayerToAttack( ) 함수의 hook과 함께 SyncVar가 존재한다. 모든 클라이언트의 각각의 적 탱크 게임오브젝트가 최신 데이터로 갱신됨을 보장한다.

Health.cs 스크립트도 탱크 게임오브젝트에서와 동일한 방식으로 동작한다.

다루어야 할 항목이 한 가지 더 있다. 서버가 적 탱크를 스폰한다. 이를 쉽게 하기 위해 Enemy Spawner라는 다른 빈 게임오브젝트를 만든다. 네트워크 아이덴티티 컴포넌트를 부착하고 ServerOnly 속성을 True로 변경한다. 이는 오직 서버만이 적 오브젝트를 인스턴스화할 수 있게 보장한다.

다음 단계는 EnemySpanwer.cs 스크립트를 제작하는 것이다. 다음은 코드 내용이다.

```
using UnityEngine;
using UnityEngine.Networking;

public class EnemySpawner : NetworkBehaviour
{
    public GameObject enemyPrefab;
    public int numberOfEnemies;

    public override void OnStartServer ()
    {
```

```
for (int i = 0; i < numberOfEnemies; i++) {
    var spawnPosition = new Vector3 (
                          Random.Range (-8.0f, 8.0f),
                          0.0f,
                          Random.Range (-8.0f, 8.0f));
    var spawnRotation = Quaternion.Euler (
                          0.0f,
                          Random.Range (0, 180),
                          0.0f);
    var enemy = (GameObject)Instantiate (enemyPrefab, spawnPosition,
                      spawnRotation);
    NetworkServer.Spawn (enemy);
    }
}

}
```

이 코드는 기술적으로 프리팹을 통해 적 탱크를 제공하며 네트워크상에서 특정 범위 내 적 탱크를 임의로 스폰한다.

인스펙터 창을 통해 Enemy Spawner 게임오브젝트와 TankEnemy 게임오브젝트에서 모든 프리팹이 제대로 할당됐는지 확인한다. TankEnemy 프리팹을 만들고 신에서 오브젝트를 제거한다. Enemy Spawner는 제거하면 안 된다.

네트워크 매니저에 TankEnemy 프리팹을 등록해야 한다. 인스펙터 창에서 네트워크 매니저 게임오브젝트를 선택 후 Registered Spawnable Prefabs option에 새 프리팹을 추가한다.

네트워크 매니저는 다음과 같이 보여야 한다.

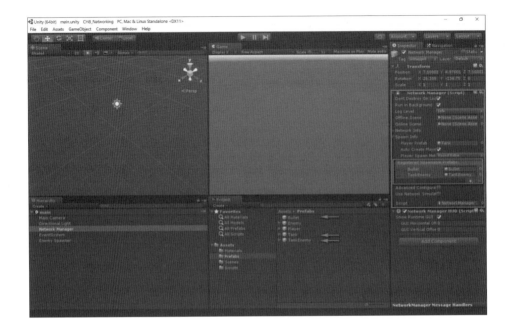

빌드 및 테스트

이제 마지막 테스트를 할 차례이다. 프로젝트의 독립형 버전을 빌드하고 게임의 새 인스턴스를 실행시킨다. LAN Host (H) 버튼을 눌러 게임의 호스팅을 시작한다.

새 버전에서는 플레이어 캐릭터 탱크뿐만 아니라 NPC 적 탱크 역시 스폰을 확인할 수 있을 것이다.

초기화 직후 모든 적 탱크가 플레이어 탱크를 향해 회전하고 범위 내에 있는 경우 플레이어 탱크로 발포를 시작함을 확인할 수 있을 것이다.

다음 그림은 신 초기 장면을 보여준다.

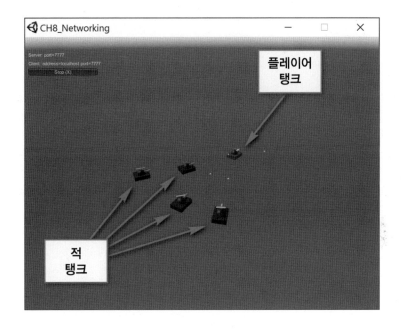

화면을 캡처하는 동안 적 탱크들은 자비 없이 필자의 탱크에 끊임없이 퍼부었다. 생명력 바가 급격히 줄어들었음을 볼 수 있다. 또한 적 탱크 중 하나가 일부 피해를 받았음을 확인하자.

적 탱크가 받은 피해는 필자가 입힌 것이 아니라 다른 적 탱크가 입힌 것이다. 그렇다. 지금은 적 탱크들은 피아를 식별해 발포할 정도로 영리하지 않다.

이 부분의 개선은 독자의 몫으로 남겨둘 것이다. 너무 복잡할 필요는 없다.

 레이캐스팅을 사용해 적 탱크와 플레이어 탱크 사이에 오브젝트가 없는지 확인한다.

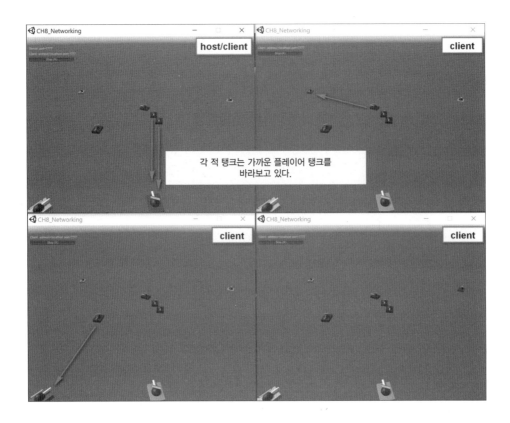

축하한다! 방금 첫 멀티플레이어 게임을 제작했다. 앞서 언급했듯이 멀티 플레이어 게임을 만들고 유지하고 호스팅하는 것은 작은 일이 아니다. 방금 각 주제에 대해 모두 다루는 것은 몇 페이지 가지고는 불가능하다.

필자의 생각은 확장할 수 있는 토대 및 기초를 제공하는 것이다. 시간을 갖고 방금 배운 것들을 연구한 후 비록 많진 않겠지만 관련 자료를 더 찾아볼 것을 권장한다. 자신의 것으로 만들기 위해 많은 시행착오를 거쳐야 함은 확실하다.

이제 기본을 알았으므로 지금껏 배운 RPG 에셋에 적용해보자.

▌ RPG 캐릭터 지원 네트워크

편의를 위해 신규 신을 만들어 네트워크를 지원하는 캐릭터의 테스트 및 구현을 하기로 한다. 이번 예제는 플레이어 캐릭터가 어떻게 네트워크를 지원하고 또한 네트워크 전반에 걸쳐 인벤토리 아이템과 같은 플레이어 캐릭터의 데이터를 어떻게 동기화하는지 보여줄 것이다. 또한 네트워크가 NPC를 어떻게 활성화하고 클라이언트 간 NPC의 데이터를 어떻게 동기화하는지도 보여줄 것이다.

RPG 신 제작

새 신을 만들고 CH8_Networking으로 저장한다. 신에서 지형을 만들고 Terrain Width 와 Terrain Length 값을 30으로 수정한다. 위치를 <-15, 0, -15>로 변경해 지형의 중심이 원점에 오게끔 한다.

다음으로 빈 게임오브젝트를 만들고 NetworkManager로 이름을 바꾼다. 또 다시 빈 게임오브젝트를 만들고 SpawnEnemy로 이름을 바꾼다.

NetworkManager 게임오브젝트를 선택 후 네트워크 매니저와 네트워크 매니저 HUD 컴포넌트를 붙인다. 이를 위해 인스펙터 창에서 **Add Component › Network › NetworkManager** 를 선택 후 다시 **Add Component › Network › NetworkManagerHUD**를 선택한다.

추후 이 두 게임오브젝트로 돌아올 것이다. 우선 플레이어 캐릭터 네트워크를 활성화시켜야 한다.

네트워크 지원 플레이어 캐릭터

이전에 만들었던 플레이어 프리팹을 신으로 드래그한다. 이 프리팹을 기반으로 게임의 네트워크 버전에 사용할 새로운 프리팹을 제작할 것이다.

기존의 프리팹 인스턴스에서 CharacterController.cs와 CharacterCustomization.cs 컴포넌트를 제거한다. 네트워크를 지원하는 새로운 스크립트를 만들어서 프리팹에 사용할 것이다. 이제 PC 게임오브젝트 인스턴스의 이름을 PC-CC-Network로 변경한다.

네트워크 아이덴티티, 네트워크 트랜스폼 컴포넌트를 프리팹에 부착한다. 이를 위해 인스펙터 창에서 **Add Components > Network > 〈컴포넌트 이름〉**을 선택한다.

네트워크 아이덴티티 컴포넌트의 Local Player Authority 값을 True로 변경한다. 네트워크 트랜스폼 컴포넌트의 Transform Sync Mode를 Sync Transform으로 변경한다. 네트워크 애니메이터 컴포넌트의 Animator 슬롯에 게임오브젝트에 부착된 애니메이터 컴포넌트를 드래그한다.

 애니메이터 컴포넌트를 선택해 바로 아래에 있는 네트워크 애니메이터 컴포넌트의 Animator 슬롯으로 드래그해야 한다.

다음으로 네트워크를 지원하는 새로운 캐릭터 컨트롤러를 만들어야 한다.

C# 스크립트를 만들고 CharacterController_Network.cs로 이름을 변경한다. 이 스크립트를 PC-CC-Network 프리팹에 부착한다. 이 캐릭터 컨트롤러는 이전 캐릭터 컨트롤러를 간소화한 버전이다.

다음은 해당 코드의 내용이다.

```
using System;
using UnityEngine;
using UnityEngine.Networking;
using System.Collections;

public class CharacterController_Network : NetworkBehaviour
{
    public Animator animator;
```

```csharp
public float speed = 6.0f;
public float h = 0.0f;
public float v = 0.0f;
public bool attack1 = false;
// 공격 모드 1에 사용
public bool attack2 = false;
// 공격 모드 2에 사용
public bool attack3 = false;
// 공격 모드 3에 사용
public bool jump = false;
// 점프에 사용
public bool die = false;
// 살아 있는가?
public bool DEBUG = false;
// 스피어 콜라이더 트리거 컴포넌트 참조
private SphereCollider col;
// NPC 기준 플레이어 캐릭터의 상대 위치
public Vector3 direction;
// NPC로부터 플레이어 캐릭터까지의 거리
public float distance = 0.0f;
// PC와 NPC 사이 각도
public float angle = 0.0f;
// 시야 안에 PC의 존재 여부
public bool enemyInSight;
// NPC의 시야각은 몇 도인가?
// 현재는 110도로 설정
public float fieldOfViewAngle = 110.0f;
// PC와 NPC 사이의 각도 계산
public float calculatedAngle;
[SyncVar (hook = "OnChangeEnemyToAttack")]
public GameObject enemyToAttack;
[SyncVar (hook = "OnChangePlayerHealth")]
public float Health = 100.0f;
[SyncVar]
public string Shield = "";
[SyncVar]
public string Helmet = "";
```

```
public override void OnStartClient ()
{
    if (!String.IsNullOrEmpty (Shield))
        PlayerSetShield (Shield);
    if (!String.IsNullOrEmpty (Helmet))
        PlayerSetHelmet (Helmet);
}
// 초기화에 이 함수를 사용함
void Start ()
{
    this.animator = GetComponent<Animator> () as Animator;
    // 초기 설정은 플레이어를 보지 않는다.
    this.enemyInSight = false;
}
// Update 함수는 매 프레임마다 한 번씩 호출된다.
private Vector3 moveDirection = Vector3.zero;
Quaternion startingAttackAngle = Quaternion.AngleAxis (-25, Vector3.up);
Quaternion stepAttackAngle = Quaternion.AngleAxis (5, Vector3.up);
Vector3 attackDistance = new Vector3 (0, 0, 2);

void Update ()
{
    if (!isLocalPlayer)
        return;
    if (enemyInSight) {
        // Create a vector from the enemy to the player and store the angle
between it and forward.
        // 적에서부터 플레이어까지의 벡터를 만들고 이 벡터와 포워드 벡터 사이의 각도를 저장한다.
        direction = enemyToAttack.transform.position - transform.position;
        this.transform.rotation =
            Quaternion.Slerp (this.transform.rotation,
            Quaternion.LookRotation (direction), 0.1f);
    }
    if (this.attack1 || this.attack2 || this.attack3) {
        #region used for attack range
        RaycastHit hitAttack;
        var angleAttack = transform.rotation * startingAttackAngle;
        var directionAttack = angleAttack * attackDistance;
```

```
            var posAttack = transform.position + Vector3.up;
            for (var i = 0; i < 10; i++) {
                Debug.DrawRay (posAttack, directionAttack, Color.yellow);
                if (Physics.Raycast (posAttack, directionAttack, out hitAttack,
1.0f)) {
                    if (hitAttack.collider.gameObject.tag.Equals ("ENEMY")) {
                        enemyInSight = true;
                        enemyToAttack = hitAttack.collider.gameObject;
                        CmdEnemyToAttack (hitAttack.collider.gameObject);
                    }
                }
                directionAttack = stepAttackAngle * directionAttack;
            }
            #endregion
            if (enemyInSight && !die) {
                if (animator.GetFloat ("Attack1C") == 1.0f) {
                    CmdEnemyTakeDamage (1.0f);
                }
            }
            if (this.enemyToAttack != null) {
                if (this.enemyToAttack.GetComponent<NPC_Movement_Network>
().Health <= 0.0f) {
                    enemyInSight = false;
                    enemyToAttack = null;
                }
            }
        }
        if (Input.GetKeyDown (KeyCode.C)) {
            attack1 = true;
            GetComponent<IKHandle> ().enabled = false;
        }
        if (Input.GetKeyUp (KeyCode.C)) {
            attack1 = false;
            GetComponent<IKHandle> ().enabled = true;
        }
        animator.SetBool ("Attack1", attack1);
        if (Input.GetKeyDown (KeyCode.Z)) {
            attack2 = true;
```

```
            GetComponent<IKHandle> ().enabled = false;
        }
        if (Input.GetKeyUp (KeyCode.Z)) {
            attack2 = false;
            GetComponent<IKHandle> ().enabled = true;
        }
        animator.SetBool ("Attack2", attack2);
        if (Input.GetKeyDown (KeyCode.X)) {
            attack3 = true;
            GetComponent<IKHandle> ().enabled = false;
        }
        if (Input.GetKeyUp (KeyCode.X)) {
            attack3 = false;
            GetComponent<IKHandle> ().enabled = true;
        }
        animator.SetBool ("Attack3", attack3);
        if (Input.GetKeyDown (KeyCode.Space)) {
            jump = true;
            GetComponent<IKHandle> ().enabled = false;
        }
        if (Input.GetKeyUp (KeyCode.Space)) {
            jump = false;
            GetComponent<IKHandle> ().enabled = true;
        }
        animator.SetBool ("Jump", jump);
        if (Input.GetKeyDown (KeyCode.I)) {
            die = true;
            SendMessage ("Died");
        }
        animator.SetBool ("Die", die);
        if (this.Health <= 0) {
            die = true;
            CmdPlayerCharacterIsDead ();
        }
    }

    [Command]
    void CmdEnemyToAttack (GameObject go)
    {
```

```
        enemyInSight = true;
        enemyToAttack = go;
    }

    [Command]
    void CmdPlayerCharacterIsDead ()
    {
        RpcPlayerCharacterIsDead ();
    }

    [ClientRpc]
    void RpcPlayerCharacterIsDead ()
    {
        this.die = true;
        Destroy (this.gameObject, 2.0f);
    }

    [Command]
    void CmdEnemyTakeDamage (float value)
    {
        RpcEnemyTakeDamage (value);
    }

    [ClientRpc]
    void RpcEnemyTakeDamage (float value)
    {
        if (this.enemyToAttack != null)
            this.enemyToAttack.GetComponent<NPC_Movement_Network> ().Damage
(value);
    }

    void FixedUpdate ()
    {
        if (!isLocalPlayer)
            return;
        // 입력 매니저 내에 입력이 정의됨
        h = Input.GetAxis ("Horizontal");
        v = Input.GetAxis ("Vertical");
```

```
        speed = new Vector2 (h, v).sqrMagnitude;
        if (DEBUG)
            Debug.Log (string.Format ("H:{0} - V:{1} - Speed:{2}", h, v, speed));
        animator.SetFloat ("Speed", speed);
        animator.SetFloat ("Horizontal", h);
        animator.SetFloat ("Vertical", v);
    }
    // Var Sync 훅 함수 ...
    void OnChangePlayerHealth (float health)
    {
        this.Health = health;
    }
    // Var Sync 훅 함수
    void OnChangeEnemyToAttack (GameObject enemy)
    {
        this.enemyToAttack = enemy;
    }
    public void PlayerArmourChanged (InventoryItem item)
    {
        switch (item.TYPE.ToString ()) {
        case "HELMET":
            {
                this.Helmet = item.NAME;
                this.GetComponent<CharacterCustomization_Network>
().SetHelmetType ((PC.HELMET_TYPE)Enum.Parse (typeof(PC.HELMET_TYPE), item.
NAME));
                break;
}
        case "SHIELD":
            {
                this.Shield = item.NAME;
                this.GetComponent<CharacterCustomization_Network>
().SetShieldType ((PC.SHIELD_TYPE)Enum.Parse (typeof(PC.SHIELD_TYPE), item.
NAME));
                break;
}
        case "SHOULDER_PAD":
            {
```

```
            this.GetComponent<CharacterCustomization_Network>
().SetShoulderPad ((PC.SHOULDER_PAD)Enum.Parse (typeof(PC.SHOULDER_PAD), item.
NAME));
                break;
    }
        case "KNEE_PAD":
            {
                break;
    }
        case "BOOTS":
            {
                break;
    }
        }
    }

    private void PlayerSetHelmet (string item)
    {
        Debug.Log ("Helmet: " + item);

        this.GetComponent<CharacterCustomization_Network> ().SetHelmetType ((PC.
HELMET_TYPE)Enum.Parse (typeof(PC.HELMET_TYPE), item));
    }

    private void PlayerSetShield (string item)
    {
        this.GetComponent<CharacterCustomization_Network> ().SetShieldType ((PC.
SHIELD_TYPE)Enum.Parse (typeof(PC.SHIELD_TYPE), item));
    }

}
```

여기서 가장 주목할 사항은 MonoBehaviour 대신 NetworkBehaviour를 상속했다는 점이다. 게임오브젝트에 네트워크를 적용하려면 이 NetworkBehaviour가 필요하다.

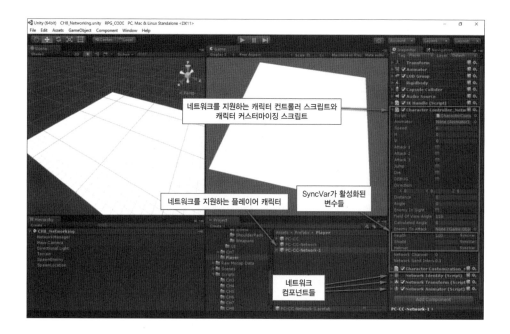

각 플레이어가 접속한 네트워크 전반에 걸쳐 동기화 할 몇 가지 변수들을 살펴보자. 이 변수에는 enemyToAttack, Health 그리고 추후에 논의할 Shield, Helmet이 있다.

Update( ) 함수에서 컨트롤러에게 플레이어 제어권을 넘겨주기 전에 이 클라이언트가 로컬 플레이어인지 확인해야 한다. 다음과 같은 코드를 통해 현재 클라이언트가 로컬 플레이어인지 확인한다.

```
if (!isLocalPlayer)
    return;
```

위 코드는 이 컨트롤러가 오직 현재의 클라이언트(플레이어)에서만 동작함을 보장한다. 나머지 코드는 적이 시야 내 존재하는지와 플레이어 캐릭터가 공격할 적과 마주하고 있는지 확인한다.

플레이어가 공격 모드에 있다면 적이 시야 내에 존재한다는 것이기 때문에 enemyInSight 값에 True를 할당하고 enemyToAttack에 적 게임오브젝트인 RaycastHit 타입의 변수 hitAttack을 할당한다. 여기에서 중요한 요소는 CmdEnemyToAttack( ) 함수이다. 클라이언 트는 공격의 목표가 누구인지 알려주는 커맨드를 보내야 한다.

```
[Command]
void CmdEnemyToAttack (GameObject go)
{
    enemyInSight = true;
    enemyToAttack = go;
}
```

위 코드는 서버에 제대로 데이터를 등록하고 다른 클라이언트들과의 동기화를 보장한다. 또한 서버상 적의 생명력을 감소시키는 CmdEnemyTakeDamage( )라는 함수가 있다. 서버 는 RpcEnemyTakeDamage( ) 함수를 호출해 모든 클라이언트에 걸쳐 적의 생명력을 동기화 한다.

```
[Command]
void CmdEnemyTakeDamage (float value)
{
    RpcEnemyTakeDamage (value);
}

[ClientRpc]
void RpcEnemyTakeDamage (float value)
{
    if (this.enemyToAttack != null)
        this.enemyToAttack.GetComponent<NPC_Movement_Network> ().Damage
(value);
}
```

처음에는 이 개념이 생소할 것이다. 하지만 조금 더 유심히 살펴보면 금방 명확해질 것이다.

또한 플레이어가 죽었을 때 명령어를 서버로 전송하는 다음과 같은 함수가 존재한다.

```
[Command]
void CmdPlayerCharacterIsDead ()
{
    RpcPlayerCharacterIsDead ();
}

[ClientRpc]
void RpcPlayerCharacterIsDead ()
{
    this.die = true;
    Destroy (this.gameObject, 2.0f);
}
```

위 함수들은 게임 도중 플레이어가 죽은 후 접속한 모든 클라이언트에서 플레이어 캐릭터가 사라지는 것을 보장한다.

그리고 마지막으로 다음과 같은 Health와 enemyToAttack 변수의 SyncVar가 활용하는 훅 함수들이 존재한다.

```
// Var Sync 훅 함수 ...
  void OnChangePlayerHealth (float health)
  {
      this.Health = health;
  }
  // Var Sync 훅 함수
  void OnChangeEnemyToAttack (GameObject enemy)
  {
      this.enemyToAttack = enemy;
  }
```

이 개념도 역시 처음에는 생소할 것이다. 하지만 조금 더 유심히 살펴보면 금방 명확해질 것이다.

저장하지 않았다면 모든 변경 사항을 PC-CC-Network 프리팹에 저장한다.

이번 단계를 통해 캐릭터와 네트워크 매니저를 통합할 준비가 됐다. 이 프리팹을 플레이어 프리팹 슬롯으로 드래그 앤 드롭 후 독립형 버전으로 빌드해 캐릭터의 움직임 및 동기화에 대한 테스트를 진행할 수 있다.

네트워크 지원 NPC

네트워크를 지원하는 플레이어 캐릭터 프리팹과 마찬가지로 NPC 프리팹을 기반으로 시작할 것이다. 신 안에 NPC 인스턴스를 만든다.

현재 프리팹에서 NPC_Movement.cs 컴포넌트를 제거하고 프리팹의 이름을 B1-Network로 바꾼 후 인스펙터 창에서 **Add Component > Network > 〈컴포넌트 이름〉**을 클릭해 네트워크 아이덴티티, 네트워크 트랜스폼, 네트워크 애니메이터 컴포넌트를 부착한다.

네트워크 아이덴티티 컴포넌트의 Local Player Authority 값을 True로 할당한다. 네트워크 트랜스폼 컴포넌트의 Transform Sync Mode를 Sync Transform으로 변경한다. 네트워크 애니메이터 컴포넌트의 Animator 슬롯으로 해당 프리팹의 애니메이터 컨트롤러를 드래그 앤 드롭한다.

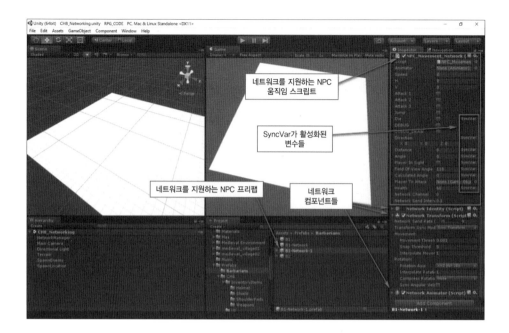

네트워크를 지원하는 NPC 움직임을 위해 새로운 스크립트를 만들어야 한다. 새 C# 스크립트를 만들고 NPC_Movement_Network.cs로 이름을 변경한다. 다음은 해당 스크립트의 코드이다.

```csharp
using UnityEngine;
using UnityEngine.Networking;
using System.Collections;
public class NPC_Movement_Network : NetworkBehaviour
{
    // 애니메이터 참조
    public Animator animator;
    // 다음 변수들은 NPC 움직임의
    // 수평 속력 및 수직 속력에 사용
    public float speed = 0.0f;
    public float h = 0.0f;
    public float v = 0.0f;
    public bool attack1 = false;
```

```
// 공격 모드 1에 사용
public bool attack2 = false;
// 공격 모드 2에 사용
public bool attack3 = false;
// 공격 모드 3에 사용
public bool jump = false;
// 점프에 사용
[SyncVar (hook = "OnNPCIsDead")]
public bool die = false;
// 살아 있는가?
// 디버깅에 사용
public bool DEBUG = false;
public bool DEBUG_DRAW = false;
// NavMeshAgent 컴포넌트 참조
private NavMeshAgent nav;
// 스피어 콜라이더 트리거 컴포넌트 참조
private SphereCollider col;
// NPC 기준 플레이어 캐릭터의 상대 위치
[SyncVar]
public Vector3 direction;
// NPC로부터 플레이어 캐릭터까지의 거리
[SyncVar]
public float distance = 0.0f;
// PC와 NPC 사이의 각도
[SyncVar]
public float angle = 0.0f;
// PC의 시야 내 존재 여부
[SyncVar (hook = "OnChangePlayerPlayerInSight")]
public bool playerInSight;
// NPC의 시야각
// 현재는 110도
[SyncVar]
public float fieldOfViewAngle = 110.0f;
// PC와 NPC 사이 각도 계산
[SyncVar]
public float calculatedAngle;
[SyncVar (hook = "OnChangePlayerToAttackInNPC")]
public GameObject playerToAttack;
```

```csharp
[SyncVar (hook = "OnChangeNPCHealth")]
public float Health = 100.0f;

void Awake ()
{
    // Animator 참조를 구한다.
    this.animator = GetComponent<Animator> () as Animator;
    // NavMeshAgent 참조를 구한다.
    this.nav = GetComponent<NavMeshAgent> () as NavMeshAgent;
    // SphereCollider 참조를 구한다.
    this.col = GetComponent<SphereCollider> () as SphereCollider;
    // 초깃값으로 시야 내 플레이어는 존재하지 않는다.
    this.playerInSight = false;
}

void Update ()
{
    // 이 함수는 오직 로컬 플레이어일 때만 수행한다.
    if (!isServer)
        return;
    this.CmdUpdateNetwork ();
}

[Command]
void CmdUpdateNetwork ()
{
    this.RpcUpdateNetwork ();
}

[ClientRpc]
void RpcUpdateNetwork ()
{
    // 플레이어가 시야 내 존재하면 플레이어를 향해 slerp한다.
    if (this.playerToAttack != null) {
        if (playerInSight) {
            this.transform.rotation =
                Quaternion.Slerp (this.transform.rotation,
                Quaternion.LookRotation (direction), 0.1f);
```

```
                if (this.playerToAttack.transform.GetComponent<CharacterController
_Network> ().die) {
                    animator.SetBool ("Attack", false);
                    animator.SetFloat ("Speed", 0.0f);
                    animator.SetFloat ("AngularSpeed", 0.0f);
                    this.playerInSight = false;
                    this.playerToAttack = null;
                }
            }
        }
        if (this.Health <= 0.0f) {
            this.die = true;
            this.Health = 0.0f;
            animator.SetBool ("Attack", false);
            animator.SetFloat ("Speed", 0.0f);
            animator.SetFloat ("AngularSpeed", 0.0f);
            this.playerInSight = false;
            this.playerToAttack = null;
        }
        animator.SetBool ("Die", die);
    }
    // fixed update를 통해 신을 갱신하자.
    void FixedUpdate ()
    {
        // only execute the following code if local player ...
        if (!isServer)
            return;
        this.RpcFixedUpdateNetwork ();
    }

    [ClientRpc]
    void RpcFixedUpdateNetwork ()
    {
        if (playerInSight) {
            h = angle;          // 수평축 할당
            v = distance;       // 수직축 할당
            // 거리와 delta 시간 기반 속력을 계산
            speed = distance / Time.deltaTime;
```

```csharp
            if (DEBUG)
                Debug.Log (string.Format ("H:{0} - V:{1} - Speed:{2}", h, v,
speed));
                // 애니메이터 컨트롤러에 정의한 파라미터를 설정한다.
            animator.SetFloat ("Speed", speed);
            animator.SetFloat ("AngularSpeed", v);
            animator.SetBool ("Attack", attack1);
            animator.SetBool ("Attack1", attack1);
            if (animator.GetFloat ("Attack1C") == 1.0f) {
                this.playerToAttack.GetComponent<CharacterController_Network>
().Health -= 1.0f;
                if (this.playerToAttack.GetComponent
                    <CharacterController_Network> ().Health <= 0) {
                    this.playerInSight = false;
                    this.playerToAttack = null;
                }
            }
        } else {
            animator.SetBool ("Attack", false);
            animator.SetFloat ("Speed", 0.0f);
            animator.SetFloat ("AngularSpeed", 0.0f);
        }
    }

    public void OnChangePlayerPlayerInSight (bool value)
    {
        this.playerInSight = value;
    }
    // Var Sync 훅 함수 ...
    void OnChangeNPCHealth (float health)
    {
        this.Health = health;
    }

    void OnNPCIsDead (bool value)
    {
        die = true;
    }
```

```
public void Damage (float value)
{
    this.Health -= value;
}

void OnTriggerStay (Collider other)
{
    if (die)
        return;
    if (other.transform.tag.Equals ("Player")) {
        // 적에서 플레이어까지의 벡터를 만들고
        // 벡터와 포워드 벡터 간 각도를 저장한다.
        direction = other.transform.position - transform.position;
        distance = Vector3.Distance (other.transform.position, transform.
position) - 1.0f;
        float DotResult = Vector3.Dot (transform.forward, other.transform.
position); //player.transform.position);
        angle = DotResult;
        if (DEBUG_DRAW) {
            Debug.DrawLine (transform.position + Vector3.up,
                direction * 50, Color.gray);
            Debug.DrawLine (other.transform.position, transform.position,
                Color.cyan);
        }
        this.playerInSight = false;
        this.calculatedAngle = Vector3.Angle (direction, transform.forward);
        if (calculatedAngle < fieldOfViewAngle * 0.5f) {
            RaycastHit hit;
            if (DEBUG_DRAW)
                Debug.DrawRay (transform.position + transform.up, direction.
normalized, Color.magenta);
            // ... 플레이어를 향한 레이캐스트에 무엇인가가 부딪혔다면
            if (Physics.Raycast (transform.position + transform.up,
direction.normalized, out hit, col.radius)) {
                // ... 레이캐스트가 플레이어와 부딪혔다면
                if (hit.collider.gameObject == other.gameObject) { //player)
                    if (other.gameObject.GetComponent<CharacterController_
Network> ().Health > 0) {
```

```
                                // ... 플레이어는 시야 내 존재하는 것이다.
                                this.playerInSight = true;
                                this.playerToAttack = hit.collider.gameObject;
                                if (DEBUG)
                                    Debug.Log ("PlayerInSight: " + playerInSight);
                            }
                        }
                    }
                }
                if (this.playerInSight) {
                    this.nav.SetDestination (other.transform.position);
                    this.CalculatePathLength (other.transform.position);
                    if (distance < 1.1f) {
                        this.attack1 = true;
                    } else {
                        this.attack1 = false;
                    }
                } else {
                    this.nav.SetDestination (this.transform.position);
                    if (distance < 1.1f) {
                        this.attack1 = true;
                    } else {
                        this.attack1 = false;
                    }
                }
            }
        }
    }

    void OnChangePlayerToAttackInNPC (GameObject player)
    {
        this.playerToAttack = player;
    }

    void OnTriggerExit (Collider other)
    {
        if (other.transform.tag.Equals ("Player")) {
            distance = 0.0f;
            angle = 0.0f;
```

```
            this.attack1 = false;
            this.playerInSight = false;
            this.playerToAttack = null;
        }
    }
    // 이 지점은 헬퍼 함수임
    // 추후 코너 거리를 계산하는 데 사용할 것임
    // 현재는 에디터에 네비 매시 에이전트의 경로를 그리는 데 사용
    float CalculatePathLength (Vector3 targetPosition)
    {
        // 대상의 위치를 기반으로 경로를 만들고 설정한다.
        NavMeshPath path = new NavMeshPath ();
        if (nav.enabled)
            nav.CalculatePath (targetPosition, path);
        // 경로 내 코너의 수+2의 크기를 갖는 지점들의 배열을 만든다.
        Vector3[] allWayPoints = new Vector3[path.corners.Length + 2];
        // 첫 번째 지점은 적의 위치이다.
        allWayPoints [0] = transform.position;
        // 마지막 지점은 대상의 위치이다.
        allWayPoints [allWayPoints.Length - 1] = targetPosition;
        // 처음과 마지막 지점 사이의 지점은 경로의 코너이다.
        for (int i = 0; i < path.corners.Length; i++) {
            allWayPoints [i + 1] = path.corners [i];
        }
        // 경로의 길이를 저장하는 float형 변수를 만들고
        // 초깃값을 0으로 설정한다.
        float pathLength = 0;
        // 각 웨이포인트 간 거리만큼 경로의 길이를 증가시킨다.
        for (int i = 0; i < allWayPoints.Length - 1; i++) {
            pathLength += Vector3.Distance (allWayPoints [i],
                allWayPoints [i + 1]);
            if (DEBUG_DRAW)
                Debug.DrawLine (allWayPoints [i], allWayPoints [i + 1], Color.
red);
        }
        return pathLength;
    }
}
```

SyncVars로 지정한 몇 가지 변수들이 있다. 이 변수들은 die, distance, direction, angle, playerInSight, fieldOfViewAngle, calculatedAngle, playerToAttack, Health이다.

SyncVars 중에는 Health, playerToAttack, playerInSight, die와 같이 혹 함수를 갖는 것도 있다.

Update( ) 함수에서 다음 라인을 통해 코드의 수행 주체가 서버인지 확인한다.

```
// 이 함수는 오직 서버일 때만 수행한다.
if (!isServer)
    return;
```

현재 코드의 수행 주체가 서버인 경우, CmdUpdateNetwork( )와 RpcUpdateNetwork( ) 함수를 사용해 서버의 의무를 수행한다. 이러한 의무에는 NPC를 움직이고 NPC의 행동을 수행하는 것이 있다. 여기에서 핵심은 NPC 데이터를 모든 클라이언트들과 동기화를 지원하는 SyncVars와 혹 함수이다.

```
public void OnChangePlayerPlayerInSight (bool value)
  {
      this.playerInSight = value;
  }
  // Var Sync 혹 함수 ...
  void OnChangeNPCHealth (float health)
  {
      this.Health = health;
  }

  void OnNPCIsDead (bool value)
  {
      die = true;
  }

  void OnChangePlayerToAttackInNPC (GameObject player)
  {
```

```
        this.playerToAttack = player;
    }
```

이로써 NPC에 필요한 것들은 모두 갖추었다. 프리팹에 스크립트를 부착하고 변경 사항을 적용 후 저장한다.

플레이어 커스터마이징과 아이템 동기화

이를 위해 여러 가지를 설정하고 새로운 인벤토리 아이템 프리팹을 제작해야 한다. 필자는 두 가지 인벤토리 아이템을 사용해 위 내용에 대해 보여줄 것이다.

인벤토리 아이템의 헬멧 프리팹 중 하나를 골라 복사한 다음 InventoryItemAgent.cs 컴포넌트를 제거할 것이다. 그 다음 PC와 NPC에서와 마찬가지로 네트워크를 지원하는 새로운 스크립트를 제작할 것이다.

인스펙터 창에서 Add Component > Network > 〈컴포넌트 이름〉을 선택해 네트워크 아이덴티티, 네트워크 트랜스폼을 인스턴스에 부착한다.

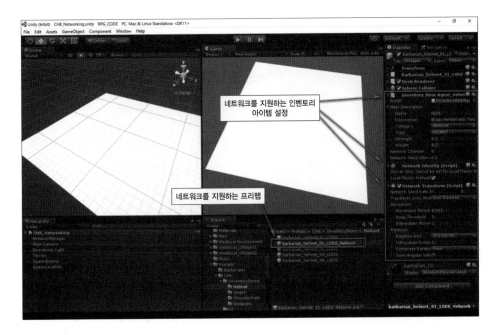

InventoryItemAgent_Network.cs라는 새로운 스크립트를 만든다. 다음은 그 스크립트의 내용이다.

```
using UnityEngine;
using UnityEngine.Networking;
using System.Collections;

public class InventoryItemAgent_Network : NetworkBehaviour
{
    public InventoryItem ItemDescription;

    public void OnTriggerEnter (Collider c)
    {
        // 충돌 대상이 플레이어인지 확인
        if (c.gameObject.tag.Equals ("Player")) {
            // 인벤토리 아이템 오브젝트 복사본 생성
            InventoryItem myItem = new InventoryItem ();
            myItem.CopyInventoryItem (this.ItemDescription);
            c.gameObject.GetComponent<CharacterController_Network>
().PlayerArmourChanged (myItem);
        }
    }
}
```

이 스크립트는 CharacterController_Network.cs 스크립트의 PlayerArmourChanged() 함수를 사용해 인벤토리 아이템을 플레이어 캐릭터에 할당하는 것이 전부이다.

PlayerArmourChanged() 함수는 앞으로 만들 네트워크를 지원하는 스크립트를 사용한다. 코드가 너무 길기 때문에 여기에서는 이 스크립트를 다루지 않을 것이다. 이 스크립트는 책과 함께 제공하는 파일에서 찾아볼 수 있다.

NPC와 다른 아이템 스폰

다음 데모에 사용할 NPC 및 인벤토리 아이템을 스폰하는 방법이 필요하다.

계층구조 창에서 마우스 오른쪽 버튼을 클릭 후 **Create Empty**를 선택해 빈 게임오브젝트를 만든다. 오브젝트의 이름을 SpawnEnemy로 변경 후 인스펙터 창에서 **Add Componenet > Network > NetworkIdentity**를 선택해 네트워크 아이덴티티 컴포넌트를 추가한다.

EnemySpawn_Network.cs라는 새로운 스크립트를 만들 것이다. 다음은 해당 스크립트 코드이다.

```
using UnityEngine;
using UnityEngine.Networking;

// used for chapter 8
using System.Collections;

public class EnemySpawn_Network : NetworkBehaviour
{
    public GameObject enemyPrefab;
    public Transform spawnLocation;
    public GameObject inventoryItemPrefab;
    public GameObject inventoryItemShield;

    public override void OnStartServer ()
    {
        GameObject go = GameObject.Instantiate (enemyPrefab,
                        spawnLocation.position, Quaternion.identity) as
GameObject;
        NetworkServer.Spawn (go);
        GameObject goInventoryItem1 =
            GameObject.Instantiate (inventoryItemPrefab, new Vector3 (2, 1, 2),
                Quaternion.identity) as GameObject;
        NetworkServer.Spawn (goInventoryItem1);
        GameObject goInventoryItem2 =
```

```
            GameObject.Instantiate (inventoryItemShield, new Vector3 (3, 1, 2),
                Quaternion.identity) as GameObject;
        NetworkServer.Spawn (goInventoryItem2);
    }

}
```

보다시피 이 스크립트는 매우 간단하다. NPC 및 인벤토리 아이템 프리팹 게임오브젝트
들을 참조하고 있다.

계층구조 창에서 이 신규 스크립트를 SpawnEnemy 프리팹에 장착한다.

▌ 네트워크 지원 PC와 NPC 테스트

이 시점에서 네트워크를 지원하는 RPG 캐릭터를 테스트하는 데 필요한 모든 에셋을 갖추
었다. 이제 마지막 단계 하나만 남았다.

계층구조 창에서 NetworkManager 게임오브젝트를 선택 후 인스펙터 창에서 Spawn
Info 영역에 다음과 같이 설정이 제대로 됐는지 확인한다.

Player Prefab에 플레이어 캐릭터 프리팹이 할당돼 있어야 한다. 필자의 경우 프리팹 이름
은 PC-CC-Network-1이다. Auto Create Player는 True로 설정돼 있어야 한다.

Registered Spawnable Prefabs에 NPC 프리팹들과 더불어 네트워크를 지원하는 비캐릭터 관련 프리팹들을 등록해야 할 것이다. 필자는 야만인 프리팹인 barbarian_helmet_01_LOD0_Network를 비롯, barbarian_helmet_01_LOD0_Network, shield_01_LOD0_Network를 등록했다.

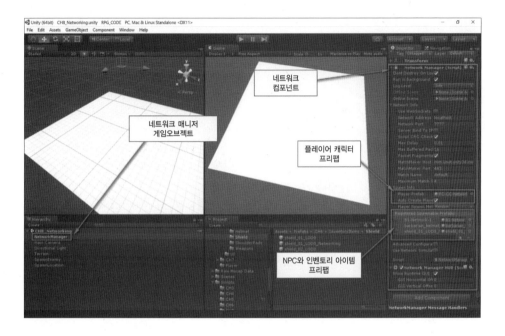

드디어 빌드할 수 있다. 게임의 독립형 빌드를 시작하자. 빌드 설정에서 현재 신이 설정
됐는지 확인하자.

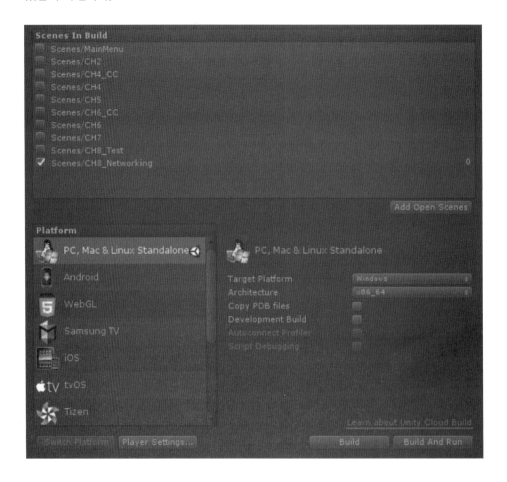

두 인스턴스를 실행한다. 하나는 호스트로 나머지 다른 하나는 클라이언트로 한다.

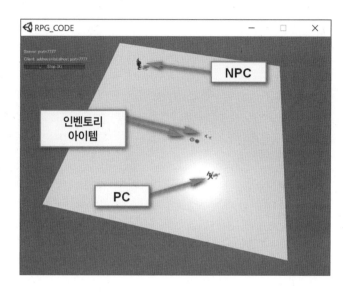

위의 그림은 클라이언트를 서버로 구동했다. 그리고 플레이어 캐릭터는 인벤토리 아이템 중 방패를 주웠다. 두 번째 클라이언트가 접속했을 때, 게임 내에 모든 PC와 NPC의 현재 상태가 정확히 반영돼 있어야 한다.

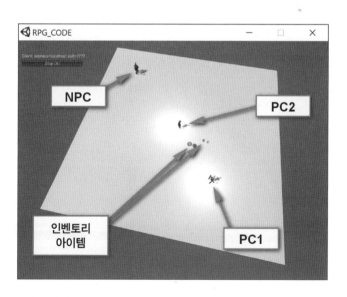

두 인스턴스의 실행을 계속 유지하면서, 유니티 IDE를 사용해 세 번째 클라이언트를 접속 한다. 클라이언트 디버깅 작업에 이와 같은 방식으로 클라이언트를 사용할 수 있고 무슨 일이 일어나는지 볼 수 있다.

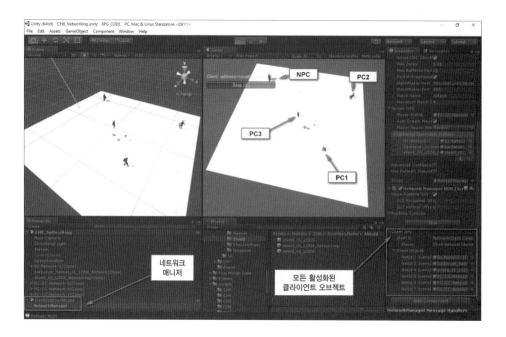

위 그림에서 모든 플레이어 캐릭터를 볼 수 있다. 그리고 동기화가 정확히 됐는지도 확인할 수 있다. 계층구조 창에서 B1-Network-1 게임오브젝트를 선택 후 클라이언트 인스턴스 중 하나를 골라 플레이어 캐릭터가 NPC를 공격하게 해보자.

에디터를 잠시 멈추고 변수들이 적절히 동기화됐는지 살펴보자.

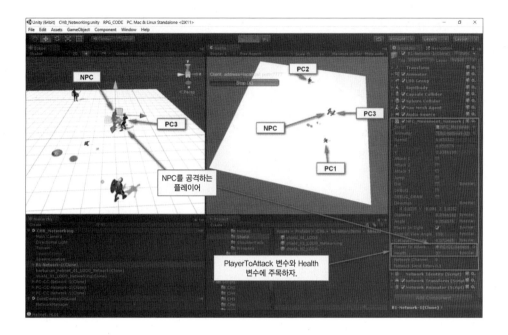

▌ 향후 계획

경험한 바와 같이 네트워크 프로그래밍은 간단하면서도 동시에 어렵다. 어려운 점은 효율적이면서 의미 있는 방법으로 플레이어 간 데이터의 동기화를 다루고 이해하는 것이다.

더 많은 수의 클라이언트를 수용할 수 있는 게임 제작을 진심으로 고려하고 있다면 더 많은 노력이 필요하다. 유니티의 네트워크는 이에 대한 대비가 돼 있지 않다. 백앤드 서버 매니저 및 메시징 시스템을 따로 제작해야 할 것이다.

8장에서 다룬 것들은 독자가 다음 레벨로 향하는 데 도움이 될 것이다. 꾸준히 코딩하길 바란다.

▌ 요약

8장에서는 유니티 네트워크 컴포넌트를 가지고 네트워크 프로그래밍을 살펴봤다. 8장의 주요 목표는 두 가지 예제를 구현하면서 유니티 네트워크의 기본을 살펴보는 것이었다.

멀티플레이어 게임 개발에 있어 게임 설계자와 개발자로서 부딪치게 될 몇 가지 과제들과 함께 8장을 시작했다. 제기한 주요 질문 중 하나는 멀티플레이어 모드 게임 개발에 시간과 에너지를 소모할 필요가 있는가이다. 독자가 멀티 플레이어 게임 제작을 진심으로 원한다는 가정하에 현 시점의 멀티플레이어 게임 종류를 살펴봤다.

간소화한 멀티플레이어 게임 예제와 함께 시작했다. 개발하는 멀티플레이어 게임은 실시간이다. 이 말은 모든 클라이언트는 각 플레이어의 상태의 활동을 바탕으로 서로 동기화돼야 한다. 즉, 위치값, 회전값, 움직임, 혹은 다른 중요 데이터가 게임 세션에 연결된 모든 클라이언트들이 서로 동기화돼야 한다.

네트워크 매니저, 네트워크 매니저 HUD, 네트워크 아이덴티티, 네트워크 트랜스폼과 같은 유니티 네트워크 컴포넌트의 기본을 살펴봤다. 이들은 유니티의 멀티플레이어 프로그래밍을 보여줄 때 사용하는 기본 컴포넌트이다. 이 컴포넌트들이 어디에 쓰이는지 이해한 후에 간단한 예제를 다뤘다.

멀티플레이어 게임의 필수 컴포넌트들을 조합하는 방법을 보여주는 간단한 탱크 게임을 제작했다. 네트워크를 지원하는 스크립트 및 컴포넌트와 함께 필요한 플레이어 캐릭터 프리팹을 제작했다. 또한 네트워크를 지원하는 NPC용 스크립트와 함께 NPC 프리팹을 제작했다. 이 게임은 스폰 방법 및 PC와 NPC 간의 동기화 방법을 보여주었다.

탱크 게임 제작 도중 게임 제작에 필수적인 변수 동기화 방법과 네트워크 콜백의 사용법을 다뤘다. 또한 커맨드 및 클라이언트 RPC 호출이 무엇이고 어떻게 사용하는지 다뤘다.

그 다음 배운 것들을 이전에 개발한 RPG 캐릭터에 적용했다. 기존의 프리팹을 바탕으로 확장해 네트워크 컴포넌트를 추가했다. 그리고 네트워크를 지원하는 새로운 스크립트를 제작해 캐릭터의 움직임, 캐릭터의 커스터마이징, NPC의 움직임을 조절했다.

8장에서 중요한 요소 중 하나는 각 플레이어 캐릭터의 인벤토리 아이템의 시각적 동기화이다. 멀티 플레이어 게임 개발 도중 클라이언트 및 서버 코드 디버깅 방법에 대한 논의와 테스트를 하면서 8장을 마무리한다.

찾아보기

에이콘출판의 기틀을 마련하신 故 정완재 선생님 (1935-2004)

유니티 3D RPG 게임은 이렇게 만든다

RPG 게임 개발의 시작

발 행 | 2018년 7월 25일

지은이 | 바헤 카라미언
옮긴이 | 최 동 훈

펴낸이 | 권 성 준
편집장 | 황 영 주
편 집 | 조 유 나
디자인 | 박 주 란

에이콘출판주식회사
서울특별시 양천구 국회대로 287 (목동)
전화 02-2653-7600, 팩스 02-2653-0433
www.acornpub.co.kr / editor@acornpub.co.kr

한국어판 ⓒ 에이콘출판주식회사, 2018, Printed in Korea.
ISBN 979-11-6175-180-1
ISBN 978-89-6077-210-6 (세트)
http://www.acornpub.co.kr/book/building-rpg-unity

이 도서의 국립중앙도서관 출판시도서목록(CIP)은 서지정보유통지원시스템 홈페이지(http://seoji.nl.go.kr)와
국가자료공동목록시스템(http://www.nl.go.kr/kolisnet)에서 이용하실 수 있습니다.(CIP제어번호: CIP2018022073)

책값은 뒤표지에 있습니다.